한국의 민주화와 민주화추진협의회

한국의 민주화와
민주화추진협의회

인 쇄: 2015년 7월 10일
발 행: 2015년 7월 15일

지은이: 강원택 · 조성대 · 서복경 · 이용마
발행인: 부성옥

발행처: 도서출판 오름
등록번호: 제2-1548호 (1993. 5. 11)
주 소: 서울시 중구 퇴계로 180-8 서일빌딩 4층
전 화: (02) 585-9122, 9123 / 팩 스: (02) 584-7952

E-mail: oruem9123@naver.com
URL: http://www.oruem.co.kr

ISBN 978-89-7778-442-0 93340

* 잘못된 책은 교환해 드립니다.
* 값은 뒤표지에 있습니다.

이 도서의 국립중앙도서관 출판예정도서목록(CIP)은 서지정보유통지원시스템 홈페이지(http://seoji.nl.go.kr)와 국가자료공동목록시스템(http://www.nl.go.kr/kolisnet)에서 이용하실 수 있습니다. (CIP제어번호: CIP2015018691)

한국의 민주화와 민주화추진협의회

강원택 · 조성대 · 서복경 · 이용마 지음

Korea's Democratization and the Council for Promotion of Democracy

KANG Won-Taek · CHO Sungdai
SEO Bokyeung · LEE Yong Ma

ORUEM Publishing House
Seoul, Korea
2015

책을 펴내면서

1987년 민주화 이후 거의 한 세대의 시간이 흘렀다. 오랜 민주주의의 역사를 갖고 있는 서구의 민주 국가들에 비해서는 결코 길다고 할 수 없는 시간이지만, 그 30년의 세월 사이에 한국의 민주주의는 상당한 발전을 이뤄냈다. 6명의 대통령이 자유롭고 공정한 선거를 통해서 선출되었고, 1997년과 2007년 두 차례 정권 교체도 이뤄졌다. 대통령이 무소불위의 권한을 행사하던 과거 권위주의 시절과는 달리 국정조사, 청문회, 대정부 질문을 통한 국회의 견제력은 강화되었고, 대법원을 비롯한 각급 법원이나 헌법재판소의 권한도 강화되었다. 권위 있는 영국의 시사주간지 『이코노미스트(*Economist*)』가 매년 조사하는 민주주의 지수(Democracy Index)에 따르면, 한국은 일본과 함께 아시아에 단 두 나라만이 포함된 '완전한 민주주의(full democracy)'로 평가된 25개 국가 군에 포함되어 있다. 일상적으로 만나는 한국정치에 대한 불만과 짜증과는 달리 제도로서의 한국 민주주의는 민주화 이후 나름대로 안정적인 진전을 이뤄냈다.

한편, 최근 들어 한국 사회에서 자주 제기되는 이슈 중 하나는 이른바 '87

년 체제'의 극복에 대한 것이다. '87년 체제'를 왜 극복해야 하는지에 대해서는 다양한 이유가 제시되고 있지만, 애당초 '87년 체제'를 형성하였을 때 추구하고자 한 장기집권의 방지, 견제 받는 권력, 인권과 자유의 보장 등과 같은 목표들이 민주화의 진전과 함께 성취되었다는 사실도 개헌 이슈가 제기되는 중요한 요인이라고 할 수 있다.

그런데 한국의 민주화가 '87년 체제'로 마무리된 것은 민주화를 이끌었던 주요 정치 세력이 그 체제를 원했기 때문이다. 말할 필요도 없이 한국의 민주화는 학생, 재야, 시민, 야당 등 다양한 세력이 힘을 결집하여 불굴의 투쟁을 전개한 결과이다. 그런데 1987년의 민주화 운동은, 그 이전의 4·19 혁명이나 10·26 때와는 달리, 정치적 변혁을 이끌어 낸 분명한 주도 세력이 존재했다. 4·19 혁명 때 민주당은 변혁의 주도 세력이 아니었으며, 10·26에서 야당은 유신체제의 붕괴에 간접적이고 상황적인 영향만을 미쳤다. 그러나 1987년 6월 항쟁 과정에서 야당 세력은 '대통령 직선제 개헌'이라는, 민주화 운동의 최대 다수를 결집시킬 수 있는 목표를 제시했고, 학생, 재야, 노동 세력의 도움과 함께 이를 주도해 갔다.

이 책은 바로 이와 같은 야당의 역할에 주목하고 있다. 이 책은 전두환 정권 시기에 갖은 억압과 고초에도 불구하고 민주화를 위해 결집한 '민주화추진협의회(민추협)'에 대한 역사적·학술적 평가이다. 민추협은 1985년 2·12 총선을 통해 화려하게 등장한 신한민주당의 모태이며, 이어진 민주화 운동을 신한민주당과 함께 이끌어간 주역이었다. 이렇듯 민주화 과정에서 중요한 역할을 담당한 것에 비해 그동안 민추협에 대한 학술적 평가는 대단히 미미했다.

민추협에 대한 관심이 소홀했던 것은 민주화 직후인 1987년 대선에서 민추협의 두 지도자인 김영삼과 김대중이 분열하면서 선거에서 승리하지 못한 데 대한 책임과 비판에서 자유롭지 못했기 때문일 것이다. 또한 민주화 운동을 제도권 정치 세력보다는 학생이나 노동 등 '민중적 관점'에서 보려는 경향이 존재했기 때문일 것이다. 또 한편으로는 민주화가 사회경제적 변혁보다 대통령 직선제와 같은 절차적 민주주의에 국한되었다는 비판적 시각 때문일 수도 있다. 그러나 무엇보다 중요한 점은 민추협의 두 지도자 김영삼, 김대중이 모두 집권하게 되면서, 그 이후 이들에 대한 평가가 민주화 지도자로서가 아니라 대통령으로서의 업적과 과오에 보다 집중되었기 때문일 것이다. 그러나 오늘날의 정치 질서인 '87년 체제'는 그것을 이끌어 낸 민추협을 고려하지 않는다면 제대로 된 평가가 내려지기 어렵다. 민주화 과정에서 민추협의 활동과 목표는 '87년 체제'의 기반이 되었기 때문이다.

이 책에서는 크게 네 가지 관점에서 민추협의 역할과 활동을 평가하고 있다. 첫째는 '87년 체제'의 기원으로서의 민추협의 활동이다. 민주화 운동 과정에 다양한 세력들이 참여했지만, 대통령 직선제라는 목표를 설정한 것은 민추협이며, 6·29 선언 이후의 헌법 개정 과정 역시 이들이 주도했다. 그런 점에서 민추협의 출범과 그 이후의 활동을 살펴봄으로써 87년 체제의 기원을 살펴보고자 했다.

둘째는 '야당 정치'라는 측면에서 민추협의 활동을 평가했다. 민주화를 추진하려는 목표를 갖고 있지만 민추협은 명백히 제도권 정치인들의 결집이었다. 이들의 활동이 '야당 정치사'라는 측면에서 갖는 의미를 파악하고, 한편으로는 그로 인한 민주화의 내용적 한계에 대해서도 지적하고자 했다.

셋째는 정치 이념의 차원에서 민추협의 특성을 살펴보고자 했다. 80년대의 한국 사회는 다양한 진보적 이념이 유행하던 시기였으며, 이는 특히 학생, 노동자들의 민주화 운동에 큰 영향을 주었다. 그러나 민추협은, 민주화라는 공동의 목표에도 불구하고, 이들과는 구분되는 이념적 속성을 지니고 있었다. 민추협의 이념적 특성과 그것이 학생, 재야, 노동권과 갖는 차이점에 대해 분석했다.

네 번째는 민추협을 민주화 운동 당시의 사회 운동 세력의 시각에서 평가했다. 즉 재야, 노동, 학생 등 각종 사회 세력이 민추협을 어떻게 바라보았는지에 대해 살펴 보았다. 또한 민주화 운동 과정에서 있었던 두 세력 간의 협력과 갈등의 상호 작용에 대해 주목했다.

지난해 5월 18일 민주화추진협의회 창립 30주년 행사가 열렸을 때 토론자로 참석한 바 있다. 지난날 한국정치가 칠흑 같은 어둠에 놓여 있을 때 용기 있게 민주화의 횃불을 들었던 영웅들의 모습을 한 자리에서 볼 수 있었던 것은 감동이었다. 대부분의 회원들은 노령이 되었고, 이미 세상을 떠났거나 몸이 불편해진 분들도 적지 않았다. 그러나 한국 민주주의에 대한 그들의 열정은 세월의 흐름에도 불구하고 변함없이 여전히 뜨거웠다. 이 책을 쓰는 과정에서도 적지 않은 민추협 회원들이 큰 관심을 갖고 지켜봐 주셨다. 이 책을 쓰는 과정에서 도움을 주신 권노갑, 김덕룡 민추협 공동 이사장께 특히 감사드린다. 또한 김무성, 박광태 민추협 공동 회장, 김영삼민주센터의 김정남, 김도 님께도 감사의 뜻을 표한다. 그리 좋지 않은 출판 환경 속에서도 기꺼이 책의 출간을 맡아 주신 도서출판 오름의 부성옥 대표께도 감사의 인사를 전한다.

우리의 연구가 한국 민주화 과정에서 큰 역할을 했으나 그동안 제대로 된 평가를 받지 못했던 민추협이 역사적으로나 학술적으로 제 자리를 찾는 계기가 되기를 희망한다. 또한 이 책이 민추협에 대한 보다 많은 관심과 연구의 출발점이 될 수 있기를 기대한다.

저자들을 대표하여
2015년 7월
강원택

차례

◆ 책을 펴내면서 _5

제1장 '87년 체제'와 민주화추진협의회 | 13 • 강원택

Ⅰ. 서론 15
Ⅱ. 신군부의 등장과 무산된 '서울의 봄' 17
Ⅲ. 체제 도전 세력의 등장과 담론의 확산: 민추협의 구성과 신한민주당 21
Ⅳ. 민주화 운동과 '대통령 직선제' 29
Ⅴ. 헌법 개정의 정치: 대통령 직선 어젠더의 제도적 수용 39
Ⅵ. 결론 46

제2장 야당 정치와 민주화추진협의회 | 49 • 이용마

Ⅰ. 들어가며 51
Ⅱ. 전두환 정권의 패권정당제 추구 53
Ⅲ. 민추협 결성과 야당 정치의 복원 61
Ⅳ. 민주화 운동 과정의 전략적 상호작용 74
Ⅴ. 민추협에 대한 회고적 평가 84

제3장 민주화추진협의회와 정치 이념 | 89 • 조성대

Ⅰ. 한국정치의 이념적 갈등구조와 민추협 91
Ⅱ. 결성기 민추협의 정치노선 95
Ⅲ. 개헌운동과 민추협의 정치노선 104
Ⅳ. 6월 항쟁과 민추협의 정치노선 113
Ⅴ. 민추협의 정치노선에 대한 평가 117
▪ 부록 121

제4장 민주화추진협의회와 사회운동 | 133 • 서복경

Ⅰ. 신군부 집권기 사회운동 135

Ⅱ. 민추협과 사회운동 153

Ⅲ. 사회운동의 관점에서 민추협의 역할 169

◆ 부록: 주요 성명서 _173

1. 8·15 선언 _175
2. 민추협 창립 선언 _185
3. 신한민주당 창당에 대한 원칙 선언 _188
4. 민추협 창립 1주년 성명서 _190
5. 천만인 개헌 서명운동 취지문 _193
6. 민추협 창립 30주년 기념 행사 성명서 _197

◆ 참고문헌 _201

◆ 색인 _207

◆ 지은이 소개 _214

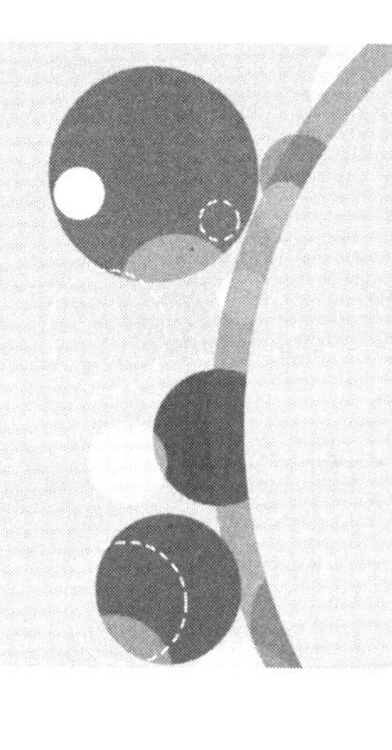

제1장

'87년 체제'와 민주화추진협의회

• 강원택

Ⅰ. 서론
Ⅱ. 신군부의 등장과 무산된 '서울의 봄'
Ⅲ. 체제 도전 세력의 등장과 담론의 확산: 민추협의 구성과 신한민주당
Ⅳ. 민주화 운동과 '대통령 직선제'
Ⅴ. 헌법 개정의 정치: 대통령 직선 어젠더의 제도적 수용
Ⅵ. 결론

제1장 '87년 체제'와 민주화추진협의회

Ⅰ. 서론

현재 우리나라의 정치체계는 1987년에 개정된 헌법에 기초하고 있다. 최근 들어 개헌에 대한 견해가 간간이 표출되고 있지만, 이른바 '87년 체제'는 30년 가까이 지속되어 오면서 민주화 이후의 정치 질서를 안정적으로 유지시켜 왔다고 할 수 있다. 이 장은 '87년 체제'라고 하는 민주화 이후의 정치 질서를 형성하는데 민주화추진협의회(이하 민추협)가 어떤 역할을 담당했는지에 대해 살펴보고자 한다. 민추협에 주목하는 것은 이러한 정치적 저항 단체가 1984년 결성된 이후 전개된 민주화 운동을 이끈 주도 세력 중 하나였으며, '87년 체제'의 사실상의 설계자였다고 할 수 있기 때문이다. 한국의 민주화는 '대통령 직선제' 쟁취라는 목표로 요약될 수 있는데, 그런 점에서 볼 때 한국의 민주화는 절차적 민주주의(procedural democracy)의 복원이라는 '제한된 목표'만을 대상으로 한 것이었다. 그러나 제한적이지만 다수가

동의할 수 있는 정치적 목표를 설정하면서 민주화 운동 세력은 힘을 결집할 수 있었다.

사실 전두환 정권에 맞서는 민주화 운동 세력은 다양했고 각 세력마다 추구하는 바도 달랐다. 권위주의체제에 대한 도전에는 민추협-신한민주당-통일민주당으로 이어지는 제도정치권의 야당 세력뿐만 아니라 학생들과 노동, 종교 등 재야 세력의 협력이 중요했다. 과거 유신 정권 때의 대립이 박정희 정권 대 야당과 학생 간의 투쟁과의 대립이었다면 1980년대의 민주화 운동은 권위주의 세력과 야당 간의 대립뿐만 아니라 재야 중심의 '민중' 세력을 포함한 보다 복잡하고 심각한 것이었다(한배호 1994, 505). 당시 민주화 운동 세력 중 진보적인 입장을 취한 세력들은 사회경제적 변혁을 포함한 보다 근본적인 변화를 추구하고 있었다. 그러나 한국의 민주화는 '대통령 직선제'라는 하나의 목표를 향해 다양한 세력이 결집할 수 있었고, 결국 이 '제한된 목표'의 달성을 통해서 민주화를 이뤄냈다.

민주화를 근본적인 사회적 변혁의 기회로 생각했던 이들에게 직선제 개헌은 최소한의 목표에 불과한 것이었다는 비판이 가능할 것이다. 그러나 직선제 개헌은 중산층을 포함한 최대의 민주화 세력을 결집하게 만든 성공적인 전략적 선택이었으며, 민주화 이후의 정치적 전개 과정, 특히 정권 교체의 경험을 통해, 한국 민주주의가 진전해 나갈 수 있도록 한 출발점이었다. 임혁백(1994, 477)의 표현을 빌린다면, "실질적인 사회 경제적 변혁을 민주화의 내용에 포함시키려는 사람 가운데는 직선제 개헌의 의의를 과소평가하려는 경향이 있으나 그것은 결코 과소평가될 사건은 아니다. 민주화를 모든 갈등하는 이해관계의 해결을 제도 내에서의 경쟁에 맡기는 '불확실성의 제도화(institutionalization of uncertainty)'로 이해한다면, 직선제 개헌은 불확실성의 제도화에 전기를 마련했다고 할 수 있다."

여기서의 관심은 민추협이 애당초 구상하고 있었던 절차적 민주주의의 회복, 곧 직선제 개헌이라는 '담론'이 어떤 과정을 거쳐 사회적으로 확대되고, 상이한 입장을 갖는 사회운동 세력을 포함한 다수 대중에게 공유되고 수용되었는지에 대해 살펴보고자 하는 것이다. 우리가 역사 속에서 무수히

보아온 대로, 혁명이나 정치적 격변, 그리고 그 이후에 추구되는 새로운 정치 질서, 헌정구조는 결국 특정한 정치사상, 정치적 아이디어에 기반하고 있다. 이런 사실에 주목해야 하는 까닭은 민추협이 쟁취하고자 한 정치적 목표인 '대통령 직선제'가 종국적으로 오늘날 우리가 '87년 체제'라고 부르는 정치적 질서의 기반이 되었기 때문이다.

이 장에서는 '87년 체제'의 중요한 설계자의 역할을 한 민추협이 민주화 운동 과정에서 어떤 생각을 갖고 있었고, 그것을 어떤 형태로 확산시키고 폭넓은 동의를 구할 수 있었으며, 구체적으로 민주화 이후의 헌법 개정 과정에서는 어떤 형태로 반영했는지에 대해서 살펴보고자 하는 것이다. 다시 말해, 민주화 운동 과정에서 제기된 수많은 주장과 목표 중에서 '직선제 개헌이라는 담론'이 어떻게 확산되고 공유되고 최종적으로 제도화되었는지 그 과정에 대해 논의하고자 하는 것이다. 이러한 접근은 그동안 많이 연구되지 않았던 제6공화국의 헌법 개정 과정에 대한 새로운 관점을 제공해 줄 것이며, 또 한편으로는 '87년 체제'의 특성과 한계를 이해하는 데도 도움을 줄 수 있을 것으로 기대한다.

II. 신군부의 등장과 무산된 '서울의 봄'

1979년 10월 26일 박정희의 피살과 함께 어둡고 길었던 유신체제는 종말을 고하게 되었다. 이와 함께 민주주의를 향한 움직임이 본격화되었다. 그러나 어렵게 맞이한 '서울의 봄'은 또 다른 군부의 정치적 개입과 함께 허무하게 저물어 버리고 말았다. 1979년 12월 12일 전두환이 이끄는 신군부는 사실상의 항명 쿠데타로 군부의 실권을 장악했다. 그리고 이듬해 5월 17일 신군부는 계엄해제와 조속한 민주화를 요구하는 대학생들의 대규모 시위를 핑계 삼아 비상계엄을 전국으로 확대시켰다. 이와 함께 국회의 기능을 정지시켰고, 주요 정치인과 전직 관료, 재야인사 등을 연행했다. 5·17 계엄 확대는 신군부가 군사력을 동원하여 정치권력을 장악한 사건이었다. 그리고 곧이어 광주에서 일어난 시민들의 저항을 무장 군인들을 투입하여 무력을 진압하였고 그 과정에서 수백 명의 목숨이 희생되었다. 박정희 사망 이후 민주화에 대한 국민들의 염원을 짓밟고 또다시 군인들이 총칼로 권력을 차지하게 된 것이다. 김대중은 투옥되었고, 김영삼은 가택연금되었다.

신군부가 권력을 장악하면서 1980년 8월 16일 최규하 대통령은 강요에 의해 하야했다. 8월 27일 유신 시대의 대통령 선출방식인 통일주체국민회의를 통해 신군부의 리더인 전두환은 대통령으로 당선되었다. 뒤이어 '제5공화국 헌법'이 10월 22일 국민투표를 통해 확정되었다. 10월 27일에는 국회의 기능을 대신할 국가보위입법회의(국보위)를 설치했다. 81명으로 구성된 국보위는 신군부가 원하는 형태로 법률을 개정하고 정치를 재편했다. 국보위는 '정치풍토쇄신을 위한 특별조치법'을 제정하여, 김대중, 김영삼과 김종필, 정일권 등 567명의 정치인들을 정치 활동 규제 대상자로 선정했다. 이들은 향후 8년간 정치 활동을 금하도록 했다. 이른바 '사회 정화' 조치로 공무원, 언론인, 교수, 국영기업체 직원들이 해고되었고, 불량배 소탕을 빌미로 수많은 무고한 이들을 '삼청교육대'로 끌고 가서 무지막지한 기합과 고역을 치르게 했다. '뿌리 깊은 나무', '창작과 비평', '월간 중앙' 등 172개 정기 간행물의 등록도 취소했다.

1981년 1월 15일 신군부의 집권당인 민주정의당(민정당)이 창당되었다. 전두환은 총재에 취임했다. 그러데 흥미롭게도 민정당이 창당된 이틀 뒤에는 유치송을 총재로 하는 민주한국당(민한당)이 창당되었고, 그 일주일 뒤에는 김종철을 총재로 하는 한국국민당이 창당되었다. 집권당이 민정당인 만큼 이들 두 정당은 '야당'이었다. 당시 정치적 자유가 심각하게 제약을 받고 있었고 대다수 정치인들이 규제에 묶여 있던 상황에서, 민정당 창당을 시점으로 불과 열흘 사이에 두 개의 '야당'이 생겨날 수 있었던 것은 전두환 정권이 여당뿐만 아니라 야당까지 '만들어 냈기' 때문이다. 여당 창당은 보안사령부가 담당했고, '야당 제조'는 중앙정보부가 맡았다. "신군부는 자신들의 정권 유지에 걸림돌이 된다고 생각하는 여야 정치인 대부분을 묶고 자신들과 선이 닿거나 추종 세력이라고 생각하는 정치인들을 민정당, 민한당, 한국국민당 등 여야 정당에 적절히 배치"했던 것이다(김삼웅 2013, 107). 이처럼 전두환 정권의 정당 정치는 여당인 민정당은 말할 것도 없고 야당인 민한당과 국민당조차 정권에 의해 만들어진 '관제 정당' 체제로 출범했다. 이들로부터 진정한 의미의 야당다움이나 민주화를 향한 투쟁을 기대할 수는 없는 노릇이었다.[1)]

전두환 정권은 유신 시대의 대통령 선출 방식인 통일주체국민회의를 폐지했지만 사실상 그와 크게 다를 바 없는 선거인단 제도를 만들어 냈다. 대통령을 선거인단에 의해 간접적으로 선출하도록 함으로써 유신 때와 마찬가지의 '체육관 선거'를 유지했다. '체육관 선거'를 통해 당선된 전두환은 1981년 3월 3일 제5공화국의 대통령으로 취임했다.

그러나 "제5공화국 체제에 대한 거부감은 유신 시대보다 높았다. 대학 캠퍼스에서는 이의 철폐를 요구하는 학생들의 시위가 일어나지 않는 날이 없었고, 이러한 시위에는 분신자살과 같은 극단적인 형태도 포함되어 있었다. 대학생들의 이러한 운동은 이념적으로는 급진적이고 반미적인 성격을 띠기도 하였다. 종교인, 문인, 일부 법조인, 재야 정치인으로 구성되는 재야 세력의 개헌 운동은 유신 시대에 비해 훨씬 더 조직화되어 있었고 그 규모도 훨씬 더 컸다"(이정복 2011, 92). 가장 격렬한 저항은 대학가에서 나타나기 시작했다. 대학가에서는 연일 시위가 발생했고 최루탄과 돌멩이, 화염병이 날아다녔다. 수많은 학생들이 구속되고 투옥되고 강제로 군에 징집당했다. 1980년 5월부터 1983년 후반까지 반정부 시위로 구속되거나 투옥된 학생의 수는 유신 기간 전체보다 많은 1,400여 명에 달했다(김영명 2013, 232).

정치 활동 규제로 한동안 침체되어 있던 야당 정치인들 역시 서서히 깨어나기 시작했다. 이들에 대한 권력의 억압과 사찰이 심했지만, 암울한 상황 속에서도 민주화를 향한 투쟁의 방안을 모색해 갔다. 1981년 6월 9일 연금

1) 이에 대한 상세한 논의는 이 책의 제2장을 참고할 것.

에서 해제되었던 김영삼은 이민우, 김동영, 최형우, 김덕룡, 문부식, 오성룡, 최영호 등과 함께 서울 삼각산 등반을 했고, 이 등산 행사는 민주산악회의 기원이 되었다. 민주산악회는 고문 김영삼, 회장 이민우, 부회장 김동영과 최형우로 정하고, 매주 목요일마다 산행을 했다. 서울에서 시작된 산행조직은 점차 대구, 부산, 충북, 강원, 전남 등 전국으로 확대되어 갔다. 민주산악회의 산행에 대해서조차 정보기관의 탄압과 방해가 적지 않았다. 조직이 확대되어 갈수록 전두환 정권의 협박, 폭행, 회유 등 방해 공작이 더욱 심해졌다. 가족, 친지까지 동원해서 참여를 만류하거나 협박했고, 민주산악회가 음식점을 예약하면 그날 음식점이 문을 닫도록 했다. 1983년 말 민주산악회의 망년회 모임을 예약한 코리아나 호텔은 그날 호텔 전체를 폐쇄해야만 했다. 하지만 정치적으로 규제 받고 있고 권위주의 지배가 극에 달해 있는 상황에서 민주산악회는 매우 효과적인 정치적 결집의 방편이었다. 조직적으로 느슨해 보이기는 하지만 정기적으로 이뤄지는 회합이며, 김영삼을 중심으로 민주화를 요구하는 정치 결사체의 성격을 지녔던 것이다(김덕룡 녹취문, 「김영삼 민주 센터 구술자료」). "따라서 민주산악회의 산행은 단순한 운동이나 건강 차원의 산행이 아니"라 "독재의 암흑기에 산행(山行)은 유일하게 동지들을 규합할 수 있는 수단이었고, 민주화 투쟁의 방편"이었던 것이다(김영삼 2000a, 217). 1982년 5월 31일 전두환 정권은 북한산 산행에 따라나선 뉴욕 타임스 동경지국장 헨리 스토크(Henry Stoke)와의 인터뷰 내용이 뉴욕 타임스에 보도된 이후 이를 빌미로 삼아 김영삼을 다시 가택연금에 처한다. 그러나 일단 조직된 민주산악회 활동은 김영삼의 두 번째 가택연금 후에도 계속해서 유지되었다.

2차 가택연금에 놓인 김영삼은 1983년 5월 18일 광주민주화운동 3주년을 기념하면서 목숨을 건 단식투쟁에 돌입하게 되었다. 김영삼의 단식은 23일간 이어졌다. 김영삼의 단식 기간 중 33명의 전직 국회의원을 포함한 58명이 코리아나 호텔에 모여 민주화를 위한 김영삼의 단식투쟁을 지지하는 시국선언을 발표했다. 김영삼계와 김대중계 정치인들이 유신 종식 이후 처음으로 힘을 모으기로 결정한 것이다. 이들은 '범국민 연합전선'을 추진하기 위한 위원회를 구성했는데 조윤형, 박영록, 이기택, 황낙주, 박용만, 최형우, 김상현, 김녹영, 김정우, 홍영기, 이중재, 김덕룡 등 상도동계와 동교동계가 망라된 결집이었다(김영삼 2000a, 268-269). 이들은 위원장에 이민우, 대변인에 김덕룡을 선출했다. 야당의 과거 두 경쟁 세력의 결합은 이후 민주화추진협의회 결성에 결정적인 역할을 하게 된다. 한편, 단식투쟁 이후 5개월 만인 1983년 10월 22일 김영삼은 다시 민주산악회 활동을 재개했고, 지방에서의 조직 확대와 강화를 위해 노력했다. 이와 같이 전국적으로 조직을 갖춘 민주산악회는 민주화추진협의회 탄생의 중요한 조직적 기반이 되었다.

III. 체제 도전 세력의 등장과 담론의 확산: 민추협의 구성과 신한민주당

앞서 언급한 대로, 민추협의 결성은 그 한 해 전의 김영삼의 단식투쟁이 중요한 계기를 만들었다. 그런데 단식투쟁 돌입 이틀 전인 5월 16일 김영삼은 장문의 '국민에게 드리는 글'이라는 성명서를 발표했다. 당시 국내 언론에는 일체 보도되지 않았지만, 이 성명서의 내용은 그 이후의 민추협 활동의 목표와 방향을 가늠하는 데 좋은 자료가 될 수 있다. 이 성명서에서 김영삼(2000a, 248-249)은 민주화를 위한 전제 조건으로 다섯 가지 사항을 제시하는데, 첫째, 구속 인사 석방, 둘째, 정치인과 민주시민의 정치활동 보장, 셋째, 해임 교수, 제적 학생, 해고 근로자의 복직과 복권, 넷째, 언론 자유 보장, 다섯째, 헌법 개정과 반민주 악법 개정, 폐지 등이다. 이 가운데 다섯 번째 요구 조건은 보다 구체적으로 살펴볼 필요가 있다. 그 내용은

> "현재의 헌법은 5·17 **이전에 이미 국민적 합의로 되었던 대통령 직선(直選)의 국민적 염원**을 배반한 것이며, 국민의 기본권에 대한 유보 조항을 두고 있어,

> 사실상 유신독재체제와 다를 바가 없는 독재 헌법인 바, 현행의 헌법은 지체 없이 개정되어야 한다. **국민이 나라의 주인이라는 것이 확인될 수 있는 방향으로 개정되어야 한다**는 것은 명백하다(이하 생략. 강조는 여기서 추가)."

민주화의 방향과 관련해서 보면, 김영삼은 대통령 직선이 국민적 합의였으며 그것이 국민이 나라의 주인임을 확인할 수 있는 제도적 방향이라고 판단하고 있음을 알 수 있다.

한편, 김영삼의 단식은 김대중과의 연대를 다시 강화하는 계기가 되었다. 김대중은 미국에서 김영삼의 단식을 지지하기 위한 시위를 워싱턴과 뉴욕 등에서 벌였고, 뉴욕 타임스에 단식투쟁을 지원하는 글 '김영삼의 단식투쟁(Kim's Hunger Strike)'을 기고하기도 했다(김대중 2010, 462-464). 단식 이후 1983년 8·15 광복절을 맞아 "민주화 투쟁은 민족의 독립과 해방을 위한 투쟁이다"라는 제목의 성명서를 김영삼, 김대중의 공동 명의로 발표하기도 했다(부록 1 참조). 그리고 이듬해인 1984년 '새로운 민주화 투쟁 기구 발족을 위해' 8인 위원회가 구성되었는데, 김영삼 쪽에서 김영삼, 이민우, 김명윤, 최형우 등과 김대중 쪽에서 김상현, 조연하, 김녹영, 예춘호가 참여하여, 민추협의 결성에 합의했다(김영삼 2000a, 287). 그리고 김영삼의 단식투쟁 1주년이 되던 1984년 5월 18일 마침내 민추협이 공식 발족했다. 민주화추진협의회라는 그 명칭에서 민주화라는 목표를 찾아볼 수 있지만, 구체적으로 민추협이 당시 무엇을 지향하고 있었는지 살펴볼 필요가 있다. 1984년 6월 14일 서울의 외교구락부에서 거행된 민추협 창립대회에서 발표한 '민주화 투쟁 선언'이라는 발족 성명을 보면 민추협의 지향점을 살펴볼 수 있다(부록 2 참조). 선언문을 보면,

> "우리는 이 땅에 민주주의를 실현하는 것이 우리 국민 모두에게 주어진 절대적 사명임과 민주주의는 오직 국민의 투쟁에 의해서만 이룩될 수 있는 것임을 선언한다…… 우리는 우리 국민의 긍지와 자존심을 회복시키고, 국가의 존엄을 해치는 군부 독재를 청산해서 **국민이 자신의 정부를 선택할 수 있고 시민의 참여가 보장되는 민주 정부의 수립**을 위하여 민주화는 더 이상 지체할 수 없다

는 판단 아래 이를 위한 민주화추진협의회를 발족하고 다음과 같이 투쟁할 것을 결의한다"(민주화추진협의회 1988, 82. 강조는 여기서 추가).

즉 민추협의 목표는 '국민이 자유롭게 선택할 수 있는 정부,' 곧 체육관 선거를 폐지해야 한다는 것이었다. 이러한 내용은 선언문에 포함된 9개항의 투쟁 결의 속에서도 확인할 수 있다.

1. 우리는 군인의 정치 개입이 민주 헌정을 후퇴시키고 민족사의 불행과 안보상의 불안을 초래한다는 역사적 경험을 토대로 군인이 본연의 사명인 신성한 국방의무로 복귀할 것을 주장하고, 시민민주주의를 실현시키기 위해서 투쟁한다.
2. 우리는 **국민이 자신의 정부와 정부 형태를 선택하고 결정할 수 있을 때만 민주주의가 실현된다고 믿는다.** 우리는 민주주의로 가는 길을 봉쇄하고 있는 현행의 모든 제도적 장치와 제약의 개폐를 위해서 투쟁한다.
3. 현 정권의 존속을 위한 선거제도 등 규격화된 정치제도와 반민주적 법령이 민주적 방향으로 개선되지 않는다면 선거는 오직 요식행위에 지나지 않을 뿐이다. **우리는 국민의 참정권 보장을 위해서 투쟁한다**(이하 생략. 민주화추진협의회 1988, 82-83. 강조는 여기서 추가).

따라서 민추협의 핵심적 목표는 '국민이 자신의 정부를 선택할 수 있도록' 공정하고 자유로운 선거를 실시해야 한다는 것이었다. 즉 가장 중요한 목표는 절차적 민주주의의 확립이었다. 그런데, 앞서 본 김영삼의 '국민에게 드리는 글'에서 본 대로, 당시 김영삼이나 김대중이 내각제는 전혀 대안으로 고려하고 있지 않았던 만큼, 결국 '국민의 자신의 정부와 정부 형태를 선택하고 결정'하는 일은 대통령을 공정하고 자유로운 선거를 통해 선출하도록 하는 일이었다. 이는 민추협-신한민주당-통일민주당으로 이어지면서 일관되게 내세운 주장이었다. 1987년 5월 1일 통일민주당 창당대회에서 김영삼 총재의 취임사에서도 앞에서와 같은 주장을 확인할 수 있다.

"나는 이대로 간다면 반드시 맞게 될 불행한 종말, 묘혈로 가는 길을 막기 위해서 현 정권이 이제야말로 독재의 장기화에 대한 집착을 버리고 민주화의 길을 결단할 것을 진심으로 촉구합니다. 첫째, 전두환 씨의 4·13 개헌유보 선언은 현 정권은 물론 국가의 불행을 자초하는 제1의 요인이 될 것이므로, 이를 즉각 철회하고 난국수습을 위한 실질 대화에 임할 것을 강력히 촉구합니다… 그러나 현 정권 당국이 이른바 4·13 조치를 기초로 일방적인 정치일정을 강행해 나간다면, 우리는 현 정권에 대한 전면적인 거부 투쟁에 나설 수밖에 없다는 점 또한 명백히 해 두고자합니다…… 뿐만 아니라 **우리는 선거인단 선거 및 체육관에서 하는 대통령 선거에 참여하지 않을 것임을 분명히 합니다.** 나아가 우리는 범국민적 비폭력 거부 운동을 전개할 것입니다…… 주권자인 국민이 선거를 통해서 정부 선택권을 가지고 정치에 참여하기 위해서는, 국민의 의사가 정당하고도 평등하게 반영될 수 있는 선거제도를 전제로 합니다. 그러나 현행 대통령 선거제도는 국민의 선택권을 보장하는 제도가 아니라 박탈하는 제도입니다. **그것은 국민이 정부 선택권을 행사하는 주권 확인의 기회가 아니라 주권자인 국민이 들러리가 되는 요식행위에 불과한 것입니다. 이러한 헌법하에서의 대통령 선거는 선거로 인정할 수 없다는 것을 분명히 밝혀 둡니다. 그 이치는 우리가 북한의 선거를 선거로 인정하지 않고 있는 것과 같습니다**"(김영삼 2000a, 345-347. 강조는 여기서 추가).

이 취임사에서는 이 밖에도 양심수 석방, 민주인사들에 대한 사면복권, 고문 폭력 정치의 즉각 중단, 정보 공작 정치 중단, 언론인과 언론기관에 대한 탄압과 협박 중단, 언론자유 보장(김영삼 2000a, 348-349) 등의 요구를 함께 제기했지만, 역시 이 취임사에서의 핵심적 주장은 절차적 민주주의의 회복에 놓여 있었다. 이러한 절차적 민주주의의 회복에 대한 요구는 신한민주당 창당과 1985년 2·12 총선의 참여를 통해 '대통령 직선제 개헌'이라는 보다 명확하고 간명한 구호로 요약, 정리된다.

민추협이 내건 직선제 개헌의 목표는 1985년 2·12 총선의 참여를 통해서 대중적인 지지와 관심을 이끌어 낸다. 직선제 개헌이라는 어젠더가 국민적 동의를 얻게 되는 데는 2·12 총선이라는 정치적 공간이 절대적으로 중요한 기여를 했다. 사실 민주화 과정에서 선거는, 결코 공정하고 자유롭지는 않았지만, 저항의 어젠더를 확산시키는 데 매우 중요한 기회를 제공했다.

> "한국 군부권위주의의 중요한 특징 중의 하나는 선거, 의회, 정당과 같은 형식적 민주주의의 외피를 완전히 벗어던지지 않았다는 것이다. 가장 억압적인 권위주의 정권인 유신체제하에서도 선거의 외피는 존속되었다. 선거의 외피는 권위주의 정권의 억압적인 본성을 감추면서 정권의 이미지를 개선하고 정통성을 높일 수 있는 가장 효과적인 의사(疑似) 민주주의적인 장치로 간주되었던 것이다. 또한 선거가 권위주의 정권이 의도한 결과를 낳았을 경우 선거는 자유화 확대 요구의 억압을 정당화할 수 있는 근거를 제공할 것으로 믿었다. 이 점에서 한국의 권위주의 정권 담당자들은 선거가 권위주의 정권에 가져다 줄 비용과 역기능을 고려하지 않은 '선택이 없는 선거'의 시각에 입각하여 선거라는 헌정적 장치를 유지시켰던 것으로 보인다. 이에 더하여 전두환 정권은 2·12 총선을 1983년에 유치한 1988년 서울 올림픽의 성공적인 개최를 위해서 한국정치를 자유화시키고 있다는 이미지를 국제사회에 심어주는 계기로 만들고 싶었을 것이다"(임혁백 1994, 462-463).

그러나 민추협 내부에서는 1985년의 국회의원 선거를 앞두고 선거에 참여할 것인지를 두고 내부적으로 논란이 일었다. 선거에 참여해서는 안 된다는 이들은 '총선 참여 자체가 전두환 정권을 인정해 주는 것이며, 당시의 선거제도나 촉박한 일정으로 볼 때 선거에 참여해도 참패가 분명해 결과적으로 전두환 정권의 들러리를 서 주는 꼴이 될 것이라고 우려했다. 김대중도 선거 참여에 소극적이었다.[2] 반대로 선거에 참여해야 한다고 주장하는 이들은 '총선에 불참하더라도 현재의 언론 구조 아래에서는 효과적인 거부운동이 불가능'하며 '총선 거부란 선언적 의미밖에 못 갖는 것이며 총선을 통한 민주화 투쟁이 훨씬 적극적인 대응 방법'이라고 보았다(김영삼 2000a,

2) 예컨대, 김대중의 측근인 권노갑은 선거에 참여하려고 했으나 김대중의 만류로 참여하지 않았다고 진술했다. "김대중 대통령은 소극적이라기보다도 …… 총선에 될 수 있으면 안 나갔으면 하는 그런 생각을 했습니다. 제가 그때 신민당(신한민주당) 공천을 받았습니다 …… 내가 목포·무안·신안위원장을 맡았습니다. 공천을 다 받았습니다. 받았는데, 김홍일의원이 아부지[아버지] 연락을 받고 왔어요. 와서 '아자씨[아저씨], 아부지한테 전화 왔는데 안 나갔으면 쓰겠다고[좋겠다고] 그렇게 이야기, 아부지한테 받았습니다.' 그래서 내가 공천 받고도 내가 안 나갔습니다" [권노갑 인터뷰. 김영삼 민주센터 구술자료].

295-296). 김덕룡과 김상현이 독자 창당을 통한 선거 참여에 적극적인 입장이었다. 많은 논란 끝에 민주협은 마침내 신당을 창당하여 총선에 참여하기로 결정했다.

민추협의 총선 참여가 기정사실화되면서 김대중도 총선 전에 귀국하기로 결정했다. 김대중은 1984년 9월 전두환 대통령과 미 국무장관에게 1984년 말 귀국하겠다는 의사를 밝혔지만 전두환 정권은 귀국하면 재수감하겠다고 협박했으며, 1985년 1월에는 2·12 총선 이후에 귀국할 것을 종용했다(민주화추진협의회 1988, 809-891). 그러나 김대중은 AP통신과의 인터뷰를 통해 "귀국해서 한국의 민주화를 도와야 할 도의적 책임"을 느끼며 "만일 한국이 민주화의 길에서 영원히 멀어져 버린다면 나의 전 생애는 아무런 의미가 없게 된다"고 말하며 귀국에 대한 강한 의지를 밝혔다(김삼웅 2013, 118). 김대중은 위험을 무릅쓰고 마침내 귀국을 결정했다. 선거 직전인 2월 8일 김대중이 2년여 만에 귀국하면서 민추협과 신한민주당은 보다 전열을 강화할 수 있었다.

1984년 12월 7일 서울 종로 한일관에서 열린 민추협 운영위 전체회의에서는 총선 참여에 대한 대의를 확인했고, 12월 11일에는 김영삼 공동의장, 김대중 공동의장, 김상현 공동의장대행 명의로 민추협의 신당 및 총선 참여를 공식적으로 발표했다. 이에 따라 1984년 12월 20일 서울 동숭동 흥사단 대강당에서 신한민주당 창당 발기인 대회가 열렸다. 이듬해 1월 18일에는 서울 앰배서더 호텔에서 대의원 532명이 참여한 가운데 창당 행사를 갖고, 이민우를 총재로, 김녹영, 이기택, 조연하, 김수한, 노승환을 부총재로 각각 선출했다. 전두환 정권이 만든 '관제 정당 체제'가 자생적으로 탄생한 선명 야당의 출현으로 이제 위협을 받게 되었다.

1985년 2월 12일의 12대 국회의원 선거에서는 놀라운 결과가 나타났다. 신한민주당(이하 신민당)의 돌풍이 분 것이다. 선거 결과 집권당인 민주정의당은 148석(지역구 87석, 전국구 61석)을 차지하여 제1당의 지위를 유지했지만, 야당의 선거 결과는 놀라운 것이었다. 야당 가운데 최다 의석을 차지한 것은 선거를 눈앞에 두고 창당한 신생 신한민주당이었다. 신한민주당은 지역구 50석과 전국구 17석으로 모두 67석을 얻어 일약 제1야당으로 부상했다. 선거 유세 과정에서 '민정당의 2중대, 3중대'라는 비아냥을 받은 '관제야당'인 민주한국당은 지역구 26석, 전국구 9석으로 35석을 얻었고, 한국국민당은 지역구 15석과 전국구 5석으로 도합 20석을 얻는 데 그쳤다. 득표율에서도 신민당은 29.3%를 얻은 데 비해 민한당은 19.7%, 그리고 국민당은 9.2%를 얻었다. 민정당의 득표율은 35.2%였다. 창당된 지 불과 25일 만에 신한민주당은 기존의 정당체계를 무너뜨리고 제1야당으로 등장했다. 특히 대도시 지역에서 신민당의 부상이 두드러졌다. 신민당은 6대 도시의 29개 선거구 가운데 한 석을 제외한 28석을 휩쓸었다. 득표율에서도 신민당은 서울에서 무려 43.3%를 득표했고, 부산에서도 37.0%를 얻었다. 이에 비해 민정당은 서울에서 27.3%, 부산에서 28.0% 득표에 그쳤다. 한겨울인 2월에 실시된 선거였지만 투표율은 1981년 선거 때보다 오히려 6.2%나 높아졌다. 민주화 추진과 선명성을 강조한 신생 야당의 출현과 함께 선거에 대한 유권자들의 정치적 관심이 커진 때문이라고 할 수 있다. 2·12 총선의 결과와 함께 야권은 급속도로 재편되었다. 선거 패배와 함께 민한당은 사실상 와해되었다. 선거 두 달 후인 4월 3일 민한당 소속 의원 35명 중 29명이 탈당하여 신민당으로 당적을 옮기면서, 이제 제도정치권에서의 야당 정치는 신민당이 주도하게 되었다.

1985년 총선은 민주화 추진 과정에서 매우 중요한 사건이었다. 민추협이 체제 저항적 재야 단체라는 위치에서 제도정치권 내의 제1야당으로 변모하면서, 이제 제도권 내와 재야를 모두 포함하는 정치 세력으로 역량을 강화시킬 수 있게 되었다. 특히 민추협과 신민당이 총선을 통해 '직선제 개헌'이라는 분명한 정치적 목표를 설정했을 뿐만 아니라, 이 어젠더를 주도하면서 민주화 운동을 이끌고 나갈 수 있게 된 것이다. 총선 이후인 3월 15일 김대중은 민추협의 공동의장 직을 수락하면서 정치 전면에 나서게 되었고, 민추협의 정치적 위상과 영향력은 더욱 공고해졌다.

한편, 민주화를 희구하던 국민들로서는 2·12 총선과 함께 신민당이라는 민주화를 추진하려는 강력한 자율적 야당이 출현함으로써 대안 부재 상태에서 벗어나 분명한 정치적 대안을 갖게 되었다. 즉 신민당의 등장으로 국민들은 김영삼, 김대중이라는 강력한 두 지도자를 가진 조직을 제도 정치권 내에서 갖게 된 것이다. 국민들이 권위주의체제에 대한 불만 속에서도 대안 부재로 인해 참고 견디며 살 수밖에 없었던 때와는 다른 환경이 마련된 것이다(임혁백 1994, 464-465).

그런데 2·12 총선에서 간과해서는 안 될 또 다른 중요한 점은 '직선제 개헌' 담론의 확산이다. 총선 과정에서 신민당 후보들은 대통령 직선제를 공약으로 내세웠다. 전두환의 권위주의체제하에서 금기시 되었던 정권교체와 대통령 직선제 공약 등이 선거 유세 과정에서 제기되면서 큰 관심과 주목을 받았다. 그런데 특히 선거 유세 과정을 통해 '직선제 개헌' 담론이 확산된 것은 민주화의 진행과 관련해서 매우 중요한 의미를 지닌다. 크게 두 가지로 그 의미를 생각해 볼 수 있다.

첫째는, 2·12 총선을 통해 그 이전까지 '민추협의 어젠더'였던 대통령 직선제 개헌이라는 목표가 민주화를 원하는 다수 국민들 사이에 공유되는 형태로 확산될 수 있었던 것이다. '직선제 개헌'이라는 하나의 뚜렷한 목표를 향해서 민주화 운동이 나아갈 수 있는 계기를 마련한 것이다. 앞서 언급한 대로, 민주화 운동은 각 세력마다 다양한 형태의 미래의 정치 질서를 설정하고 있었다. 권위주의체제 타도라는 목표 때문에 협력하고 있지만 사실 '민주화의 의미와 민주화 이후의 질서'에 대해서는 여러 가지 대안들이 서로 경쟁하고 있었던 셈이다. 그러나 신민당이 '대통령 직선제 개헌'을 공약으로 내세웠고 이에 대한 시민들의 커다란 공감과 동의를 이끌어 냄으로써, 이제 민주화 운동의 목표는 민추협이 설정했던 '대통령 직선제'로 모아질 수 있게 된 것이다. 둘째, 2·12 총선에서 신민당의 화려한 부상은 선거를 통한 민주화의 전략이 실현 가능하다는 희망을 국민들이 가질 수 있도록 했다(임혁백 1994, 465). 2·12 총선은 대통령 직선제 개헌이라는 목표의 확산과 함께, 현실적으로도 대통령 직선제를 쟁취한다면 선거를 통한 정권 교체도 가능할 수 있으며 그것은 곧 민주화의 도래를 의미하는 것이었다. 그런 점에서 '대통령 직선제 개헌'이라는 목표는 공허한 주장이 아니라 매우 현실적이면서도 실현 가능한 대안으로 국민들에게 받아들여질 수 있게 된 것이다.

IV. 민주화 운동과 '대통령 직선제'

민추협의 어젠더였던 대통령 직선제 개헌의 요구는 1985년의 2·12 총선을 통해 민주화를 원하는 국민들의 어젠더로 확산되었다. 이제는 그러한 대통령 직선제 개헌의 어젠더가 총선 이후의 민주화 추진 과정에서 어떻게 반영되어 왔는지 살펴볼 필요가 있다.

2·12 총선이 실시된 지 일 년 후인 1986년 2월 12일에는 '1천만 명 개헌 서명 운동'이 시작되었다. 2·12 총선을 통해 공유하게 된 민주화의 목표를 보다 강화하고 결집하기 위한 필요 때문이었다. 천만 명 개헌 서명운동의 시작과 함께, 민추협과 민주개헌추진천만인서명본부 공동 명의의 '천만인 개헌 서명운동 취지문'이 발표되었다. 이 취지문은 그 당시 헌법의 문제점을 지적하면서 그동안 민추협이 추구해 온 '대통령 직선제 개헌'의 필요성과 함께 '우리가 선택하고자 하는 헌법'의 보다 구체적인 내용을 담고 있다(부록 5 참고). 주요 내용을 살펴보면 다음과 같다.

> 현 헌법은 그 절차에 있어서 비민주주적이고 정통성을 결여하고 있을 뿐 아니라 내용이 더욱 문제입니다. 현 헌법은 첫째, **유신헌법과 마찬가지로 사실상 평화적 정권교체가 불가능한 선거인단에 의한 간접선거로 대통령을 뽑게 되어 있으며**, 둘째, 대통령은 유신헌법과 마찬가지로 삼권 위에 군림하는 독재체제의 헌법 구조를 특징으로 하고 있습니다. 셋째, 대통령의 임기가 7년이기 때문에 국민의 신임을 상실했을 경우에도 장기집권이 가능하며, 넷째, 대통령 자신은 불신임 받는 제도가 없는데도 오히려 일방적으로 국회를 해산하는 권한을 가지고 있습니다. 다섯째, 유신헌법의 긴급조치를 방불케 하는 비상조치라는 독소조항이 있으며, 여섯째, 국정의 책임자들이 모인 국무회의는 심의기관에 불과합니

> 다. 일곱째, 국회의 소집과 국무총리 및 국무위원에 대한 해임의결은 재적의원 1/3 이상의 발의가 있어야 하며 국회 회기는 년 150일로 제한하는 등 국회의 기능을 약화시키고 있으며, 여덟째, 국회의 행정부에 대한 국정감사권이 없습니다. 아홉째, 국회의 대통령에 대한 탄핵권을 제한하고 있을 뿐 아니라 대통령의 대법원장 및 판사에 대한 임명은 행정부의 사법부에 대한 지배권을 인정하고 있는 것입니다. 열째, 지방자치제의 순차적 실시로 민주주의의 토착화를 늦추고 있는 등 이와 같은 헌법하에서는 국민 모두가 참된 자유와 인권을 향유할 수 없으며 정치, 경제, 사회, 문화 등 각 분야에서 국민적 합의와 발전을 도모할 수 없는 것입니다(민주화추진협의회 1988, 822. 강조는 추가).

5공 헌법에 대해서 다양한 관점에서 비판을 가하고 있지만, 여기서도 제일 먼저 제기한 문제점은 선거인단에 의한 간접선거로 대통령을 선출한다는 것이다. 그 때문에 정권 교체가 불가능하다는 것이다. 이와 함께 입법, 사법, 행정 3권 간의 견제와 균형의 부재, 지방자치제도의 부재 등을 문제점으로 삼고 있다. 따라서 새로이 제정되어야 할 헌법에서도 가장 중요한 점은 대통령을 직선으로 해서 국민들이 직접 선택할 수 있도록 해야 한다는 것이다. 뒤에서 다시 논의하겠지만 여기서 제기한 '우리가 선택하고자 하는 헌법'의 내용은 1987년 헌법 개정 때 거의 모두 반영된다.

> 우리가 선택하고자 하는 헌법은 민주적 제도 확립으로 인간의 존엄성 실현과 자주 경제의 확립으로 국민의 생존권을 보호하고 최소한의 인간다운 삶을 보장해 주는 정신하에 첫째, **대통령은 우리 손으로 직접 뽑고**, 둘째, 입법, 사법, 행정권의 균형 있고 독립적인 기능을 보장하며, 셋째, 언론자유의 확립을 최대한 중시하며, 넷째, 국민 기본권을 신장하고, 다섯째, 지방자치제의 조속한 전면적 실시를 기하며, 여섯째, 자주적인 국민 경제와 부의 공정 분배를 기하며, 일곱째, 노동삼권 보장으로 근로자 권익을 옹호하고 농민의 권익회복과 농촌경제의 재건을 기하며, 여덟째, 정부의 통일 정책 수행은 국민적 합의에 따라 공개적이며 거국적 참여에 의해서 전개되어야 하고, 아홉째, 군은 어떠한 경우에도 정치적 중립을 지킬 수 있도록 하고, 열째, 일체의 정치보복을 금지하는 등 이 시대의 국민적 요구를 대변하고 반영하여 진정 국민으로부터 사랑과 존중을 받을 수 있는 민주헌법이 되어야 할 것입니다……

> 이제 우리는 '천만인 개헌 서명운동'이 헌법에 보장된 국민 청원권 행사일 뿐만 아니라 **국민의 자유로운 정부 선택권을 찾기 위한 국민의 주권 행사**임을 천명하며 국민 여러분의 뜨거운 참여와 적극적 격려가 있을 것임을 확신하는 바입니다(민주화추진협의회 1988, 823. 강조는 여기서 추가한 것).

이러한 새로운 헌법에 대한 구상이 민주화추진협의회, 민주개헌추진천만인서명본부 내부에서 얼마나 많은 토의를 했는지는 확인할 수 없다. 당시 앞이 잘 보이지 않는 상황이었던 만큼 실천적인 의미보다는 선언적 의미가 더 컸을 것으로 짐작해 볼 수 있다. 그러나 그 이전까지 '대통령 직선제 개헌' 요구에 머물렀던 것에 비하면, 천만인 서명 운동을 출범하는 시점에서 제시한 취지문은 보다 구체적이다. 이 취지문을 통해서 당시 민추협이 구상한 새로운 정치 질서의 모습은 대통령 직선제·입법·사법·행정권의 균형과 독립, 곧 당시 상황에서 본다면 입법권과 사법권의 강화, 언론 자유의 확립, 국민 기본권 신장, 지방자치의 조속한 전면적 실시, 군의 정치적 중립, 정치 보복 금지 등이 중시되는 것이었다.

오히려 흥미로운 점은 '국민적 합의에 의한 통일 정책 추구'와 '자주적인 국민 경제와 부의 공정 분배,' 그리고 '노동삼권 보장, 근로자 권익 옹호 및 농민 권익회복과 농촌경제의 재건' 등 통일, 경제 관련 항목들이다. 이런 내용들은 사실 그동안 민추협이 주창해 온 절차적 민주주의의 회복과는 거리가 있다. 이러한 통일, 자주 경제, 노동 및 농민 권익 등은 노동운동, 농민운동이나 재야, 학생 쪽에서 보다 큰 관심을 보여 온 항목들이다. 이런 내용이 '우리가 선택하고자 하는 헌법' 속에 포함된 것은 이들 운동 세력이 중시하는 정책에 대한 배려와 관심을 통해서 서명 운동에 동참할 수 있도록 이끌기 위한 의도 때문으로 보인다.

실제로 민추협과 신민당이 주도한 개헌 서명 운동은 학생들과 재야로부터의 지원과 참여를 이끌어 냈다. 민추협과 신민당이 주도한 개헌 추진 서명 운동은 곧 사회운동 세력과의 연대를 이뤄내게 된다. 1986년 3월 17일 이민우 신민당 총재, 김영삼, 김대중 민추협 공동의장이 문익환 민주통일민중운동연합 의장, 박형규 한국기독교교회협의회 목사, 이돈명 가톨릭정의평화위원회 회장 등 재야 인사를 만나 '민주화를 위한 국민연락기구(민국련)'를 조직하기로 결정하였기 때문이다(동아일보, 1986.3.18). 이처럼 직선제 개헌을 위한 서명 운동에 재야가 함께 참여하면서 3월 8일 헌법개정추진위원회 서울시지부 현판식을 필두로 부산과 광주를 비롯한 각 지방에서 열린 개헌 촉구 집회에 대한 열기는 매우 뜨거웠다. 부산에는 4만, 광주 10만, 그리고 대구에 2만 명이 넘게 모였다(김대중 2010, 499).

이와 같이 개헌 추진 서명운동에 대한 국민의 참여와 열기가 커져가면서 전두환 대통령은 정치적으로 다소 물러나는 자세를 보였다. 전두환은 1986년 4월 30일 노태우 민정당 대표, 이민우 신민당 총재, 이만섭 국민당 총재 등 3당 대표와 회담을 갖고, 국회에서 여야가 합의해서 건의하면 재임 기간 중 개헌하는 데 반대하지 않겠다는 뜻을 밝혔다. 이후 1986년 6월 21일 노태우 민정당 대표와 이민우 신민당 총재가 회동을 갖고 헌법개정특별위원회를 국회에 설치하기로 합의했다. 이 회동 직후 신민당과 민추협은 국회 헌법개정특별위원회에 참여하기로 결정했고, 위원회 참여 조건으로 정부에 민주 인사의 석방, 사면, 복권 문제를 우선적인 처리해 줄 것을 제시하였다. 이에 따라 1986년 6월 24일 국회에서 헌법개정특별위원회가 설치되었고 그 해 가을의 국회 회기 종료 이전에 새로운 헌법의 초안을 작성하기로 합의했다. 그러나 민정당은 헌법 개정 협상에서 내각책임제를 주장했기 때문에 대통령 직선제 개헌을 주장해 온 신민당과 민추협과의 접점을 찾기란 사실상 불가능했다. 신민당과 민추협은 대통령 직선제와 의원내각제를 국민투표에 부쳐 정부 형태를 국민이 직접 결정하도록 하자고 제안했지만 받아들여지지 않았다. 이에 따라 1986년 9월 29일 신민당은 민정당의 의원내각제 제안은 "수상중심제 등 영구 집권의 음모"라고 비판하면서 "**직선제에 대한 합의**만이 오늘의 난국을 타개할 수 있는 유일한 길이라고 확신하기 때문에 이 문제의 해결을 위한 실세 대화 개최를 강력히 촉구하면서 이 문제가 해결될 때까지 헌특 활동을 중단하기로 합의했다"고 밝혔다(민주화추진협의회 1988, 854). 민추협과 신민당은 대통령 직선제 이외의 대안은 고려하지 않고 있음을 명확하게 한 것이다.

그런데 이 무렵 권력구조 형태와 관련하여 실시한 흥미로운 조사 결과가 있다. 이는 당시 민추협의 통일문제특별위원장이면서 상임중앙위원이었던 정대철이 주도한 여론조사이다(민주화추진협의회 1988, 914-916). 이 여론조사에서는 국민들을 상대로 선호하는 권력 구조의 형태, 대통령 권한의 제한 여부, 국회의원 선거 시기, 그리고 국회의원 선거제도에 대해서 물었다. 이 조사는 전 국민을 대상으로 한 것은 아니고 서울의 종로, 중구만을 대상으로 실시했다는 한계가 있기는 하지만, 당시에 '정치 1번지'로 불리며 상대적으로 정치적 관심도나 지식이 높은 지역이라는 점에서 새로운 헌법 구조에 대한 민심을 읽는 데는 큰 무리가 없을 것으로 보인다. 조사 기간은 1986년 7월 10일부터 8월 5일까지 27일간이며, 우편조사 및 방문 면담 조사를 통해 1,917명을 대상으로 실시한 것이었다. 시기적으로 본다면 1986년 6월 21일 민정당 노태우 대표와 신민당의 이민우 총재가 국회개헌 특위를 구성하기로 합의하고, 이에 따라 6월 24일 국회헌법개정 특별위원회가 구성되었던 직후이다.

따라서 이 조사는 시기적으로 매우 주목을 끌만한 것이었다. 지금으로서는 이러한 조사 자체가 특별한 것이 아닐 수 있고 또 오늘날의 관점에서 본다면 표본의 대표성에 대한 문제점도 지적할 수 있겠지만 당시로서는 매우 획기적인 시도였을 것이다. 이 여론조사 결과에 주목하는 것은 이러한 조사 결과가 당시의 민심의 방향을 보여주는 것이며, 향후 민추협의 대응에도 영향을 줄 수 있기 때문이다.

조사 결과는 다음과 같이 정리할 수 있다. 첫째, 국민 대다수가 대통령 직선제를 원하는 것으로 조사되었다. 응답자의 79.6%가 대통령 직선제를, 6.2%가 대통령 중심제를 원칙으로 하고 내각책임제를 가미한 제도를, 그리고 5.3%가 내각책임제를, 그리고 3.6%가 대통령 간선제를 선호하는 것으로 나타났다. 당시 선출 방식인 선거인단에 의한 대통령 중심제에 대한 지지는 3.4%에 불과했고, 이원정부제에 대한 지지도 1.9%로 나타났다. 대통령 직선제에 대한 압도적 선호를 확인할 수 있다.

둘째, 대통령의 권한은 당시 대통령의 권한보다 제한되어야 한다는 응답이 많았다. 안보의 필요상 현재와 같이 강력한 권한이 대통령에게 부여되어야 한다는 응답이 20.6%인 데 비해, 독재를 막기 위해서는 당시 대통령의 권력이 제한되어야 한다는 응답이 79.4%였다. 이 역시 군부 권위주의체제에 대한 불만과 비판의 의미를 담고 있다고 할 수 있다.

셋째, 국회의원 선거는 대통령 선출 이후에 해야 한다는 응답이 높았다. 국회의원 선거 시기를 대통령 선거와 일치시킨다는 응답이 29.0%, 대통령 임기 중간에 실시해야 한다는 응답이 46.8%, 그리고 대통령 선거 후에 실시한다가 23.4%로 나타났다.

넷째, 선거제도는 한 선거구에서 한 의원을 선출하는 소선거구 단순다수제가 필요하다는 응답이 53.2%로 가장 높았다. 당시 실시 방식인 한 선거구에서 2인을 선출하고 한 명에게만 투표하도록 하는 방식은 35.5%, 그리고 한 선거구에서 2명에서 5명까지 선출하고 한 명에게만 투표하도록 하는 방식은 11.3%였다.

이 여론조사의 결과는 민추협이 설정했던 대통령 직선제 개헌이라는 정치적 목표가 2·12 총선을 통해 사회적으로 폭넓게 공유되고 있음을 잘 보여주고 있다. 방법론적 엄격성과 관련된 한계를 감안하더라도, 권력 구조에 대해 대통령 직선제에 대한 선호가 거의 80%에 달한다는 것은 처음에 민추협이 설정한 어젠더가 이제 국민적 어젠더로 변모되었다는 것을 의미한다.

제도정치권에서의 헌법 개정 논의가 실패로 돌아가면서, 신민당과 민추협은 다시 헌법 개정을 위한 거리의 정치로 돌아갔다. 민추협과 신민당, 그리고 재야 민주운동단체는 '영구 집권 음모 분쇄와 직선제 개헌' 관철을 위한 서울에서의 집회를 1986년 11월 29일 개최하기로 했다. 그러나 서울 대회는 대규모 경찰력의 동원으로 봉쇄되어 만족스러운 성과를 얻지 못했다. 그런데 이 무렵 터져 나온 것이 이른바 '이민우 구상'이다. 1986년 12월 24일 당시 신민당 총재인 이민우는 언론자유, 정부의 정치적 중립, 구속자 석방, 지방자치 실시, 공정한 선거법, 사면복권, 건전한 정당제도 보장 등 7개항의 자유화 조치가 선행되면 전두환 정권과 내각제 개헌에 대한 협상을 검토할 수 있다는 입장을 밝혔다. 이는 그동안 민추협 결성 이후 내걸었던 '대통령 직선제 개헌' 어젠더를 포기하고 의원내각제를 새로운 대안으로 고려할 수 있다는 의미를 갖는다. 당연히 이에 대한 강한 반발이 신민당 내부에서 나타났다.

김대중(2010, 510)은 "대통령 직선제 개헌 없이 7개항만 이뤄지면 민주주의가 된다는 것은 어림없는 소리다. 직선제와 민주화 7개 항의 병행 투쟁은 백지화가 마땅하다. 민주화란 어느 시대, 어느 정권에도 당연히 이뤄내야 하는 보편적 가치이며 지금과 같은 개헌 정국에서는 협상 대상이 될 수 없다"고 비판했다. 이민우 파동은 결국 신민당의 분당으로 이어졌다. 이철승, 김재광, 신도환, 박한상, 박해충, 조연하, 김옥선, 이택희, 이택돈 등 신민당의 비주류 의원 9명은 '민주 연합'을 구성하고 이민우 구상을 지지했다.

'대통령 직선제' 어젠더를 지속적으로 추진하기 위해서는 이들과의 결별이 불가피해졌다. 1987년 4월 8일 신민당 소속 의원 90명 중 74명이 탈당하여, 4월 13일 통일민주당 창당발기인 대회를 열었다. 당시 창당 준비위원장이었던 김영삼이 밝힌 통일민주당 노선의 6개 원칙 중 첫 번째는 "1988년 2월에 평화적 정권교체를 기해 이 땅에 군사 독재는 영원히 추방되어야 하며, 정권 교체의 방법은 **국민의 의사에 따라 대통령 중심 직선제로의 합의 개헌**이어야 한다"는 점을 강조했다. 통일민주당 창당에서도 '직선제 개헌'이라는 어젠더는 가장 중요하고 핵심적인 것으로 제시되었다.

그러나 바로 그 때 전두환 대통령은 이른바 '4·13 호헌 조치'를 발표했다. 전두환은 자신의 임기 중 헌법 개정이 불가능하다고 판단되기 때문에 현행 헌법에 따라 차기 대통령을 선출하고, 개헌 논의는 1988년 올림픽 이후까지 중지할 것을 선언한 것이다. 그 가운데 대통령 직선제에 대한 거부와 관련된 내용은 다음과 같다.

> 어느 제도나 장단점은 있게 마련입니다만 대통령 직선제는 과거에 우리가 수차 경험한 바 있어 비교적 익숙한 제도인 것이 사실입니다. 그러나 그 경험은 결코 자랑스러운 것도 아니고 바람직한 것은 더욱 아니었습니다. 국민이 원한

> 다는 명분 아래 집권 연장을 위한 개헌이 여러 차례 이루어져 1인 장기 집권의 폐해가 누적되었고 결국에는 평화적인 정부 교체에 실패하고 말았던 것입니다. 전국적인 과열 선거로 테러와 폭력이 난무하고 감당할 수 없는 선심 공세와 막대한 자금 살포로 경제 파탄의 어려움을 초래하였으며 더구나 지역감정을 자극하여 나라와 국민을 분열시킨 그 폐단을 우리는 아직도 생생하게 기억하고 있습니다. 특히 지난날 여섯 차례의 직선제에 의한 대통령 선거가 모두 여당의 승리로 끝나 이 제도는 여당에 유리한 것이라고 평가되어 온 것이 사실입니다. 그로 인해 선거가 끝난 후에도 선거 결과에 승복하지 않아 그 후유증이 심각하였으며 「전부 아니면 전무」라는 식의 극한투쟁만 되풀이되었습니다. 바로 그러한 과오와 위험 때문에 대통령 직선제는 우리의 불행한 헌정사와 더불어 역사 속에 매몰되어 버렸던 것입니다. 나라의 급속한 발전과 국민의식의 성숙한 변화가 이루어진 오늘에 와서 이미 지나가버린 제도를 다시 들고 나오는 것은 역사의 시계바늘을 거꾸로 돌리려는 것이나 다름없습니다. 외국의 예를 보더라도 이 지구상에서 1백70여 개국 가운데 약 40개국이 넘는 개발도상국들이 대통령 직선제를 채택하고 있지만 평화적 정부 교체가 제대로 실천되고 있는 나라는 거의 없는 것이 엄연한 현실입니다. 따라서 이와 헌법을 고치려면 보다 나은 헌법으로 고치자는 것이 당연한 이치일 것입니다(동아일보 1987.4.13, 여기서는 민주화추진협의회 1988, 868).

전두환은 대통령 직선제에 대한 제도적 문제점을 명분으로 내세우면서 호헌을 선언한 것이지만, 4·13 조치에 대한 국민적 분노는 컸다. 교수, 종교인, 변호사, 의사, 예술인, 교사, 영화인 등 지식인들이 성명서를 발표하며 4·13 조치에 저항했고(각종 성명서 내용은 민주화추진협의회 1988, 869-873 참조), 일부 종교인들은 단식기도에 들어갔다. 이러한 상황에서 1987년 2월 서울대생 박종철 군의 고문치사 사건이 터져 나오면서, 권위주의체제의 억압에 대한 국민들의 불만은 더욱 커져갔다. 그 해 5월 18일 천주교정의구현사제단 김승훈 신부는 박종철 군 고문치사 사건의 진상이 조작되었고, 사건을 축소하려는 모의가 있었음을 폭로했다. 4·13 호헌 조치와 고문치사 사건의 축소 및 조작 폭로로 인해 전두환 정권에 대한 시민들의 분노는 극에 달했다.

민추협, 통일민주당, 재야, 종교계 등은 민주헌법 쟁취와 대여 투쟁을 위한 공동 기구를 결성하기로 했다. 이에 따라 1987년 5월 27일 '호헌철폐 민주헌법쟁취 국민운동본부(국민운동본부)'라는 민주화 투쟁을 위한 최대 연합조직 결성되었다. 국민운동본부는 6월 10일 '고문 살인 은폐조작 규탄 및 호헌 철폐 민주 헌법 쟁취 국민대회'를 열기로 했다. 6월 10일은 민정당 전당대회 겸 노태우의 대통령 후보 지명일이었다. 국민운동본부는 이날에 맞춰 대규모 저항 시위를 조직한 것이었다. 국민운동본부의 항의 집회에는 전국 22개 도시 514곳에서 수십만 명의 시민이 참여했다. 국민운동본부의 이 집회는 '6월 민주화 항쟁의 시작'(임혁백 1994, 472)이었던 것이다. 국민운동본부는 이외에도 9일 시위 중 최루탄에 맞아 숨진 연세대생 이한열 군을 추모하는 '최루탄 추방의 날'을 6월 18일 가졌는데 전국에서 150만 명이 시위에 참여했다. 26일에 개최한 민주헌법쟁취 국민평화대행진에도 전국에서 180만 명 넘게 참여했다(김대중 2010, 519-521). 국민운동본부의 집회에서는 그동안 민주화 투쟁을 이끌었던 야당, 사회운동 세력뿐만 아니라 화이트칼라로 대표되는 중산층의 참여까지 이끌어 냈다. 이렇게 많은 이들의 참여를 이끌어 낼 수 있었던 것은 무엇보다 4·13 호헌 조치의 여파로 볼 수 있다. 4·13 호헌 조치는 역설적으로 민추협-신민당-통일민주당으로 이어져 오면서 지속적으로 강조해 온 '직선제 개헌'이라는 어젠더가 정치적으로 더욱 부각되도록 만들었고, 이에 대한 국민적 공감대를 오히려 강화하는 결과를 가져왔다.

이와 관련하여 임혁백(1994, 472-473)은 다음과 같이 설명하고 있다. 국민운동본부의 목표는 "체제의 본질적 변혁보다 절차적 민주적 권리의 회복에 초점을 맞추었다. '호헌 철폐, 독재 타도'라는 구호에서 볼 수 있듯이 국민운동본부의 민주화 요구는 최소 강령적이었으며, 그 수단은 비폭력적 대중 동원이었다. 절차적 민주주의의 회복에 찬성하고 군부 독재를 반대하는 모든 세력들은 그들 간의 계급적·직업적·종교적·지역적 차이에 관계없이 민주화를 위한 시위 대열에 동참할 수 있게 된 것이다." '호헌 철폐, 독재 타도'라는 구호에서 알 수 있듯이, 호헌은 곧 독재로 이해되었으며, 대통령 직선제 개헌은 독재를 타도하기 위해 반드시 실현해야 할 대안으로 간주되었던 것이다. 직선제 개헌은 이제 우리 사회가 올바르게 나아가기 위해서 반드시 실현해야 할 목표라는 규범적인 의미를 갖게 되었다.

수세에 몰린 전두환 정권은 6월 24일 김영삼 통일민주당 총재와 정국 상황을 논의하기 위한 영수회담을 가졌다. 김영삼은 4·13 조치 철회, 대통령제-내각제 중 선택을 위한 국민투표, 언론자유 보장, 구속자 석방 및 사면복권, 김대중 가택봉쇄 해제 등을 주장했다. 그러나 전두환은 개헌 논의를 재개하겠다고만 말했을 뿐, 4·13 조치 철회와 직선제 수용 문제에 대해서는 대답을 회피했다. 김영삼은 회담 직후 민추협 사무실에서 내외신 기자 회견을 갖고 회담의 결렬을 선언했다. 다만 김대중의 연금은 25일 해제되었다.

그러나 6월 29일 노태우 민정당 대표가 기자회견을 열고 '대통령 직선제 개헌'을 수용하겠다고 선언했다. '6·29 선언'은 그동안 민추협-신민당-통일민주당으로 이어져 오면서 끈질기게 주장해 온 어젠더에 대한 합의를 담고 있다. 6·29 선언에서는

> 첫째, 여야 합의하에서 조속히 대통령 직선제 개헌을 하고 새 헌법에 의한 대통령 선거를 통해 1988년 2월 평화적 정부 이양을 실현해야 하겠습니다…… 둘째, 직선제 개헌이라는 제도의 변경뿐만 아니라 이의 민주적 실천을 위해서 자유로운 출마와 공정한 경쟁이 보장되어 국민의 올바른 심판을 받을 수 있는 내용으로 대통령 선거법을 개정해야 한다고 봅니다. 또한 새로운 법에 따라 선거운동, 투개표 과정 등에 있어서 최대한의 공명정대한 선거관리가 이뤄져야 합니다…… 셋째, 우리 정치권은 물론 모든 분야에 있어서 반목과 대결이 과감히 제거되어 국민적 화해와 대단결을 도모해야 합니다. 그런 의미에서 저는 그 과거가 어떠하였든 간에 김대중 씨도 사면, 복권되어야 한다고 생각합니다. 그리고 우리와 우리들 자손의 존립 기반인 자유민주주의적 기본 질서를 부인한 반국가 사범이나 살상, 방화, 파괴 등으로 국기를 흔들었던 극소수를 제외한 모든 시국 관련 사범들도 석방되어야 합니다"(노태우 2011, 346-348).

대통령 직선제 개헌과 공정한 선거제도라는 절차적 민주주의의 확립이라

는 6·29 선언의 내용은 민추협이 결성 당시 내걸었던 투쟁의 목표, "국민이 자신의 정부와 정부 형태를 선택하고 결정할 수 있을 때만 민주주의가 실현된다고 믿는다. 우리는 민주주의로 가는 길을 봉쇄하고 있는 현행의 모든 제도적 장치와 제약의 개폐를 위해서 투쟁한다." "현 정권의 존속을 위한 선거제도 등 규격화된 정치제도와 반민주적 법령이 민주적 방향으로 개선되지 않는다면 선거는 오직 요식행위에 지나지 않을 뿐이다."(김영삼 2000a, 289-290)라고 했던 주장과 전적으로 일치한다. 직선제 개헌의 요구가 정권에 의해 받아들여진 만큼 이제부터 논의는 제도정치권을 통해 이뤄지게 되었다.

V. 헌법 개정의 정치: 대통령 직선 어젠더의 제도적 수용

6·29 선언 이후 여야의 개헌협상이 급속하게 이뤄져 갔다. 7월 24일 민정당과 통일민주당은 개헌협상 전담기구인 여야 '8인 정치 회담' 구성에 합의했고, 7월 31일 첫 회의가 열렸다. 신속하면서도 책임 있게 개헌 협상을 진행하기 위해서 부총재급 인사들로 구성되었고 실질적인 권한을 부여받아 효과적으로 협상이 이뤄질 수 있었다(조지형 2010, 26). 민정당에서는 권익현, 윤길중, 최영철, 이한동 의원이, 야당에서는 이중재, 박용만, 김동영, 이용희 의원이 협상 대표로 나섰다. 야당대표 4인 가운데 이용희와 이중재는 김대중계이고 박용만, 김동영은 김영삼계를 대표했다. 8인 정치 회담은 헌법 개정을 위한 각종 쟁점 사항에 대해 협상하고 결정하는 역할을 담당했다. 민정당은 통일민주당과의 8인 정치 회담과 병행하여 국민당 및 신민당과도 각각 4인 정치 회담을 추진했지만, 그것은 형식적인 것이었다. 또한 국회 내 헌법 개정 특별위원회는 사실상 형식적으로 운영되었고 별다른 영향을 미치지 못했으며, 기껏해야 조문 정리 정도만 담당하는 유명무실한 기관으로 전락했다(조지형 2010, 27). 8인 정치 회담은 물론 완전히 독자적으로

운영된 것은 아니고 소속 정당뿐만 아니라 국민운동본부와 같은 사회단체 등의 의견도 간헐적으로 청취하면서 협상을 벌였다(조지형 2010, 33). 그러나 8인 회담에 대한 외부의 영향은 매우 제한적이었다. "6·29 선언 이후 대한변호사협회와 일부 헌법학 교수가 헌법시안을 제출하고 민주헌법쟁취 국민운동본부, 한국노총, 경제인연합회, 여성단체, 농민대표 등 시민운동대표가 개헌과 관련된 의사를 표명하였지만 그들의 목소리는 8인 정치 회담에 전달되지 않았다"는 것이다(김영태 2007).

8인 정치 회담은 첫 회의가 열린 지 한 달 만인 1987년 8월 31일, 헌법 전문과 본문 130개 조항에 완전한 합의를 이뤘다. 8인 정치 회담 합의 이후 9월 17일 헌법 개정 기초 소위에서 헌법 개정안 초안이 완성됐고, 9월 18일 헌법 개정안이 발의되었고, 10월 12일에는 국회에서의 의결을 거쳐, 10월 27일 헌법 개정에 관한 국민투표를 실시했다. 이 국민투표에서 총 유권자 78.2%가 투표에 참여했고 이 가운데 93.1%의 절대적인 지지로 개헌안이 확정됐다. 7월 31일 8인 정치 회담이 처음 열린 이후부터 석 달이 채 걸리지 않은 기간 내에 헌법 개정안이 확정된 것이다.

이렇게 신속하게 헌법 개정이 이뤄진 데는 여러 가지 이유가 있을 것이다. 그러나 가장 중요한 이유는 개헌 작업에서 '대통령 직선제'라는 커다란 방향이 이미 잡혀 있었기 때문이었다. 6월 항쟁의 구호였던 '호헌 철폐, 독재 타도'와 그 해결 수단으로서의 대통령 직선제에 대한 공감대가 있었다. 따라서 직선 대통령제와 국회와 사법부의 권한 강화, 기본권 강화 등에 대해 여야 모두 같은 입장을 취하고 있었다. 이 때문에 당시 김영삼 총재는 "직선제가 이미 합의돼 개헌안의 90%가 사실상 타결된 것이나 마찬가지이므로 사소한 문제에 구애될 것 없이 양보할 것은 양보하겠다"(중앙일보, 1987.8.13)고 말할 수 있었던 것이다. 김영수(2000, 686)는 1987년 헌법 개정에서 민정당과 통일민주당의 시각 차이가 크지 않다는 점을 다음과 같이 지적하고 있다.

민정당은 그들이 제시할 개헌안에 대통령중심 직선제가 초래할 수 있는 권력

> 집중과 독재 가능성을 배제하기 위하여 권력 분산, 기본권 신장, 사법권 독립 강화, 의회 활성화 등에 역점을 둔다는 방침하에 사법권 독립 강화를 위하여 위헌 심사권을 법원에 되돌려주고 대통령 단임제 고수와 부통령제 신설 반대로 의견이 모아지고 있었다. 이에 대하여 민주당은 3공화국의 헌법을 골격으로 하고 분당(分黨) 전 신민당이 만들었던 안을 참조로 하였는 바, 개헌의 방향은 민정당과 비슷하게 권력 분산, 기본권 강화, 사법권 독립 강화, 의회 권능 강화 등에 초점을 맞추었다. 그리고 대통령의 임기를 4년 중임으로 하되 부통령제를 신설하는 쪽으로 의견이 모아지고 있었다.

8인 정치 회담에 참가한 대표 중 한 명인 이용희 역시 당시의 상황에 대해 다음과 같이 말하고 있다.

> 질문: (8인 정치)회담 분위기는 어떠했습니까. 여당이 야당 요구를 잘 들어주던가요.
>
> 답변: 회담 구성원들이 여야 중진들이어서 서로 정치적 입장을 잘 이해하고 있어 회의진행에 큰 어려움은 없었습니다. 회담 기간이 1개월밖에 되지 않는다고 하지만, 개헌의 큰 줄기인 대통령 직선제는 이미 오랜 민주화 투쟁과정에 국민적 합의가 이루어져 있었다고 할 수 있습니다. 8인 정치 회담에서 합의가 되면 야당은 김대중, 김영삼 씨에게 보고한 후 최종 합의문을 만들었지요. 회담 분위기는 야당이 주도했다고 보면 됩니다.[3)]

따라서 개헌 협상은 순조롭게 진행되었다. 8인 정치 회담에서 이견이 있었던 부분은 대통령의 임기, 부통령제의 도입, 김대중의 대통령 후보 자격을 둘러싼 대통령 후보의 국내거주기간 조항, 유권자의 선거 연령, 전문 총강 부칙 등이었다. 이 가운데 부통령제 도입에 대해서는 민정당의 반대가 강했다.

---

3) 『국회보』(2013년 11월호), "8인 정치 회담 멤버로 현행헌법 탄생에 자부심," http://news.naver.com/main/read.nhn?mode=LSD&mid=sec&sid1=123&oid=358&aid=0000001556(검색일: 2014.12.20).

> 나는 원래 정부통령제와 대통령의 4년 중임 방식을 주장했다. 그러나 여당은 이를 격렬하게 반대했다. 나와 김영삼 씨가 각각 대통령과 부통령 후보로 나설 것을 우려하고 있었다. 두 사람의 협공만의 필사적으로 막겠다 하니 야당이 양보할 수밖에 없었다(김대중 2010, 524).

또 다른 쟁점은 대통령 임기의 문제였다. 민정당은 6년 단임제안을 제시한 반면, 통일민주당은 부통령제의 도입과 함께 4년 1차 중임제를 제시했다. 그런데 다음 기사에서 보듯이 협상 중 5년 단임으로 합의가 이뤄졌다.

> 결국 최대쟁점은 권력구조의 대통령 임기 및 부통령제 신설 문제와 선거 연령, 전문 총강 부칙 등으로 압축된다. 이 중 대통령 임기 문제에 대해선 김영삼 민주당 총재가 사견임을 전제, "5년 단임도 괜찮을 것"이라고 민정당의 6년 단임에 근접한 자세를 보이고 있어 협상에의 낙관을 더해주고 있다(동아일보, 1987.8.17).

5년 단임 합의에 대해 임혁백(2008, 11)은 "1987년 '헌법 만들기'의 주역들이(노태우, 김영삼, 김대중) 자신들의 집권가능성을 보장해줄 수 있는 권력구조로서 발견한 것이 5년 단임 대통령제였다는 것"이며 "1987년 헌법 만들기의 주역들인 노태우, 김영삼, 김대중이 그 후 모두 차례차례 대통령이 됨으로써 1987년 헌법이 3자 간의 정략적 담합의 산물이라는 것을 보여주고 있다"고 비판했다. 타당한 지적이지만 '87년 체제'의 기초가 '대통령 직선제'였고 이를 만든 주역들이 노태우, 김영삼, 김대중이라는 점에서 현실 정치적으로 다른 결과를 기대하기는 어려웠을 것이다.

협상이 순조롭게 진행되었던 또 다른 이유는 '87년 헌법의 이상형이 제3공화국 헌법'이었기 때문이다. 유신 헌법과 함께 이뤄진 독재자에 의한 헌정 중단을 원래의 위치로 돌린다는 의미에서 제3공화국 헌법은 당시 적절한 이상형으로 받아들여진 것이다(조지형 2010, 34). 즉 '87년 체제'의 형성을 주도한 이들은 사회운동 세력이 요구한 것처럼 사회경제적인 부분을 포함한 폭넓은 민주화를 의도한 것이 아니라, 유신 이후 왜곡된 헌정체제를 되돌린다는 제한된 의도만을 가지고 있었던 것이다. 1986년 전두환이 임기 중 개헌 검토를 시사한 후 국회 내 헌법개정특위가 구성되었을 때 당시 신민당이 만든 개헌안에도, 다음 기사에서 보듯이, 이러한 특성이 확인된다.

> 신민당의 개헌은 지난 62년 12월에 공포된 제3공화국 헌법과 10대 국회 말인 80년 개헌 특위안의 골자를 거의 그대로 수용하면서 군의 정치적 중립, 기본권, 언론 자유 분야를 보강하고 있는 것을 줄거리로 하고 있다. 신민당 개헌안의 본질적 특징은 권한을 대폭 축소한 대통령 중심제라는 권력 구조와 현 헌법의 선거인단에 의한 간선제를 폐지한 직선제 선거 방식에 있다…… 총체적으로 신민당의 개헌안은 대통령 중심 직선제를 기축으로 당면한 현실 정치 상황의 역학 관계와 사회 전반의 「민주화」 욕구를 겨냥한 현실 지향적 의도가 강하게 내포돼 있고 복잡한 현대 산업사회의 추이에 대처하는 데는 그다지 새로운 내용이 포함되지 않고 있다고 할 수 있다. 특히 기본권, 경제조항에 있어 재야의 의견을 수렴했다는 주장과는 달리 다소 형식에 치우친 느낌이 없지 않다는 평도 있다. 또한 나머지 조항에 대해서는 사실상 10%의 비중도 안 되는 부수적인 의미를 부여하고 있는 실정이다(경향신문, 1986.8.5, 3면).

그런데 '87년 체제'는 민정당과 통일민주당의 협의에 의해 만들어진 것이지만, 실제로 논의는 통일민주당에 의하여 주도되었다고 볼 수밖에 없다. 호헌 선언에서 보여지듯이 기존의 방식을 고수하고자 했던 것이 원래 민정당의 입장이었고, 민추협과 신민당에 의해 추진된 직선제 개헌에 대한 요구를 6·29 선언으로 받아들인 것이기 때문에 민주화 이후 새로운 정치 질서에 대한 주도권은 통일민주당이 가질 수밖에 없었다. 더욱이 '87년 헌법의 내용을 사실상 결정한 8인 정치 회담은 통일민주당의 일방적인 작품'(조지형 2010, 26)이었다. 헌법 개정 과정에 대한 노태우의 다음의 회고가 그런 특성을 잘 보여주고 있다.

> 당과 정부는 바쁘게 돌아갔다. 우선 헌법 개정을 위해 여야가 개헌 협상을 위한 전담기구로 '8인 정치 회담'을 구성해 개헌 작업에 들어갔다. 지금 생각하면 아쉬운 점이 한두 가지가 아니지만 **당시에는 야당에서 원하는 것은 무엇이**

> **든 수용을 해 주겠다고 마음먹고 헌법 개정 작업에 들어갔으므로 여야 간에 서로의 이해가 엇갈려 다툴 일은 거의 없었다.** 다만 대통령 임기에 대해 '4년 중임' 또는 '6년 단임'이 어떻겠느냐는 의견 냈던 기억은 난다. 다수 불합리한 점이 있긴 해도 여야가 논의한 끝이 '5년 단임'으로 결론을 냈다고 해서 더 이상 언급하지 않았다. 당시 여당은 권익현(權翊鉉)의원이 8인 정치 회담 대표를 맡고 있었는데, 좀더 토론해서 조정할 수 있었지 않았나 하는 아쉬움이 지금도 남아 있다(노태우 2011, 355-356. 강조는 여기서 추가한 것).

조상진(2013, 159-160) 역시 이러한 특성을 다음과 같이 서술하고 있다.

> 1987년 체제가 만들어진 원인과 배경에는 여러 가지 요인으로 설명될 수 있다. 우선 제5공화국 등 군부 정권에서의 정권 연장을 위하여 강행되었던 대통령 간선제에 대한 국민들의 불만이 있었고 그 당시 집권 여당인 민주정의당은 군부 정권을 탄생시키고 유지시켜 준 역할을 한 것이 사실이었으므로 민주화를 갈망하는 국민들의 여론과 동조를 얻어내고 지지 확산을 위한 정치 활동에서 당시 제1야당인 통일민주당에 비하여 수세적 위치일 수밖에 없었다. 따라서 이러한 국민적 열망을 진작시키고 국민들의 여망을 수렴하는 데 있어서는 야당의 역할이 클 수밖에 없음을 비추어 보면, 통일민주당이 다른 야당들보다 수의 우위를 앞세워 1987년 체제를 주도한 사실은 충분히 인정될 수 있다. 그러한 상황은 3인의 응답에서도 충분히 확인할 수 있다. 여당의 권익현 대표의 응답 내용에서도 민주정의당이 앞장서서 추진했다는 언급은 없었음이 이를 뒷받침해 주고 있다. 반면에 통일민주당의 이용희 대표와 김봉호 위원은 수시로 민주당이 주도했음을 밝히는 응답을 한 것이다.

그렇다면 과연 1987년의 헌법은 민추협이 구상한 민주주의를 얼마나 반영했을까? 헌법 개정안은 대통령 직선제를 포함하여, 5년 단임 임기제, 대통령의 비상조치권과 국회해산권 폐지, 국회의 국정조사권, 국정감사권 부활, 국회 개회일수와 회기 재조정 등 '제왕적 대통령'의 권한을 제한하고 국회의 행정부 견제기능을 강화하였으며, 헌법재판소 신설 등을 통해 사법부의 권한과 자율성을 강화하였다. 당시 국회 헌법개정특별위원장이었던 채문식은 헌법 개정안의 주요 골자와 개헌의 기본원칙을 다음과 같이 설명했다.

첫째, **대통령 직선제 채택**으로 국민의 자유로운 선거에 의한 정부선택을 보장함과 아울러 대통령단임제에 의한 평화적 정권교체의 전통을 계승 확립함으로써 민주국가 발전의 기틀을 확고히 했다는 점을 들었다.

둘째, 대통령의 비상조치권과 국회해산권 폐지를 통해 **대통령의 권한을 합리적으로** 조정하고 국정감사권을 부활하는 등 국민의 대표기관인 **국회의 권한을 강화**하여 그 기능을 활성화했으며 법관 임명절차 개선과 헌법재판소 신설을 통해 **사법권 독립**을 실질적으로 보장하고 헌법의 실효성을 제고했다고 말했다.

셋째, 구속적부심사청구권의 전면보장과 함께 언론·출판·집회·결사에 대한 허가와 검열을 금지해 **언론의 자유를 보장**했고, **노동3권의 실질적 보장**과 최저임금제 실시 등으로 **기본적 인권을 대폭 신장**시켰다고 설명했다.

넷째, 경제 분야에서는 자유경제체제의 원리를 근간으로 하면서 **소득 분배와 지역경제의 균형발전과 국민의 복리를 증진시키는 사회정의 실현** 등을 담았다고 강조했다.

그리고 헌법전문에 임시정부의 법통과 4·19 민주이념의 계승을 명시했으며 국가가 재외국민을 보호해야 한다는 의무규정과 **군의 정치적 중립규정**도 신설했다고 밝혔다. 과거 헌법전문에서 4·19 혁명은 '…4·19 의거 및 5·16 혁명의 이념을 계승하고…'로 되어있거나 전문에서 아예 빠져있던 것을 이번 개정헌법 전문에는 계승해야 할 국민적 저항권이자 민주이념으로 반영했다는 것이다. 채문식 위원장은 경제조항과 관련하여 "…자유 시장 경제 원리를 근간으로 하면서 그동안 산업사회에서 야기되는 계층 간, 산업 간, 지역 간의 불균형을 시정하기 위하여 필요한 규제와 조정 그리고 국가의 노력을 강조하는 내용으로 보완했다"면서 헌법 제119조에 대해서도 언급했다.[4](강조는 여기서 추가한 것임)

이를 1986년 2월 '1천만 명 개헌 서명' 운동을 시작하면서 민추협이 제시한 "우리가 선택하고자 하는 헌법"과 비교해 보면 매우 흥미로운 점을 발견할 수 있다. 인용문에서 강조한 부분이 유사성을 보이는 부분이다. '1천만 명 개헌서명 운동' 당시 민추협은 첫째, 대통령 직선제, 둘째, 입법, 사법, 행정권의 균형과 독립적 기능, 셋째, 언론 자유, 넷째, 국민 기본권 신장,

---

4) 『국회보』(2013년 10월호), "사상 첫 여야합의 개헌안, 국회 본회의 통과," http://news.naver.com/main/read.nhn?mode=LSD&mid=sec&sid1=123&oid=358&aid=0000001515(검색일: 2014.12.5).

다섯째, 지방자치 실시, 여섯째, 자주적인 국민 경제와 부의 공정 분배, 일곱째, 노동 삼권 보장, 근로자 권익 옹호, 농민의 권익회복과 농촌경제의 재건, 여덟째, 국민적 합의에 의한 통일 정책, 아홉째, 군의 정치적 중립, 열째, 정치보복 금지 등 열 가지 항목을 제시했다(민주화추진협의회 1988, 823). 인용된 채문식 위원장의 설명과 민추협의 '우리가 선택하고자 하는 헌법'의 내용이 상당히 유사하다는 사실을 알 수 있다. 즉, 1987년 헌법은 8인 정치회담과 그에 따른 여야 간 합의에 의해 통과되었지만, 좀 더 거슬러 올라가면 민추협의 직선제 개헌 어젠더와 '우리가 선택하고자 하는 헌법'에 담긴 내용에서 그 기원을 찾을 수 있는 것이다.

VI. 결론

1984년 처음 결성되었을 때, 민추협은 체제의 저항자였으며 군부 권위주의의 붕괴를 위한 투쟁을 선언했다. 동시에 민추협은 "국민이 자신의 정부와 정부 형태를 선택하고 결정할 수 있을 때만 민주주의가 실현된다"고 주장했다. 민추협은 처음부터 절차적 민주주의의 회복을 바람직한 정치 질서로 삼았고, 이는 '대통령 직선제 개헌'이라는 요구로 요약되었다. 민추협-신민당-통일민주당으로 이어져 오면서도 이 어젠더는 결코 약화되거나 변형되지 않았다. 민추협의 어젠더였던 '대통령 직선제 개헌'은 1985년 2·12 총선을 거치면서 대중 사이에 확산되었고, 선거에서의 약진과 함께 더욱 더 사회적으로 공유되는 어젠더로 변모했다. 이와 동시에 민추협은 제도정치권 내에 신민당이라는 또 다른 교두보를 마련하면서 효과적으로 그들의 어젠더에 대한 사회적 지지를 확산시켜 나갔다. 그리고 6월 항쟁으로 6·29 선언을 이끌어 내면서, 민추협의 어젠더는 헌법 개정 과정을 통해 제도적으로 반영되었던 것이다.

1987년 헌법 제정 과정이나 그 내용에 대해서 적지 않은 비판과 불만이 존재한다. 예컨대, 6·29 선언 이후의 "민주화 이행의 '협상'은 6·29 이전의 '반독재' 투쟁에서 보여 주었던 단결된 범민주 세력에 의해 추진된 것이 아니라 여야의 정치 엘리트가 중심이 되어 추진"되었기 때문에 "'대중'은 개헌 협상 과정에서 완전 제외되었다"는 것이다. 그런 점에서 1987년 헌법 제정 과정은 "여야 정당 지도층 중심의 '엘리트'에 의한 민주화 협상이었다고 할 수 있다"는 것이다(한배호 1994, 507). 또한 "여야 8명으로 구성된 정치 회담은 민주화 운동 세력을 대변했던 국민운동본부를 배제하면서 참여의 범위를 최대한 제한했던 구체제 엘리트들의 '원탁회의'였다. 사회와 민주화 운동의 대표들이 폭넓게 대표되지 못하고 소수의 정당 대표들이 폐쇄적인 협상 테이블에서 타협한, 그것도 무언가에 쫓기는 듯 극히 짧은 시간 내에 빨리 성사시켜 버리는 방식"(최장집 2002, 112)으로 행했다는 비판도 제기되고 있다. "중차대한 헌법 제정적 성격을 지니는 헌법 개정이 엘리트 간의 밀실 담합에 의해 신속하게 그러나 졸속으로 이루어졌다."(임혁백 2008, 10)도 마찬가지의 비판으로 볼 수 있다.

헌법 내용에 대해서도 "실제로 87년 개헌과정은 반드시 다루어져야 할 많은 것이 토의되지 않는 결함을 노출시켰다 …… 87년 개헌 협상에서는 당연히 다루어져야 할 것이 다뤄지지 않았다. 군의 정치적 중립, 광주민주화 운동의 성격규정, 노동자의 경영참가, 이익 균점권, 한은 독립 등의 문제는 모호하게 정의하거나 협상 의제에서 제외하였다. 대신 자신의 집권확률을 높일 수 있는 제도적 규칙을 확보하려는 노태우, 김영삼, 김대중 세력 간의 이해의 절충이 주요 협상 내용이었다"(임혁백 2008, 11).

이러한 비판은 나름대로 타당한 것이지만, 그 당시의 현실 정치를 제대로 반영하고 있지 못하다. 한국의 민주화는 사회경제적 변혁을 수반한 체제 전환이기보다 '대통령 직선제'로 요약되는 절차적 민주주의의 회복이었다. 애당초부터 한국의 민주화는 절차적 민주주의의 회복이라는 제한적 요구에 머물러 있었던 것이다. 그리고 6·29 선언 이후의 헌법 개정 역시 "최소한의 경쟁규칙들만을 헌법 개정의 대상으로 삼아서 엘리트들 간의 협상을 통해 빠른 시일 내에 초안을 작성하고 재빨리 의회에서 통과시킨 뒤 가장 빠른 시일 내에 정초 선거(founding election)를 실시하여 민주주의로의 이행 과정을 마무리하는 것"(임혁백 2008, 10)이 목표였다.

민추협이 선거를 통한 정권교체의 가능성을 믿고 있었던 김영삼, 김대중 등 많은 정치인들에 의해 구성된 기구라는 점에서 처음부터 재야나 노동 등 사회운동 세력이 생각하고 있는 민주화의 목표와 분명한 차별이 있을 수밖에 없었다. 민추협은 현실적으로 민주화 운동에 대한 최대 다수의 지지를 이끌어 낼 수 있는 어젠더를 설정했고, 결국 그 어젠더를 관철시켰다. 어떤 면에서 본다면 재야와 노동, 학생 운동 세력이 당시 요구했던 주장을 그대로 모두 실현시키기에는 군부 권위주의의 힘은 여전히 강했고, 중산층을 포함하여 최대 다수의 저항 세력을 결속시키기에는 그러한 주장은 너무 과격한 것이었다고 볼 수 있다. 민추협이 결성과 함께 '대통령 직선제 개헌'을 주장한 이래, 이 어젠더는 1985년의 2·12 총선에서 유권자의 관심을 끄는데 성공했고 그 이후 각종 민주화 운동 세력들 역시 이 '제한된 어젠더'를 중심으로 결속했다. 따라서 6·29 선언 이후 이러한 요구를 주도한 정치 세력과 그 요구를 수용한 정치 세력 간의 협상은 불가피한 것이었다. 그리고 그 협상은 민추협이 주장해 온 변화의 요구를 기존 집권 세력이 제도적으로 수용해 가는 과정이었다고 할 수 있을 것이다. 그런 점에서 볼 때, 민추협은 사실상 '87년 체제'의 설계자였던 것이다.

여러 가지 한계와 문제점을 지니고 있다는 비판에도 불구하고, '87년 체제'는 군부 권위주의체제를 청산하고, 선거를 통한 정권 교체나 기본권의 신장, 국회와 법원의 권한 강화 등 한국 민주주의의 공고화에 적지 않은 기여를 했다. 민주주의의 심화 혹은 보다 완전한 민주주의가 하루아침에 실현될 수 있는 것이 아니라면, 민추협은 정치적으로 가장 어두운 시기에 횃불을 들고 그것을 향한 첫 디딤돌을 놓았다는 평가를 받을 수 있을 것이다.

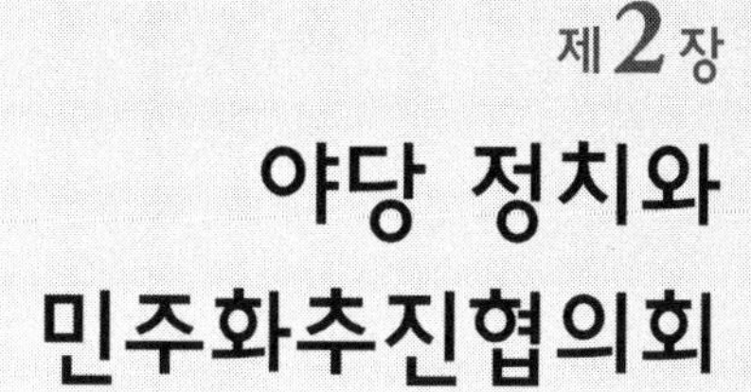

제 2 장

야당 정치와 민주화추진협의회

• 이용마

Ⅰ. 들어가며

Ⅱ. 전두환 정권의 패권정당제 추구

Ⅲ. 민추협 결성과 야당 정치의 복원

Ⅳ. 민주화 운동 과정의 전략적 상호작용

Ⅴ. 민추협에 대한 회고적 평가

제2장 야당 정치와 민주화추진협의회

I. 들어가며

1987년 6월 민주항쟁을 계기로 우리 사회에서 민주화가 본격적으로 이루어지기 시작했다. 1961년 5·16 군사 쿠데타로 헌정이 무너진 지 무려 26년 만에 민주화의 첫 걸음을 뗀 것이다. 민주화에 이르기까지 그만큼 긴 시간과 희생이 필요했다. 특히 1980년 5·17 쿠데타를 통해 광주항쟁을 유혈 진압하고 집권한 신군부는 정권을 유지하기 위해 유신체제 이상으로 철권을 휘둘렀다. 야당 정치인들의 일상적인 정치활동까지도 사실상 금지되던 암울한 시절, 신군부의 강권통치에 최초로 파열음을 낸 야권의 움직임은 1984년 민추협의 발족이었다.

민추협의 결성은 김영삼과 김대중 등 야권의 양대 산맥이라고 할 수 있는 두 김씨가 1960년대 이후 지속해온 경쟁관계를 정리하고, 군사정부에 대항해 공동전선을 펴는 협력관계로 전환한 중대한 계기였다. 신군부 집권 이후

지리멸렬하던 야권은 민추협을 기반으로 불과 1년도 안 되어 정통 야당을 복원해 돌풍을 일으키며 신군부에 의해 수립된 패권정당제를 무너뜨릴 수 있었다. 재야 세력과 민중운동 세력도 정통 야당의 복원을 계기로 야당과 연합해 1987년 6월 항쟁을 이끌어냈다.

6월 항쟁 이후 민추협은 사실상 해체되었지만, 민추협 출신 정치인들이 차례로 집권을 하거나 정치에서 주요한 역할을 하면서 한국 사회 민주화는 비교적 착실하게 진전되었다. 군부가 정치 일선에서 완전히 손을 뗀 것은 물론이고, 군사정권의 강력한 통치기반을 이루었던 안보 기구들도 제자리를 찾아갔다. 국민의 대표기구인 국회가 활성화되고 정당정치가 살아나면서 바야흐로 3권 분립에 입각한 민주적인 정치체제가 갖추어지기 시작했다. 또 민주항쟁 이후 10년 만인 1997년 사상 처음으로 평화적인 정권교체가 이루어지면서, 한국 사회에서 민주주의는 그야말로 되돌릴 수 없을 정도로 공고화되었다. 여야가 서로 번갈아 집권을 하는 민주주의의 기본적인 규범이 정착되면서, 더 이상 특정 정당이 정권을 영구히 독점하는 것이 정당화될 수도 없고, 가능하지도 않게 된 것이다.

하지만 민주화 이후 한국 사회의 문제점도 대단히 신속히 등장했다. 우선 영호남으로 대표되는 지역주의 현상이 일반화되었다. 이는 1987년 6월 항쟁 이후 민추협의 두 축을 이루었던 양김씨가 분열되면서 곧바로 나타난 현상이다. 물론 지역주의의 연원을 추적하면 1970년대까지 거슬러 올라갈 수 있겠지만, 민주화 이후 영호남 간의 지역주의 현상이 처음으로 표출된 선거가 1987년 대통령 선거였음은 부인할 수 없는 사실이다. 지역주의 현상은 양김이 퇴장한 뒤에도 우리 사회의 주요한 장애물로 남아 있다.

지역주의와 함께 나타나고 있는 우리 사회의 또 다른 문제점은 사회경제적 양극화 현상이다. 1987년 6월 항쟁 이후 정치적인 차원의 민주주의는 꾸준히 진전되었지만, 사회경제적인 차원의 민주주의는 진전되지 못하고 있다. 박정희 정부 이래 지속되어온 재벌 주도의 경제성장은 민주 정부가 수립된 뒤에도 계속되고 있고, 특히 외환위기 이후 신자유주의 경제개혁이 확산되면서 우리 사회의 양극화는 갈수록 심화되고 있다.

민주화 이후의 성과와 문제점에 대해 모두 민주화의 결과 혹은 민주화를 추동한 민추협의 문제로 돌릴 수는 없을 것이다. 하지만 민추협이 1980년대 우리 사회 민주화를 추진한 중심축이었고, 민주화 이후에 민추협 출신 정치인들이 한국정치에 중요한 영향력을 행사해왔으며, 지금도 여야를 통틀어 가장 많은 인사들이 참여했던 정치단체의 지위를 차지하고 있음을 감안하면, 민추협의 역할과 성과, 한계 등에 대한 평가는 곧 현재 한국정치의 현실에 대한 판단을 위한 길잡이라는 점에서 큰 도움이 될 것이다. 그럼에도 불구하고 민추협은 창립된 지 불과 3년 반이 안 되는 짧은 기간에 그 활동을 마치고 조기에 해체되면서 아직까지 아무런 평가를 받지 못하고 있는 실정이다. 이에 따라 이 글에서는 민추협이 1980년대 민주화 운동 과정에서 차지했던 역할과 한계, 그리고 민주화 이후의 정치에 미친 영향 등에 대해 종합적으로 점검해 보고자 한다.

이를 위해 먼저 1980년 신군부가 집권한 이후 구상했던 장기집권체제에 대한 검토를 하고, 여권의 장기집권 구상을 무너뜨린 민추협과 신민당의 등장, 그리고 민주화 과정에서 민추협과 정권, 재야 등 3자 간의 상호 전략적 상호작용 속에서 나타나는 문제들을 짚어보도록 하겠다. 끝으로 민추협의 한계에 대한 평가를 시도함으로써 현실 정치와의 관련성을 짚어보도록 하겠다.

II. 전두환 정권의 패권정당제 추구

1. 장기집권체제로서 패권정당제

1979년 10·26 사태 이후 전두환을 비롯한 신군부 세력은 12·12와 5·17 등 두 차례의 쿠데타를 통해 실권을 장악했다. 모든 정당은 해산되었고 정치인들의 정치활동은 금지되었다. 신군부는 김대중을 5·18 내란음모 혐의로 구속하고, 김영삼을 구정치인으로 몰아 가택연금 조치했으며, 김종필을 부정축재자로 몰아 정계 은퇴 선언을 받아내는 등 반대파를 정치 일선에서 철저히 배제했다.

전두환 세력은 특히 광주항쟁을 계기로 헌정체제를 완전히 무너뜨리고 야당 정치인들과 재야인사들을 내란음모 혐의를 씌워 무차별적으로 구속하거나 삼청교육대로 끌고 가는 등 탄압으로 일관했다. 국회는 해산되었고 자유민주주의의 기본 원리인 정당정치는 실종되었다. 신군부의 총칼 앞에서 기존 정치인들은 속수무책이었다. 무력으로 정치적 반대 세력을 제거하는 데 성공한 전두환은 최규하 대통령을 하야시킨 뒤 유신헌법에 기초해 스스로 대통령에 취임함으로써 제2의 군사정권을 수립했다. 전두환 정권은 이 과정에 언론 통폐합을 통해 일부 언론사를 없애고 수백 명의 언론인들을 강제로 해직하며 언론을 장악했다. 또 노동관계법 개정을 통해 노동조합에 대한 통제를 강화하고, 학생 및 재야 단체 등에 대한 탄압을 지속적으로 수행했다. 박정희 유신시절부터 악명을 날리기 시작한 중앙정보부와 보안사령부 등 사찰기관들은 전두환 정권이 또다시 쿠데타로 집권하면서 정권을 보위하기 위한 최후의 보루로서 그 역할을 담당했다. 전두환 정권 초반은 군과 경찰에 의해 정치권과 재야 인사를 비롯한 대국민 억압이 일상화된 폭압의 시기였다.

하지만 언제까지나 강압적인 조치만으로 정치권력을 유지할 수는 없었다. 따라서 전두환은 집권을 전후해 군부의 물리적 강제 없이도 안정적으로 장기집권을 할 수 있는 정치체제를 구상하기 시작했다(이도성·한기홍 1993a). 그 결과 나타난 것이 다당제를 표방한 패권정당제였다(심지연 2004). 패권정당제는 일당우위제와 마찬가지로 복수의 야당이 존재하는 다당제 형태를 띠고 있지만, 야당은 오직 여당의 승인을 받는 한에서만 존재할 수 있고, 집권 여당은 바뀌지 않는 비경쟁적인 정당체계이다(Sartori 1976, 230). 패권정당제는 최소한의 의회정치의 형식을 유지하면서도, 야당의 역할을 여당이 원하는 대로 제한함으로써, 전두환 정권이 추구하는 안정적인 집권을 가능하게 하는 체제이다. 즉 형식적으로는 민주주의의 틀을 띠는 것처럼 보이지만,

실질적으로는 들러리 야당을 내세운 독재국가의 전형인 것이다.

패권정당제에 대한 구상은 전두환 정권의 지극히 반민주적이고 반의회주의적인 인식의 한 단면을 보여주고 있다. 즉 정당이란 여당이든 야당이든 아무 때나 자기들 마음대로 만들고 해체할 수 있으며, 정치권력의 필요에 따라 움직이는 장식물 정도로 취급한 것이다. 물론 이 정당으로 구성된 국회와 정치인들은 정권의 수족처럼 기능해야 한다. 전두환 정권이 패권정당제를 수립하려면 여당의 창당이 불가피했지만, 이와 같이 국회와 정당을 군사정권의 들러리 정도로 무시하는 상황에서 새로운 정당 창당이 반갑지만은 않았다. 실제 청와대와 보안사 등에 있던 군부 인사들은 여당인 민주정의당(이하 민정당) 창당을 위해 군복을 벗고 민간인 신분으로 돌아가는 것에 적극적이지는 않았다. 이들은 군에서 여당으로 옮기는 사람들에 대해 "왜 큰 집(군 또는 보안사)을 놔두고 작은 집(민정당)으로 가려고 하느냐"(한동윤 1988, 409)고 말릴 정도였다.

패권정당제의 방침을 확립한 전두환은 유신체제 당시의 가장 큰 문제점 중 하나로 양당제를 적극적으로 비판했다. 유신체제하에서 나타난 것처럼 양당제는 여야 간의 극한적 대립을 초래하는 소모적인 제도라는 것이다. 그리고 정당정치의 활성화란 명목하에 "다당제 구현"을 정권의 최우선 목표로 내세웠다. 전두환 정권은 이에 따라 정권의 뜻대로 움직이는 다당제 국회가 가능하도록 관련 법률을 개편하는 사전 작업에 착수했다(심지연 2004, 215-221).

먼저 박정희 정권의 〈정치활동정화법〉을 모방해 〈정치풍토 쇄신에 관한 특별조치법〉을 발표한 뒤, 기존 정당들을 모두 해체하고 정치인들의 정치활동을 전면 금지시켰다. 김영삼과 김대중, 김종필 등 영향력 있는 야권 인사들의 정치참여를 막기 위한 극약 처방이었다. 전두환 정권은 이후 정치인들에 대해 순차적으로 정치활동을 허용하는 해금 방식으로 정권에 순응하는 타협적인 정치인들을 선별하거나 야권의 분열을 노리는 데 활용했다.

또 국회의원 선거법을 개정해 여당이 안정적으로 과반 의석을 확보할 수 있는 제도적 장치를 마련했다. 유신체제의 핵심 선거제도인 중선거구제를 계속 유지하도록 했고, 비례대표제를 여당에 유리하게 부활시켰다. 모든 선거구에서 국회의원 2명을 뽑는 중선거구제하에서는 여야가 나란히 당선될 가능성이 높고, 이 경우 여당이 지역구 의석의 절반을 차지할 수 있었다. 물론 다당제이기 때문에 야당의 후보가 복수인 경우 여당은 지역구에서 자연스럽게 과반을 얻을 수도 있다.

전두환 정권은 비례대표제를 통해 여당의 과반을 확실히 다지는 안전장치도 곁들였다. 즉 제1당이 무조건 비례대표의 3분의 2를 차지하도록 한 것이다. 여당이 설령 지역구에서 절반을 획득하지 못해도 전국구 의석을 합하면 자연스럽게 전체 의석의 과반을 얻게 한 것이다.

전두환 정권은 또 정당에 대한 국고보조금 지원도 처음으로 합법화했다. 이에 따라 정치자금법을 개정해 정당 운영에 필요한 경비를 국고에서 지원할 수 있도록 했다. 정치자금을 특정 정당을 지정해 지원할 수 있고, 정당이 후원회를 조직해 정치자금을 조달할 수 있는 장치도 마련했다. 정당에 대한 국고보조금 지급의 취지는 겉으로는 정치자금을 양성화하고 민주적인 정당정치의 기반을 조성한다는 것이었다. 하지만 실제는 국고보조금을 무기로 야당을 압박하고 야당의 활동을 자신들이 원하는 범위 안에 묶어두기 위한 통제 수단의 의미를 강하게 띠었다.

정당 설립도 용이하게 하였다. 먼저 새로운 정당의 창당에 필요한 발기인 수를 대폭 줄였다. 정당법 개정 이전에 필요한 최소 발기인은 30명이었지만 20명으로 3분의 1을 줄였다. 또 새로운 정당의 창당에 필요한 최소 지구당의 수를 전체 선거구의 3분의 1에서 4분의 1로 대폭 줄여주었다. 개별 지구당이 갖추어야 할 당원 수 역시 최소 50명에서 최소 30명으로 낮추어 정당 설립이 훨씬 쉬워졌다. 전두환 정권이 정당 설립을 용이하게 하면서 표면적으로 내세운 것은 국민들의 다양한 의사결집이었다. 하지만 실제로는 패권정당제의 구상에 따라 야당의 난립을 유도해 여당이 과반의석을 획득해 안정적인 집권을 하려는 데 그 목적이 있었다.

전두환 정권은 정당의 설립을 쉽게 하는 대신 자신들이 원하지 않는 정당의 탄생을 막기 위한 다양한 수단도 도입했다. 우선 정치활동이 금지된 인사들이 어떤 식으로든 정당 활동에 개입하는 것을 막았다. 또 신군부의 등장과 함께 해산된 정당의 이름을 다시 쓰지 못하게 막았다. 과거 정당의 지지층이 새로운 정당으로 그대로 옮겨갈 가능성을 사전에 막기 위한 조치였다.

2. 제11대 총선과 패권정당제의 수립

전두환 정권은 패권정당제를 수립하기 위한 법적, 제도적 준비를 마침과 동시에 실제 여당과 야당의 역할을 할 정당을 직접 만들기 시작했다. 다당제의 모양을 갖추기 위해 "거대 여당과 준여당(準與黨), 적당한 규모의 야당, 혁신정당"(한동윤 1988, 411) 등을 두루 갖추기로 했다. 적어도 유신체제하에서는 여당이 국회에서 과반 의석을 안정적으로 확보하고 야당은 최소 의석에 머무르도록 하는 제도적 강제를 도입하기는 했지만, 정권 차원에서 야당의 창당에 직접 개입하지 않았던 것과 대조되는 점이다.

전두환 정권은 먼저 여당의 역할을 할 민정당을 창당했다. 민정당 창당은 최규하 대통령 사임 뒤 전두환이 1차로 대통령에 당선된 직후에 신군부 인사들이 장악하고 있던 보안사령부에서 맡았다. 말 그대로 군부가 창당의 주역이 된 것이다. 민정당은 군 출신, 기존 정치인, 그리고 이른바 "새 시대의 정치 신인" 등을 골고루 모아 범국민정당의 형태를 갖추어 급조되었다(김운태 외 1989, 476). 기존 공화당의 자산을 통째로 뺏은 군부는 민정당 하부조직도 구 공화당의 하부조직을 주로 활용했다. 민정당은 창당대회에서 초대 총재와 제12대 대통령 후보로 전두환 대통령을 선출함으로써, 공식적인 권력집단으로 변모하였다. 정부가 먼저 출범하고 여당이 사후에 만들어진 것으로, 민정당은 출범 당시부터 여당으로 태어난 것이다.

야당의 창당은 청와대와 보안사령부 대신 중앙정보부에서 주도했다(이도성·한기홍 1993a; 한동윤 1988). 권력의 핵심인 청와대나 보안사가 야당 창당에 직접 나섰다가 역풍을 맞게 될 것을 우려한 듯하다. 중앙정보부 주도하에서 야당은 야당이라기보다는 우당(友黨)의 개념으로 만들어졌다. 중앙정보부는 우선 구 신민당 출신 의원들을 중심으로 "적당한 규모의 야당" 즉, 민주한국당(이하 민한당)을 창당하기로 하고, 당 대표에 적합한 인물로 유치송, 실무 책임자는 신상우를 선택했다. 두 사람을 선택한 배경은 오로지 정권에 순응할 것으로 보았기 때문이라는 것이 당시 창당과정에 개입했던 중앙정보부 고위관계자의 증언이다.

> "5공 출범 과정에서 정국의 안정은 정치판을 새로 짜는 데 절대적인 조건이었습니다. 과거 야당처럼 정부여당을 상대로 극한 투쟁을 벌이는 것은 절대로 용납할 수 없었지요. 새 시대가 열리는 만큼 야당이라기보다는 〈우당〉이 필요했고, 이에 따라 인선한 것이 유치송-신상우 체제입니다. 그 분들은 쉽게 말해 우리가 시키는 대로 말을 잘 들을 사람들이라고 판단했습니다. 특히 유 씨는 모가 안 나고 온건한 성격으로 그를 총재에 앉혀놓으면 저항이 적을 것으로 판단했습니다"(이도성·한기홍 1993a).

중앙정보부는 이에 따라 신상우에게 구 신민당 출신 의원 중 민한당에 합류할 인사들의 명단을 넘겨주고, 과거 신민당과 새로운 신진 인사들을 반반씩 섞을 것을 주문하기도 했다. 신상우는 이후 자신의 저서 『고독한 증언』에서 국회의원이 되어야 한다는 초조감에서 이를 받아들였다고 밝혔다.

> "그때 내 행동은 무슨 일이 있어도 다시 국회의원이 되는 길이 있다면 뚫어야 한다는 초조한 발버둥 그 외에는 아무 것도 아니었던 것 같다. 이런 발버둥은 나만이 그랬던 것은 아니다. 아마도 모든 정치인들이 같은 생각을 가지고 있었을 것이다. 그래서 모든 정치인들은 초조해하고 있었다. 부끄럽지만 이것이 당시 정치인들의 솔직한 초상이었다"(이도성·한기홍 1993a).

민한당 창당대회에서 총재이자 제12대 대통령 후보로 추대된 유치송은 후보 지명 수락연설에서 "대통령에 당선되려는 집념보다는 민주제도 정착 여부에 더욱 큰 관심을 두고 정국에 임하고 있다"(유치송 1983, 79; 심지연 2004, 223에서 재인용)고 말했다. 전두환 정권의 의도대로 정권에 대한 도

전 의사가 전혀 없음을 미리 밝힌 것이다.

다음으로 '준여당(準與黨)'의 창당은 구 공화당 출신 인사들을 중심으로 이루어졌다(이도성·한기홍 1993b). 준여당 창당 과정에서는 민정당을 창당하며 공화당 조직을 대거 흡수한 만큼, 공화당과 유정회 등 구 여권 출신들 역시 민정당에 포함하자는 의견도 제시되었다. 하지만 민정당과 유신 세력의 차별성을 유지하는 것이 더 이로울 것이란 판단하에 구 여권 인사들을 소위 '제3소대'에 배치하기로 결정했다는 것이 창당에 관여한 핵심 인사의 증언이다.

> "민정당이 유신시절 여당과는 다른 새로운 개혁세력임을 부각시키기 위해서도 차별성이 있는 정당, 즉 유신세력들을 주축으로 한 정당의 출현이 좋다는 게 청와대 쪽의 판단이었습니다"(이도성·한기홍 1993b).

그 결과 제3당의 당명은 한국국민당(이하 국민당)으로 정하고, 대표에 김종철, 실무책에 김영광을 선정했다. 국민당 창당 과정에서는 중앙정보부가 마치 민정당 하부조직을 다루는 것처럼 취급했다는 불만이 국민당 당직자들로부터 터져 나올 정도였다(한동윤 1988, 414).

중앙정보부는 민한당과 국민당 이외에도 혁신 정당 계열인 민주사회당을 비롯해 민권당과 신정당 등의 창당 과정에도 직접 개입했다. 즉 전두환 정권하에서 야당은 여당과 마찬가지로 권력에 의해 태어난 "외생정당"(장을병 1990, 287)으로서 자생력을 갖추지 못하고 있음을 알 수 있다.

제11대 총선은 이와 같이 여야 정당이 급조된 지 두 달 만인 1981년 3월에 치러졌다. 상당수 정치인들이 규제에 묶여 출마하지 못하고 군사정권의 서슬이 퍼렇던 시절이었음에도 불구하고 무려 12개 정당이 후보를 내는 정당난립 현상을 보였다. 이는 당초 전두환 정권이 의도한 결과였다. 전두환 정권은 선거과정에서도 야당이 적당히 표를 얻도록 후보를 안배하기도 했다.[1)]

그 결과 민정당은 전체 의석 271석 중 151석을 얻어 무난히 과반을 차지했다(심지연 2004, 226-227). 민정당은 전체 지역구 92곳 중에서 단 2지역에서만 낙선하고 나머지 90곳에서 모두 당선자를 냈다. 여야가 동반 당선되는 중선거구제의 효과를 톡톡히 본 것이다. 이에 비해 제1야당인 민한당은 81석, 제2야당인 국민당은 25석, 민권당·신정당·민사당은 각각 2석씩을 얻었다. 전두환 정권이 구상했던 대로 과반을 차지하는 거대 여당을 중심으로 준여당과 적당한 규모의 야당, 혁신정당 등이 어우러진 패권정당제를 형성한 것이다.[2]

권익현 당시 민정당 사무총장은 1981년 제11대 총선이 끝난 뒤 "민정당은 북한의 노동당을 대적할 정당이다. 우리 체제 속에 야당은 없으며 우당(友黨)만이 있다"(한동윤 1988, 413)라고 밝히기도 했다. 전두환 정권이 수립한 정당체계가 북한과 사실상 비슷하게 되었음을 여당의 핵심인사가 공공연히 인정한 셈이다.

민정당 독주의 패권정당제하에서 여야 정당은 권력의 획득을 위해 치열한 다툼을 벌이는 민주주의 체제의 정상적인 정당정치 구조를 형성하지 못했다. 당시 보수 언론에서조차 "여야 정당 간의 정권교체 가능성이라는 정당정치의 극히 원론적인 게임의 원리를 거의 믿지 않는 경향이 정치서클 안팎에 광범위하게 팽배해 있다"(김철 1982, 121)고 지적할 정도였다. 민정당은 정국을 주도하기보다는 청와대의 눈치를 살피기에 급급했고, 민한당을 중심으로 한 야당은 정권의 의도에 맞게 적당한 수준의 정권 비판에만 머무르며 기회주의적인 모습을 보였다. 정상적인 정당정치가 사라진 상황에서 "정당이 당연히 가져야 할 정권에 대한 의지가 현저하게 표출되지 않고 있

---

1) 전두환 정권은 혁신정당이 포함된 다당제를 목표로 세웠다. 이에 따라 민사당 총재가 출마한 서울 강남구를 전략지역으로 정하고, 민한당과 국민당에 후보를 내지 못하도록 했다(심지연 2004, 226). 그 결과 서울 강남에서는 민정당과 민사당 후보가 나란히 당선되었다. 민한당과 국민당 총재의 지역구에서도 이와 비슷한 일이 벌어지는 등 제11대 총선은 사실상 정권에 의해 좌우되었다.

2) 최장집(1990)은 이와 같은 패권정당제를 '국가다원주의'라고 개념화했다. '국가다원주의'하에서는 정치적 반대 세력이 사실상 국가 권력 내부에서 임명되기 때문에 정치권력에 대한 지지기반이 훨씬 좁아질 수밖에 없다.

음은 물론, 경우에 따라서는 정당정치의 본의를 착각하고 있지 않나 하는 생각이 들 정도로 소극적인 자세"(김철 1982, 131)를 취한 것은 당연한 상황이었을 것이다.

하지만 사회적 기반 없이 위로부터 만들어진 패권정당제는 그만큼 취약했다. 정통 야당이 복원되는 순간 곧바로 붕괴될 운명이었다.

III. 민추협 결성과 야당 정치의 복원

1. 김영삼의 단식투쟁과 민추협 결성

박정희의 피살 뒤 민주화에 대한 기대를 가졌던 국민들이 전두환 정권에 대해 보인 저항은 예상보다 훨씬 강력했다. 특히 5·18 광주항쟁을 무력으로 진압한 사건은 전두환 정권의 정통성을 크게 훼손했다. 이에 따라 대학생들을 중심으로 정권에 대한 즉각적인 도전이 시작되었고, 그 저항 수위 또한 격렬했다.

전두환 정권은 이에 대해 강경책으로 일관했다. 그 결과 1980년 5월부터 1983년까지 3년 반 동안 반정부 시위를 하다 구속된 학생 수는 무려 1,400여 명에 이르렀다(최장집 1990, 211). 이는 유신 기간 7년 동안 투옥된 학생보다 훨씬 많은 숫자이다. 전두환 정권 초반은 서슬이 퍼런 탄압국면이 전개되었던 것이다.

노동자, 농민 등 다른 민중운동 세력과 재야 세력의 경우 대학생들처럼 즉각적인 저항을 보여주지 못했다. 전두환이 실권을 장악한 뒤 핵심 인사들을 무더기로 구속하는 등 노동운동 및 재야 세력에 대한 탄압을 집중했기 때문이다.

야당 정치인들도 정권 차원에서 만든 정당에 정권의 허가를 받고 참여한 일부 인사들을 제외하면 〈정치풍토 쇄신에 관한 특별조치법〉에 따라 대다수가 정치활동을 금지당한 상태였다. 김대중은 사형선고를 받았다가 미국으로 쫓겨났고, 김영삼에 대해서는 가택연금 조치가 반복되었다.

정치인들은 물론 학생들이 대학교에서 여러 명 모이기만 해도 즉각적인 해산을 당할 정도였고, 정치적 반대파들에게는 늘 정보기관 요원들이 따라붙어 감시를 했다. 사찰과 불법 연행, 투옥이 일상화된 상황이었다.

> "…근데 정보정치라고 하는 것이 참 무섭다는 게 뭐냐면 정보정치라고 하는 게 어떤 물증이 없, 없지 않습니까?…그 탄압이라고 하는 거, 우리가 심지어 내가 친구를 이렇게 만날라 [만나려] 그래도 친구, 그 친구들도 만, 나를 막 꺼려하는 친구들도 많이 있었어요…어떤 모임을 할 땐 가짜 명칭으로 모임을 갖잖아요, 우리가. 그러니 그거 다 탄압이죠, 그게. 우리 명의로 할 수가 없으니까. 누구 결혼식이다 뭐 이래 해가지고 그 전에 누구 결혼식이다, 누구 결혼식 한다 그래놓고 쫙 모아놓고 뭐 하고 그랬잖아요"(한광옥 구술녹취문, 21).

이 상황에서 정당 창당은 고사하고 정치활동 자체가 아예 불가능했다. 하지만 1983년 이후 상황이 달라지기 시작했다(정해구 2011, 104-107; 최장집 1990, 212). 전두환 정권이 비교적 안정기에 접어들었다고 스스로 판단한데다, 탄압 위주의 강경책에만 의존하던 기존 방식에 한계를 느끼고, 미국에 의한 외부적 압력까지 겹치면서 소위 "유화국면"이 시작되었다. 정치인들에 대한 해금조치가 부분적이나마 단행되었고, 학원 자율화 조치에 따라 학생회 조직이 부활하기 시작했다.

전두환 정권에 의한 자유화 조치는 정권의 본래 의도와 다르게 민주화 세력에게 새로운 정치적 기회를 마련해 주었다(김대영 2006; 배성인 1995; 윤성이 1999; 이계희 1992; 임혁백 1990 등). 전두환 정권 시기 가장 강력한 저항 세력이었던 대학생들의 조직이 재정비되고, 노동운동을 비롯한 민중운동이 성장할 수 있는 기회가 주어졌다.

전두환 정권이 탄압 일변도에서 유화국면으로 진입한 데는 김영삼의 단식투쟁 또한 중요한 역할을 했다. 김영삼은 2차 연금 중이던 1983년 5월

18일 광주항쟁 3주년을 맞아 민주화 5개 사항을 요구하면서 무기한 단식투쟁에 돌입했다(민추협 1988). 5개 요구사항은 "정부의 언론통제 해제, 정치범 석방, 해직 인사들의 복직, 정치활동 규제 해제, 대통령 직접 선거를 위한 개헌" 등이었다(이경재 1985a, 137). 김영삼의 단식투쟁은 전두환 정권에게 큰 충격을 주었다. 전두환 정권은 김영삼을 긴급히 서울대병원에 강제로 입원하게 하고, 김영삼의 가택연금을 해제하며 회유를 시도했다. 또 야당의 임시국회 소집 요구에도 비록 열흘 동안의 짧은 기간이지만 응할 수밖에 없었다. 정권의 탄압 아래 침체에 빠져 있던 국내외 재야 정치인들에게도 중요한 각성의 계기가 되었다. 김영삼의 최대 경쟁자였던 김대중은 김영삼 단식투쟁을 지지하는 성명을 내고 재미 인사들과 함께 미국 내 대중 집회 등을 주도했다. 실제 김영삼의 영원한 정치적 라이벌로 불리는 김대중은 훗날 자신의 자서전에서 김영삼의 단식에 대해 지극히 높이 평가했다.

> "김영삼씨의 단식에는 중요한 정치적 함의가 담겨있다고 생각했다. 그것은 전두환 정권하에서 야당 정치인의 첫 항거였다. 단식투쟁은 재야 민주 세력을 결집시키는 전기가 될 수 있었다. 그러나 김 총재의 단식투쟁은 언론에 대한 통제와 검열로 국내 신문이나 방송에는 일체 보도되지 않았다"(김대중 2011, 430).

국내 정치인과 재야 인사들 사이에서도 동조단식과 지지 집회, 지지 성명, 지지 방문 등이 쇄도하면서 민주화 투쟁에 대한 공감대가 형성되었다. 특히 이를 위해 김대중·김영삼 등을 비롯한 범민주세력들 간의 광범위한 연합 조직의 필요성이 강력히 대두되었다. 실제 단식 기간 동안 양김씨계가 주축이 된 민주국민협의회가 조직되기도 했다.[3]

김대중과 김영삼은 단식이 끝난 지 두 달 뒤인 8월 15일 대국민 공동 성명서를 발표해 양대 정치 세력의 연대 투쟁을 위한 첫 걸음을 내딛었다(민

3) 김영삼 스스로도 단식의 가장 큰 성과 중 하나로 김대중과 연계될 수 있었다는 점이었음을 밝히기도 했다(이경재 1985b, 196).

추협 1988, 67-71). 공동성명은 군사정권이 재창출된 데 대한 대국민 사죄와 함께 향후 두 사람이 민주화 투쟁의 동반자가 될 것임을 맹세하는 내용이었다. 이 공동성명은 결국 양 세력이 민추협이라는 이름의 공동투쟁 기구를 결성하는 중요한 계기가 되었다.

민추협 결성에는 김영삼 계열이 훨씬 적극적이었다(민추협 1988; 유정현 1985; 이경재 1985b 등). 김영삼 계열은 김영삼의 가택연금이 일시적으로 해제되었던 1981년부터 민주산악회를 만들어 조직적인 기반을 마련해왔기 때문이다. 민주산악회는 특히 김영삼의 단식을 계기로 보다 적극적으로 활동하기 시작했다.[4)]

이에 비해 김대중 계열은 김대중이 미국으로 쫓겨나면서 조직이 사실상 해체되어 있었다. 이에 따라 일각에서는 양김 공동 기구를 만들 경우 김대중 계열 인사들이 김영삼 계열에 흡수될 것을 우려하기도 했다. 김대중 계열은 양김의 연대 기구 구성을 둘러싸고 치열한 내부 논쟁을 거친 끝에 참여를 결정했다.[5)]

그 결과 김영삼이 공동의장, 김상현이 공동의장 대행을 맡고, 미국에 있는 김대중은 고문을 맡기로 했으며, 민추협에는 양 세력이 절반씩 참여하기로 했다. 민추협 결성식은 광주항쟁 4주년이자 김영삼 단식투쟁 1주년이 되는 1984년 5월 18일에 이루어졌다. 민추협은 이후 민주화 투쟁에 동참하기로 한 사람들에게도 폭넓게 문을 열겠다는 김영삼의 지론에 따라 "김창근, 박찬종, 김수 등 구 공화당 및 유정회 관련 인사들과 김철 등 사회주의 정당

---

4) 김영삼의 최측근으로 알려진 김동영은 당시 유일한 재야민주단체였던 민주산악회가 민추협 결성에 "절대적 기여"를 했다고 평가했다. "단식 이후, 민주화를 열망하는 수많은 사람들이 자신감과 용기를 얻었으며, 또 이들은 조직화 작업 등을 통해 민주화 운동의 침체국면을 타파하고 적극적인 투쟁성을 회복해 나가려는 활발한 움직임을 보이기 시작했다. 이런 움직임은 민주산악회가 중심이 되었음은 물론이다"(민추협 1988, 966).

5) 김상현 등의 증언에 따르면 김대중 역시 민추협 결성에 대해 부정적인 태도를 취했다. 이에 따라 김대중 직계라고 할 수 있는 가신그룹은 김대중의 귀국 이후에야 민추협에 참여했다(김상현 구술녹취문, 176-177).

관계자들도 일부 참여"(이경재 1985b, 197)하도록 했다.

민추협은 공동의장단 산하에 노동부, 농어민부, 산업부, 학생 1·2부, 국제부 등 17개 부서를 두고 각종 시국사건이 발생할 경우 조사단을 파견해 직접 조사활동을 펼치고 보고서를 내는 등의 활동을 전개했다(민추협 1988, 86). 또 일반부서와 별도로 직선제 개헌을 위한 헌법연구특별위원회, 인권문제 특별위원회, 통일문제 특별위원회, 노동자·농어민 특별위원회 등 4개 특위를 공동의장 직속으로 두었다.

민추협 조직은 사실상 정당이나 다름없이 모든 부문을 아우르고 있었다. 김대중·김영삼을 비롯해 구성원 대다수의 정치활동이 금지되어 있어 정당을 공식적으로 건설할 수 없는 상태에서 민추협이 사실상 정당으로서의 역할을 수행한 것이다. 또 민추협은 권력에 의해 만들어진 관제 야당을 대신해 전두환 정권 시기 야당 정치인들의 반독재 투쟁의 구심점이 되었다. 민추협은 이를 통해 야권 정치인들을 효율적으로 묶어내고 재야 및 민중운동 세력과 연대해 반독재 투쟁을 수행할 수 있었다.

하지만 민추협 자체가 정권의 감시를 받는 조직체인데다 공공연히 정치조직을 표방할 수 있는 것도 아니어서 본격적인 활동에는 큰 제약을 받았다. 또 언론 역시 정권에 의해 완벽하게 통제된 상황이어서 일반 국민들을 상대로 민추협의 존재와 활동 상황을 알리기는 쉽지 않았다. 이에 따라 민추협의 활동은 주로 성명이나 기자회견 등에 치중할 수밖에 없었고, 이는 선언적 의미를 벗어나기 어려웠다. 그럼에도 불구하고 민정당사 농성사건과 대구 택시기사 시위 사건 등에 민추협이 적극적으로 개입하고 무료변론 활동 등을 펼치면서 민추협의 존재가 일반 국민들 사이에 확산되기 시작했다.

2. 정통 야당의 복원과 패권정당제의 붕괴

민추협의 존재가 일반 국민들 사이에서 확실하게 각인된 것은 제12대 총선을 앞두고 신당 창당에 나서면서부터이다. 민추협 결성 이후 연말이 다가

오면서 총선 참여문제가 제기되기 시작하더니, 야권 정치인들에 대한 제3차 해금이 이루어지면서 신당 창당론이 강하게 제기되었다.

제3차 해금은 1985년 제12대 총선을 얼마 남기지 않은 1984년 11월 30일 전격적으로 단행되었다. 1983년과 1984년 초 1, 2차 해금기간 중 제외되었던 인사들 중 김대중과 김영삼, 김종필 등 15명을 제외한 나머지에 대해 정치활동이 허용된 것이다. 이는 선거를 앞두고 일부 야권 인사들에 대해 추가로 정치활동을 허용함으로써 야당의 난립을 조장하고 야당에 혼란을 주기 위한 정권 차원의 속셈에 따른 것으로 판단되었다. 이기택은 실제 당시 정권 차원에서 민한당과 국민당에 이어 제3중대 야당을 만들려는 계획이 있었다고 밝혔다.

> "민한당이 이(2)중대 같으면 이거는 삼(3)중대 야당을, 응? 형식적으로 해금만 시킬 수도 없지. 시키더라도 이건, 으… 한, 집권여당의 한 삼(3)중대 정도… 만드는 그 계획이 딱 짜여져 있었습니다, 그 계획이. 그 분들 다 살아있고, 하여간 난 얘기는 못하지만, 근데 그거를 깨고 민추, 비민추를 합했잖아요 그때. 그게 안 합해지는 겁니다. 안 합해지는 걸 내가 들어서 합했단 말야"(이기택 구술녹취문, 43).

추가 해금된 이철승, 신도환, 김재광 등 야권 정치인들은 정권의 의도에 맞게 민한당과 별도의 새로운 정당 창당에 대해 강한 의지를 보였다. 전두환 정권은 민한당과 국민당 등 기존의 관제 야당에 대해서도 국고지원금을 늘려주며 활동 여지를 넓혀 야당의 분열을 최대한 유도했다.

제3차 해금자들의 신당 창당 의지가 높아지면서 민추협 내에서도 제12대 총선 참여 여부를 두고 열띤 찬반 논쟁이 벌어졌다(유정현 1985, 121; 이경재 1985a, 142-143). 당시 총선 참여 반대론의 주장은 다음 두 가지로 요약될 수 있었다. 먼저 제12대 총선은 쿠데타로 집권한 전두환 정권이 선거의 형식을 빌려 정통성을 만회하고자 하는 요식행위에 불과하기 때문에, 총선에 참여하는 것 자체가 들러리 역할을 하고 전두환 정권을 인정하는 꼴이 된다. 또 선거제도가 이미 여당에 유리하게 구성되어 있고 관제 야당이 양산된 상황에서 부정선거까지 자행되어 신당이 참패하는 결과를 낳는다면, 국민들로부터 민주화 세력이 여전히 약세라는 오인을 받을 수 있다는 점이다.

이에 대해 총선 참여 찬성론자들은 다음과 같은 입장을 밝혔다. 언론이 완전히 장악된 상황에서 선거 거부 운동은 선언적 의미밖에 없고, 실제 선거운동 과정에서 합동연설회와 언론 등을 활용해 현 정부의 비민주성을 폭로하는 등 실질적인 민주화 투쟁을 진행할 수 있다. 또 정권의 부정선거에 의해 얻을 수 있는 의석이 비록 적을지라도, 이는 제도 정치권 내에 민주화 투쟁을 위한 강력한 교두보가 될 수 있고, 이를 통해 전두환 정권이 구상한 집권 구도를 흔들 수 있다는 것이다.[6)]

민추협은 이에 따라 신당을 창당하기 전에 광범위한 지지를 받기 위해 문익환 목사 등 재야 세력으로부터 사전에 동의를 구했다(민추협 1988, 109-111). 총선 반대론자들이 주장한 것처럼 신당이 홀로 총선에 나섰다가 참패할 경우 거세게 닥칠 후폭풍을 우려했기 때문이다. 학생 및 다른 민주화 세력 내에서도 선거 참여를 둘러싸고 찬반 논란이 강력하게 벌어졌지만, 결국 신당 창당에 지지를 보내는 쪽으로 의견을 모았다.

민추협은 재야 세력의 지지를 얻기 위해 다음 세 가지 원칙에 따라 제3차 해금에서 풀려난 비민추 인사들과 함께 신당을 창당하기로 결정했다. 첫째 민주 세력이 중심이 되어야 하고, 둘째 모든 민주인사들이 통합단결하여 선명한 민주투쟁을 전개해야 하며, 셋째 민추협 등 민주 세력의 투쟁이 평가되고 그 정신을 계승해 재야민주 세력과 연대를 지속해야 한다(민추협 1988, 161)는 것이다.

신당의 이름은 유신체제하의 야당을 상기시켜 신한민주당(이하 신민당)으로 결정했고, 신당 참여인사는 민추협 출신과 비민추협 출신을 50 대 50으로 절반씩 섞기로 했다. 이에 따라 별도로 제3의 정당을 추진하던 이철승

6) 김상현 등의 증언에 따르면 당시 김대중은 신당 창당에 대해서도 초기에 부정적인 입장을 보였다(김상현 구술녹취문, 176). 특히 신민당의 성공 가능성에 대해 그리 높지 않게 판단해, 동교동 측근들의 출마를 만류하기도 했다.

과 신도환, 김재광 등 민추협에 참여하지 않은 구 야권 출신 인사들도 신민당에 합류했다. 신민당 총재는 김대중과 김영삼 등 주요 정치인들이 아직 정치규제에 묶여 있었기 때문에 김영삼계의 이민우가 맡기로 했다. 이로써 1980년 5·17 쿠데타 이후 해체되었던 정통 야당을 사실상 복원한 것이다.

정통 야당의 복원은 전두환 정권이 출범 초기부터 가장 역점을 두고 막으려고 했던 목표였다. 이에 따라 중앙정보부 정치팀은 1980년 10월 중순 전두환 대통령에게 보고한 문건에서 범야가 결속해 구신민당을 재건하는 것을 막는 공작이 긴요함을 강조하고, 구 신민당을 3개로 분할하는 정책을 구체적으로 검토하기도 했다(이도성·한기홍 1993a).

그런데 신민당이 복원되었다는 소식이 전해지면서 당장 관제 야당인 민한당이 동요하는 등 정권 차원에서 수립한 패권정당제가 흔들리기 시작했다. 민한당에서 김현규 정책위의장을 비롯해 8명의 의원이 곧바로 집단 탈당해 민추협에 가입하고 신민당 참여를 선언했다.[7] 신사당과 무소속 의원들도 민추협 가입을 선언하면서 제2차, 제3차 민한당 탈당설이 나돌았다. 전두환 정권으로서는 전혀 예상 밖의 일이 발생하자 또다시 정보기관을 동원해 탈당자들을 체포, 구금하는 등 압력을 가함으로써 추가 탈당사태를 막았다.

전두환 정권은 또 신당 돌풍을 막기 위해 신민당 창당대회가 열린 1985년 1월 18일 제12대 총선을 2월12일 조기에 실시하기로 결정했다. 신민당은 창당된 지 불과 25일 만에 총선을 치러야 했다. 이는 신민당에 총선을 준비할 여유를 주지 않음으로써 민정당 주도의 패권정당제를 유지하기 위한 의도였다. 그럼에도 불구하고 제12대 총선은 전두환 정권의 구상과 전혀 어긋난 결과를 가져왔다(민추협 1988, 156; 심지연 2004, 230-231; 안승국 2009,

7) 김현규는 12월 19일 민한당 의원 8명의 신당참여 선언이 2·12 신당 돌풍을 일으킨 선거혁명의 진원이 되었고 야당 통합의 기폭제가 되었다고 자평하고 있다(민추협 1988, 968). 실제 신민당 내에서도 초반에는 비민추협 계열이 우세했지만 민한당 의원들이 민추협에 가입하고 신당 참여를 선언함으로써 전세가 뒤바뀌었다는 평가가 지배적이다(유정현 1985, 121-122).

217; 이계희 1992, 24-25; 정해구 2011, 117-120). 투표율이 5·16 쿠데타 이후 가장 높은 84.6%를 보인 가운데 민정당은 지역구 의석 87석을 합해 모두 148석으로 안정적인 과반을 차지했다. 중선거구제와 전국구 제도 등 여당에 유리한 선거제도에 힘입어 제11대 국회에 비해 겨우 3석만 줄어든 의석을 확보한 것이다.

그러나 야당은 크게 달라졌다. 제1야당의 자리에 관제 야당인 민한당을 대신해 신민당이 올라섰다. 신민당은 지역구 50석을 포함해 67석으로, 제도 정치권 내에 교두보를 확보하려던 당초 목표를 크게 넘는 의석을 차지한 것이다. 이에 비해 민한당은 제11대 국회 당시 81석이었지만 제12대 총선에서는 그 절반에도 못 미치는 35석으로 줄었고, 국민당은 25석에서 20석으로 다소 줄어들었다.

선거의 내용 역시 신민당의 돌풍을 확인해 주었다. 민정당은 제11대 총선에서는 지역구 92곳 중 79곳에서 1위를 했지만, 제12대 총선에서는 1위 지역이 61곳으로 크게 줄었다. 또 서울에서 불과 27%의 득표로 신민당의 42.7%에 비해 한참 뒤지는 등 대도시 지역에서 대부분 2위에 그쳤다. 이에 따라 전체 득표율도 35%선에 머물렀다. 이에 비해 신민당은 서울, 부산, 대구, 인천 등 12개 대도시에서 민정당을 제치고 대부분 1위로 당선되는 기염을 토하면서 정통 야당의 자리를 회복했다. 전체 득표율도 29.3%로 민정당과 6% 포인트의 차이에 불과했다. 비록 여당에 일방적으로 유리한 선거제도에 의해 의석수에서는 민정당보다 한참 뒤지는 수준이지만 득표율에서는 비슷한 수준을 차지한 것이다. 신민당과 민한당의 득표율을 합하면 거의 50%로 민정당을 크게 앞섰다. 여당의 참패라는 평가가 나오는 배경이다.

새로운 "자생 야당"이 등장하면서 기존의 "외생 야당"들은 자멸의 길로 들어섰다. 신민당이 강력한 대여 투쟁을 전제로 선명 야당론을 내세운 가운데 야당통합 논의가 무성해지자, 민한당 의원 30명이 무더기로 신민당에 입당하면서 민한당이 붕괴되었다. 또 국민당 의원 3명, 신민주당 1명 등 다른 당에서도 차례로 의원들의 입당이 이어져 신민당은 짧은 시간 내에 전체 의석의 3분의 1이 넘는 103석까지 확장할 수 있었다. 그야말로 민정당과 신민당 간의 양당제가 형성된 것이다. 전두환 정권에서 가장 우려했던 상황이 만들어졌다. 전두환 정권이 영구집권의 수단으로 구상했던 패권정당제 역시 민추협이 결성된 지 채 1년도 안 되어 붕괴되었다. 당시 양김이 주도한 민추협이 짧은 시간 안에 이룬 성과였다.

3. 6월 항쟁과 민추협의 해체

신민당이 강력한 제1야당의 지위를 차지하면서 민추협의 위상도 강화되었다. 우선 선거과정에서 김대중과 김영삼을 중심으로 한 민추협의 파괴력은 기대 이상이었다.[8] 양김은 비록 본인들이 직접 선거에 출마하지는 못했지만, 민추협 출신들은 선거과정에서 두 사람의 이름을 내세우는 것만으로도 지지층을 결속하는 데 강력한 효과를 발휘했다.[9] 또 선거를 통해 당선된 민추협 계열이 원내에 다수 진입했다. 신민당 의원 67명 중 민추협 출신이 39명으로 과반을 넘었다(유정현 1985, 122). 여기에 민한당과 국민당 등이 붕괴하면서 신민당에 입당한 인사들의 경우 무엇보다 김대중과 김영삼, 즉

8) 당시 김대중의 전격적인 귀국 또한 총선에 중대한 요소로 작용했다. 김대중은 총선에 영향을 미치기 위해 전두환 정권의 갖은 협박을 무릅쓰고 총선을 불과 나흘 앞둔 2월 8일 귀국했다고 밝히고 있다.

"나는 2월 12일 국회의원 선거일 전에 돌아가기로 했다. 나의 귀국이 총선에 도움이 될 것 같았기 때문이다. 물론 한국의 정치상황은 자세히 알지 못했다. 그러나 많은 동지들이 직간접적으로 내 신변의 위험을 걱정하면서도 귀국 자체가 선거에 도움이 될 것이라고 전해 왔다. 그렇다면 선거 전에 조국의 땅을 밟아야 했다"(김대중 2011, 451).

9) 신민당 창당 당시 민추협 계열의 이민우가 총재가 될 수 있었던 것은 김영삼이 이민우의 서울 종로·중구 출마를 조건으로 비민추협 계열과 타협했기 때문이다(유정현 1985, 121-122; 이경재 1985a, 149-150). 비민추협 계열은 종로에서 민정당의 이종찬과 민한당의 정대철이 강력한 기반을 형성하고 있었기 때문에 이민우의 낙선 가능성이 높다고 보고 이민우 총재론에 쉽게 동의했다. 하지만 이민우는 전혀 연고도 없던 종로에서 순전히 양김의 정치적 후원에 힘입어 민한당의 정대철을 떨어뜨리고 무난히 당선되었다.

민추협의 영향력하에 놓이게 되었다.

실제 야당의 통합이 끝난 뒤 민한당에서 입당한 사람들을 총괄해 신민당 의원들의 계보를 추적한 결과, 민추협 계열이 80명을 훌쩍 넘는 것으로 파악되었다(김운태 외 1989, 480). 이에 비해 신민당 창당 당시 50%의 지분을 갖고 참여한 비민추협 계열은 전체 의원의 4분의 1 정도 밖에 차지를 하지 못했고, 그나마 이철승, 이기택, 김재광, 신도환 등의 계열로 사분오열되었다. 민추협이 사실상 당을 좌우할 수 있는 힘을 확보한 것이다.

제12대 총선 이후에도 양김은 정치활동이 금지된 상태였기 때문에, 민추협은 원외에 남아 조직을 유지하며 신민당의 정치행보를 주도했다. 일종의 막후 정당 역할을 한 것이다. 즉 신민당의 권력구조는 이중적인 형태를 취하고 있었다. 김영삼 추천으로 총재가 된 이민우는 신민당의 "관리자" 내지 "대리인"으로 인식되었다(이경재 1987, 169). 공식적인 신민당 대표는 이민우였지만, 실질적인 의사 결정 권한은 양김이 대표하고 있는 민추협이 갖는 것이었다. 민추협과 신민당 간의 형식적인 역할 분담도 이루어져 신민당은 대여 협상 등 공식적인 정치활동을 하고, 민추협은 재야와 연대해 세력을 확장하고 공동 투쟁을 주도하였다.

민추협은 총선 승리 후 대통령 직선제를 위한 헌법 개정 등을 당면 목표로 내세우고 투쟁을 전개했다. 특히 1986년 2월에는 직선제 개헌을 위한 1천만 명 서명운동을 선언하고 학생 및 재야 세력과 연대해 강력한 투쟁을 주도했다. 그 결과 1986년 6월 국회 내에 헌법개정특별위원회가 구성되어 본격적인 개헌협상에 돌입할 수 있었다.

하지만 여야는 각각 의원내각제와 대통령 직선제 주장을 굽히지 않으며 협상의 돌파구를 찾지 못했다. 이 과정에 1986년 12월 24일 갑자기 "이민우 파동"이 발생했다(이경재 1987; 이계희 1992). 이민우 총재가 송년 기자회견을 통해 언론의 자유 보장, 국민의 기본권 보장, 구속자 석방과 사면복권, 국회의원 선거법 개정, 공무원의 정치적 중립, 지방자치제 실시 등 민주화를 위한 7가지 조건을 전두환 정권이 먼저 이행한다면 의원내각제 개헌 협상도 가능할 것이라고 밝힌 것이다.

소위 "이민우 구상"이 나오면서 신민당은 내분에 휩싸였다. 김대중과 김영삼 등 민추협 계열은 즉각 반발했다. 이민우 구상은 민추협 결성 이후 최대 목표로 내세운 대통령 직선제 개헌이라는 당론을 한꺼번에 무력화시키는 것이었다. 반면 비민추협 계열은 이민우 구상을 옹호하면서 공개적으로 의원내각제를 지지했다. 특히 이철승과 이택희를 비롯한 일부 의원들의 경우 이민우를 지지하며 양김의 퇴진을 공공연히 주장하고 나섰다.

민추협 측에서는 이민우를 달래 이철승과 이택희 의원을 징계하는 선에서 사태를 수습하려고 했지만, 두 의원 측에서 당사를 점거하고 농성을 벌이고 이민우 총재는 우유부단한 모습을 보이면서 신민당의 당무가 마비되었다. 양김은 이에 따라 독자 신당 창당을 선언하고 신민당을 탈당했다. 그 결과 신민당 소속 의원 90명 중 무려 74명이 동반 탈당해 통일민주당(이하 민주당)을 창당하고 김영삼을 총재로 선출했다. 이는 당초 탈당 의원이 50명에 이르지 못할 것으로 예상했던 전두환 정권의 기대에서 크게 벗어난 것이었다(이경재 1987, 183).

50명 이내의 의원이 탈당했을 경우 신민당과 민주당 등 비슷한 규모의 군소 야당이 난립하는 분열 상황이 발생했겠지만, 대규모 탈당으로 오히려 신민당이 붕괴한 것이다. 이에 따라 야당은 "이질적인 요소"가 섞여 있던 신민당에서 선명한 노선을 내세운 민주당으로 재정비를 한 모양이 되었고, 신민당의 법통은 자연스럽게 민주당으로 옮겨갔다. 신민당이 다양한 세력들과 함께 연합된 조직이었다면, 민주당은 그야말로 김대중과 김영삼 두 계열이 연합한 민추협만의 조직으로 명실상부하게 탈바꿈한 것이다. 민추협과 민주당의 구분은 이 단계부터는 큰 의미가 없게 되었다. 김영삼이 민주당 총재로 전면에 나선 상황에서 민추협이 더 이상 막후 혹은 배후 정당의 역할을 할 이유가 없게 되었기 때문이다. 민추협이 신민당을 창당하면서부터 형성되었던 이중 권력구조가 비로소 해소된 것이다.

이중 권력구조하에서는 김대중, 김영삼과 이민우 등이 3자 협의를 통해 모든 사항을 결정했다. 하지만 여기서 결정된 사항이 번복되는 일이 가끔 발생했고, 이민우 파동 역시 이런 권력구조에 기인한 바가 크다. 즉 이민우 파동은 이민우가 공식적인 야당 대표 역할을 하면서 점차 독자적인 정치 주역으로 부상함에 따라, 양김의 영향력에서 벗어나 독자적으로 당권을 잡기 위해 별도의 시국수습 방안을 추진하려한 시도라는 것이다(신도환 1991, 404-405).

전두환 정권은 민주당 창당 발기인 대회가 열린 1987년 4월 13일 지금까지의 개헌 협상을 중단하고 개헌 논의를 1988년 서울 올림픽 이후로 연기하는 소위 "호헌선언"을 했다. 개헌 협상 중단의 책임을 야당 특히 민추협 계열에 떠넘기고, 야권을 분열시키려는 책동이었다. 하지만 호헌선언은 중산층까지 포함된 전 국민적 저항을 불러일으키는 등 엄청난 반작용을 야기했다. 특히 서울대생 박종철 군 고문치사 사건이 은폐 조작되었다는 폭로를 계기로 민주당과 재야 세력이 연대해 강력한 공동투쟁에 나섰다. 이들은 민주헌법쟁취 국민운동본부를 구성해 전 국민적인 시위에 나섰다. 1987년 6월 민주항쟁이 시작된 것이다.

전두환 정권은 6월 항쟁을 맞아 군부의 투입까지 고려했지만 미국의 반대와 88 서울올림픽 일정 등을 감안해 양보를 택하는 결정을 내렸다(김영명 2013, 241; 임혁백 1990, 70). 노태우 민정당 대표가 대통령 직선제 헌법 개정을 수용하고 김대중을 사면복권하는 등 8개항의 민주화 조치를 약속한 6·29 선언을 발표한 것이다.

6·29 선언 이후 한국사회는 16년 만에 처음으로 대통령 직선제를 실시하는 등 절차적 민주주의를 회복하기 시작했다. 물론 전두환 정권을 비롯한 기득권 세력과의 타협을 통해 진행된 민주화였기 때문에 그 과정은 대단히 완만하고 제한적으로 이루어졌다. 민주화가 완만하고 제한적으로 진행된 또 다른 요인으로는 민주화 투쟁의 주된 역할을 담당했던 민추협의 조기 해체가 있었다.

민추협은 민주화의 시작과 더불어 곧바로 해체되었다. 대통령 직선제 개헌이 이뤄지고 김대중에 대한 사면복권 조치가 이뤄지면서, 민추협 내 두 세력 간의 경쟁이 격렬하게 점화되었기 때문이다. 대통령 선거 일정이 확정된 뒤 후보단일화 협상이 결렬되자, 결국 김대중이 민주당을 탈당해 독자적인 평화민주당(평민당) 창당을 선언하면서 양김의 연합조직이었던 민추협 역시 분열되고 역사 속으로 사라졌다. 재야 세력 역시 양김이 분열되면서 김대중을 지지하는 〈비판적 지지론〉과 김영삼을 지지하는 〈후보단일화론〉, 백기완을 대통령 후보로 내세운 〈민중후보론〉으로 갈리며 제각각 분열되었다. 그 결과 야권이 분열된 상태로 치러진 제13대 대통령 선거에서는 노태우 민정당 후보가 당선되었다.

이후 전개된 정국에서도 양김으로 대표되는 민추협 세력이 분열되어 갈등을 거듭하면서, 기득권 세력이 지속적으로 권력을 유지할 수 있게 되었고, 민추협이 당초 내세웠던 민주화 수준이 달성되기까지는 오랜 시간이 걸려야 했다. 민추협으로서는 민주화의 달성이라는 귀중한 성과를 거둠과 동시에, 민주화 세력의 분열에 따라 권위주의 정권이 상당 기간 연장된데 대한 책임도 피할 수 없게 된 것이다.

IV. 민주화 운동 과정의 전략적 상호작용

1987년 6월 항쟁은 전두환 군사정권의 종식을 고하고 민주화를 가져온 결정적인 계기였다. 6월 항쟁을 이끌어낸 두 주역은 당연히 민추협과 재야 세력이었다. 민추협은 기본적으로 김대중과 김영삼 계열 정치인들의 조직인 반면, 재야 세력은 박정희 정부 이후 민주화 투쟁 과정에서 형성된 인사들을 중심으로 구성되었다.

재야 세력은 민추협의 결성 과정에도 결정적인 산파 역할을 했다(민추협 1988, 109-111). 문익환과 예춘호, 이문영 등 재야 인사들이 김영삼의 단식 투쟁을 계기로 우선적으로 김대중과 김영삼 등 양김계열 정치인들의 단합을 강력히 요구했고, 김대중과 김영삼을 직접 접촉해 양측의 의견을 조정하는 등 민추협을 결성하는 과정에 직접 개입했다. 실제 민추협 운영 문제에 대한 쌍방 간의 합의서에 이들 3인이 공동 서명을 하고 합의를 보증하기도 했다(민추협 1988, 115).

하지만 민추협에 재야 세력의 참여가 배제되면서 재야 세력은 민추협과 별도로 독자적인 조직을 결성하는 길을 선택했다.[10] 재야 세력의 조직화는 노동운동과 학생운동을 비롯한 각 부문별 조직화(민중민주운동협의회: 민민협)와 민주화 투쟁을 지속해온 재야 인사들을 중심으로 한 조직화(민주·통일국민회의: 국민회의)라는 두 축을 통해 이루어졌고, 이들 조직이 광범위하게 연대해 구심점을 형성하는 형식을 거쳤다(민주화운동기념사업회 연구소 2006; 서중석 2007; 정대화 2005; 정해구 2011 등). 민민협과 국민회의는 민주화 투쟁의 효과적인 수행을 위해 1985년 민주통일민중운동연합(민통련)으로 통합되었다. 민통련은 이후에도 민청련과 서노련 등을 흡수하며 각 부문과 지역의 운동조직 전반을 총괄하는 연합체 성격을 띠게 되었다.

민추협이 야당 정치인들의 구심점으로서 민주화 투쟁을 주도했다면, 민통련은 1980년대 재야 민주화 투쟁의 구심으로 자리를 잡은 것이다. 민추협과 민통련이 정치권과 재야를 대표하는 조직으로서의 위상을 각각 확보하면서, 양측은 민주화 투쟁 과정에서 연대와 분열 등 전략적인 상호작용을 지속했다. 그리고 이 과정에는 정권 차원의 분열 공작이 끊임없이 작용했다. 전두환 정권은 집권 초부터 야권에 대한 분열을 노리고 정보기관들을 동원해 야당 내부와 야당 대 야당, 야당 대 재야 세력 사이에서 끊임없는 공작정치를 시도했다. 정치공작과 야당 및 재야 세력의 상호작용은 크게 네 개의 시기로 구분해서 살펴볼 수 있다.

---

10) 민추협에서 재야가 배제된 것은 무엇보다 김상현의 요구를 김영삼이 수용했기 때문이다(민추협 1988, 120). 김영삼은 당초 민추협을 양김계열 정치인들뿐만 아니라 김종필을 비롯한 구 공화당 계열의 정치인들과 재야 세력까지 포괄하는 광범위한 연합조직으로 만들자고 주장했다. 반면 김상현은 재야 세력과 노동이나 북한 문제를 둘러싸고 대립한 이전의 전철을 밟지 않기 위해 순수 정치인만의 조직을 만드는 방안을 요구했다(김상현 구술녹취문, 175).

1. 정권 창출기(1980년 5월~1982년)

전두환 정권이 출범할 당시 정치공작은 신민당의 재건을 막고 관제 야당을 만들어 패권정당제를 수립하는 데 목적을 두었다. 따라서 공작의 대상은 야당 내부를 상대로 진행되었다. 정권에 대한 강력한 도전을 할 수 있는 세력과 그렇지 않은 세력을 구분하고, 전자는 정치활동 금지 대상으로 묶어 놓은 상태에서 후자를 중심으로 들러리 야당을 만든 것이다. 당시 군사적 물리력을 동반한 강압적 통치가 이뤄지던 시기였던 만큼, 이 작업은 대단히 성공적이었다. 그 결과 정권이 뜻하던 대로 제11대 총선을 거치면서 민정당 패권의 정당체계를 형성했다.

야권 정치인들은 물론 재야 세력 역시 집중적인 탄압을 받던 시기였던 만큼 대중적인 반독재 투쟁을 하는 것은 거의 불가능했다. 학생들만 비교적 적극적으로 급진적인 반독재 투쟁에 나설 수 있었으나, 이마저도 제한된 범위에 그칠 수밖에 없었다. 이에 따라 야권 정치인들과 재야 세력 간의 상호작용은 거의 없거나 극히 제한된 범위 내에서 이루어졌다. 정권의 정치공작이 주효한 시기이다.

2. 민추협 결성기(1983년~1984년 중반)

전두환 정권은 출범 직후 김대중을 미국으로 쫓아내 국내 정치에 개입하지 못하게 막았고, 김영삼에 대해서도 가택연금을 반복하며 이들의 정치적 영향력을 배제했다. 정권은 야권의 대안조직이 형성되는 것을 막는 데 정치공작을 집중했다. 그럼에도 불구하고 김영삼 단식투쟁 이후 양김계열의 정치인들이 민추협 결성을 위해 움직이자 정보기관이 다시 분주해졌다. 강성 야당 조직의 등장을 막기 위해 야당 정치인들을 상대로 협박과 회유를 하며 민추협 결성을 최대한 저지하려고 했다. 이에 따라 김영삼 단식 이후 민추협 결성까지 1년이 걸렸다. 김영삼은 민추협 동참 서명을 한 사람들에게는 어김없이 정보기관이 따라붙었다고 회고하기도 했다.

> "민추협을 만들기까지는 어려움이 많았다. 전두환 정권의 핍박으로 곤욕을 치르거나 눈치를 보는 사람들이 많았다. 누구를 만나서 민추협 동참 서명을 받으면 그 사람은 당장 어딘가로 불려갔다. 서명하기로 약속하고 해외로 나간 인물도 있었다. 내가 약속을 하고 찾아갔는데 어디론가 나가버린 사람도 있었다. 민추협 발기인 서명용지를 보면 먹으로 지운 명단이 상당수 있는데, 그런 사람들 때문이었다. 오죽했으면 서명용지가 걸레가 되다시피 했을까"(김영삼 2000, 김병묵 외 2014에서 재인용).

전두환 정권은 민추협의 출범이 기정사실화된 뒤에도 사무실 입주를 막는 등 방해를 하였다(민추협 1988, 84-85). 그 결과 정상적인 임대차 계약을 한 뒤 민추협 사무실 개소식을 갖기로 한 하루 전날 밤에 건물 주인이 집기를 몽땅 들어내고 문을 잠가버렸다. 건물 주인은 또 민추협을 상대로 건물 퇴거를 요구하는 명도소송을 내기도 했다. 이 바람에 민추협은 아무런 집기도 없는 상태에서 1개월 가까이 업무를 보아야 했다.

야권 정치인들과 재야 인사들은 이 시기 적극적인 상호작용을 전개했다. 김영삼의 단식투쟁 이후 예춘호와 문익환 등을 비롯한 재야 인사들이 나서서 양김 공동의 투쟁조직 결성을 촉구했다. 이에 대한 예춘호의 증언은 다음과 같다.

> "재야 또한 재야 정치인들의 궐기를 절감하던 터라 문익환, 이문영 그리고 내가 김영삼 씨와 빈번하게 접촉하여 정치인이 결속하여 반독재 투쟁에 적극 참여해줄 것을 요망했을 뿐만 아니라, 재야 젊은 사람들의 기대는 나에게 재야에서 떠나 양김씨계 재야 정치인의 결속에 주력하고 그들과 함께 반독재 투쟁에 전념해야 한다는 것이었습니다"(민추협 1988, 109).

이에 따라 재야 인사들은 국내에 머물던 김영삼은 물론 미국에 쫓겨나 있던 김대중을 만나 당시 정세에 대한 인식을 같이 하고, 양김 공동 투쟁의 중요성을 설파해 동의를 얻었다. 유신 말기 국민연합을 결성한 이후 신군부의 등장과 함께 단절되었던 야권 정치인들과 재야 세력 간의 관계가 이를 계기로 급속히 회복되었다. 또한 경쟁관계에 있던 양김계열 정치인들이 결속되어 민추협을 결성하기에 이르렀다.

> "(양김 측이) 이런(민추협 조직과 운영에 관한) 합의를 본 뒤 재야의 문익환, 이문영 씨 등과 나는 이 협의회의 출범이 우리들 민주화 투쟁에 큰 역할을 해야 하고, 그러기 위해서 예춘호는 민추(협) 산파 역할을 한 뒤 재야로 다시 복귀한다는 것과 우리들이 힘을 모아 지켜보고 그 활동을 도와야 한다고 결의하였습니다. 이런 결의를 하고 합의서에 문익환, 이문영 씨, 내가 서명까지 했는데 ……"(민추협 1988, 111)

그런데 재야와 야권 정치인들 간의 상호작용은 조직적인 수준이 아니라 개별 인사들 간의 차원에 머물렀다. 야권 정치인들과 재야 세력 모두 전두환 정권의 억압하에서 붕괴된 조직을 아직 정비하지 못한 단계였기 때문이다. 김대중과 김영삼 등 야권 정치인도 마찬가지였지만 재야도 일부 지명도가 높은 인사들을 중심으로 인적 연대를 맺는 수준에 머물러 있었다.

3. 제12대 총선 전후(1984년 중반~1985년 중반)

1984년 5월 민추협이 출범하고 이듬해 총선이 다가오면서 정권 차원의 정치공작은 또다시 활발하게 진행되었다. 1984년 11월 제3차 해금조치를 통해 구 신민당 계열 인사들이 추가로 정치활동을 할 수 있도록 허용한 것이다. 이는 마치 1980년대 초 패권정당제를 수립할 당시 정보기관에서 나서서 야당을 만든 것처럼, 새롭게 해금된 인사들이 적당한 규모의 온건한 야당을 만들기를 기대한 것으로 볼 수 있다. 즉 제11대 총선에서 만들어진 제1야당으로서 민한당과 준여당 국민당, 일부 혁신 정당 이외에 또 다른 소규모 야당의 등장으로 야권이 최대한 분열되기를 노린 것이다.

그런데 민추협이 새롭게 해금된 인사들과 함께 신민당 창당에 나서면서 정권의 기대와 달리 야권이 전면 재편될 조짐을 보이기 시작했다. 이에 따라 정보기관들은 기존 관제 야당의 동요를 막고 신민당의 돌풍을 잠재우기 위해 노력했다. 당장 민한당 탈당과 신민당 입당을 선언한 12명 가운데 김현규와 홍사덕 등 2명을 안기부와 보안사에서 즉각 연행해 신민당 입당을 못하게 막았다. 김현규는 탈당 선언을 하고 민추협 가입을 한 뒤 국회에 돌아왔다가 곧바로 안기부로 연행되어 사흘 동안 철야조사를 받으며 민한당으로 복귀하라는 압력을 받았다(김현규 구술녹취문, 89-97).

> "지금 민한당으로 다시 돌아가십시오. 민한당으로 다시 돌아가시면 민한당 체제를 김 의원이 주장한대로 그대로 다 바꿔주겠다, 바꿔주고, 어- 만약에 이 제의를 거부하시면 김 의원 정치 못 합니다, 그 얘기야. 그래, 나는 내 발로 걸어나왔던 당을 다시 돌아갈 수 없다, 돌아갈 수 없고, 네가 정치 못 하게 한다고 그러면 난 정치 안 하겠다"(김현규 구술녹취문, 90).

결국 김현규는 정당공천을 포기하고 대신 낙선 가능성이 높은 무소속 출마를 하는 쪽으로 정권과 타협을 했다. 홍사덕도 김현규가 연행된 뒤 보안사에 붙잡혀 철야조사를 받았다(홍사덕 구술녹취문, 124-127). 나머지 탈당파들은 두 사람 연행 소식을 들은 뒤 정보기관을 피해 한동안 잠적해야 했다. 탈당파들에 대한 탄압 소식이 전해지면서 민한당 내에서 추가 탈당자들은 나오지 않았다.

당시 신민당 창당을 막는 것이 불가능해진 상황에서 정권은 제1야당으로서 민한당, 소수 의석을 갖는 강성 야당으로서 신민당과 준여당으로서 국민당, 혁신정당 등으로 패권정당 체계를 재구성하고, 재야 세력을 일부 제도정치로 편입시키는 방향으로 목표를 바꾸었다고 할 수 있다. 하지만 신민당 돌풍을 막아보려는 정권의 노력은 끝내 수포로 돌아가고, 야당은 총선 이후 전면 재편되었다.

2·12 총선을 전후한 시기는 민추협과 재야 세력의 연대투쟁이 가공할 위력을 발휘한 때라고 할 수 있다. 민추협은 신민당 창당과 관련한 당내 찬반 논란을 불식하고 재야 세력의 지원을 끌어들일 목적으로 창당에 앞서

재야 인사들과 사전 협의를 했다. 총선에서 재야 세력의 지원이 없이는 참패할 가능성이 높았기 때문이다. 실제 창당 과정에 주도적으로 나섰던 김상현은 다음과 같이 증언하고 있다.

> "문익환 목사, 김(영삼) 총재 그리고 본인이(1984년) 12월 9일 창천동 집에서 모여 본인은 이상의 3가지 원칙을 설명하고 군사독재의 종식을 위해서 신당이 필요하다는 것을 설명했다. 문익환 선생도 그러한 3가지 원칙에 입각한 신당이라면 지원할 수 있다는데 합의를 해서 12월 11일에 민추(협)에서 기자회견을 하게 되었다. 이렇게 해서 신당 창당 관계가 성립된 것이다"(민추협 1988, 122).

재야 세력은 총선 과정에서 신민당을 조직적으로 지원했다. 선거운동 기간 동안 신민당 후보들의 당선을 위해 학생 및 유권자들을 동원하고, 선거 유인물을 배포했으며, "전두환 정권의 치명적인 약점이라 할 수 있는 군부독재 타도, 광주항쟁탄압 진상규명, 직선제 개헌 등을 선거 이슈화했다"(윤성이 1999, 119-120).

요컨대 민추협과 재야 세력은 총선을 전후해 민주화 투쟁이라는 공동 목표하에 정권의 분열 공작을 넘어서 강력한 연대를 한 것으로 평가할 수 있다. 특히 양측의 연대는 이전까지 진행되었던 단순한 인적 차원의 수준을 넘어 조직적 차원의 연대로 확대 발전했다는 점에서 그 의미가 크다.

4. 5·3 인천사태 전후(1985년 중반~1987년 초반)

총선이 끝난 뒤 야당과 재야 세력 모두 전두환 정권에 대응할 수 있는 조직적인 무기를 갖추게 되었다. 신민당은 다른 야당을 흡수해 사실상의 양당제를 확립했고, 재야 세력은 민통련이란 단일 조직으로 상당 부분 통합되었다. 이에 따라 향후 민주화를 둘러싸고 전략적인 게임을 할 수 있는 명확한 주체 세력이 확립된 셈이다. 총선 후 야당과 재야 세력의 일차적인 전략은 양자 간의 연대를 보다 강화해 전두환 정권을 상대로 강력한 투쟁을 전개하는 것이고, 전두환 정권의 전략은 야당과 재야 세력을 분열시켜 투쟁을 약화시키는 것이었다.

전두환 정권 이후 위축되어 있던 야당과 재야 세력이 총선 승리를 기반으로 먼저 대정부 공세를 펼쳤다. 신민당은 직선제 개헌 합의를 통해 1986년 말까지 개헌을 완료하고 정부가 민주화 일정을 1986년 봄까지 공개하는 등의 정치일정을 발표하며 정권을 향해 조속한 개헌과 민주화를 압박했다.[11]

학생 및 재야 세력도 대정부 투쟁을 강화했다(민주화운동기념사업회 연구소 2006). 이 시기 학생과 노동운동은 명망가 위주에서 벗어나 대중조직을 기반으로 한 본격적인 투쟁 단계에 돌입했고, 투쟁의 수위도 단순한 정권퇴진 차원에서 벗어나 반미, 나아가 민중혁명을 내세우는 수준으로 점차 올라갔다. 특히 1986년 1월 전두환 대통령이 밝힌 서울올림픽 개최 이후까지 개헌 논의 유보 방침은 민추협과 재야 세력 차원의 연대를 신민당과 재야 세력 간의 연대로 한층 강화하는 계기가 되었다. 신민당은 재야 세력의 요구를 수용해 2월 12일 "대통령 직선제 개헌 1천만 서명운동"을 시작하며 장외투쟁에 나섰다. 신민당과 재야 세력은 공동투쟁을 위해 3월 17일 민주화를 위한 국민연락기구(민국련)를 결성해, 신민당의 시도별 개헌 추진위원회 현판식을 명목으로 전국을 돌며 대규모 시위를 벌여나갔다.

전두환 정권의 지속적인 강경 대응에도 불구하고 오히려 신민당과 재야 세력이 연대해 강력한 투쟁을 벌이고, 이 투쟁이 국민적 지지를 얻게 되자, 전두환 정권은 신민당과 재야 세력의 분열을 위한 또 다른 공작을 시도했다. 한편으로는 재야 세력에 대한 탄압을 계속 하면서, 다른 한편으로는 신민당에게 개헌 협상을 제안한 것이다. 전두환 대통령은 1986년 4월 30일 이민우 신민당 총재와 회담을 갖고 임기 내 개헌논의 가능성을 밝혔다. 정권의 분

---

11) 신민당이 내놓은 정치일정은 "① 1985년 가을까지 여·야 간 개헌 합의, ② 1986년 봄까지 정부의 민주화 일정 공개, ③ 1986년 말까지 대통령 직선제 개헌 완료, ④ 1987년 가을까지 신헌법에 의한 대통령 선거 실시, ⑤ 민주주의체제에서 올림픽 개최"(안승국 2009, 217-218) 등이다.

열 전략은 즉각적으로 효과를 발휘했다. 신민당과 민추협은 즉각 개헌투쟁을 원내에서 여야 협상을 통해 진행하기로 하고, 반미와 민중혁명을 내세우는 재야 세력의 급진적 투쟁에 대해 우려를 표명했다. 이에 따라 민통련이 민국련 탈퇴를 선언하면서 신민당과 재야 세력 간 연대의 틀이 무너졌다.

특히 사흘 뒤인 5월 3일 신민당 경기인천 지부 개헌추진위원회 현판식을 계기로 신민당과 재야 세력은 결정적인 결별의 길을 걷게 된다. 이 대회에 참여한 학생 및 재야 세력들은 민중운동 주도의 투쟁이 한창 고조되던 시기에 신민당이 보인 기회주의적인 태도와 여야 간의 '보수대연합' 움직임을 비판하면서 대규모 시위를 전개했다.[12)]

전두환 정권은 5·3 사태를 좌경 용공 세력들이 정권을 무너뜨리기 위해 좌익봉기를 시도한 사건으로 규정하고 민통련을 비롯한 재야 단체들을 배후 주동자로 지목해 대대적인 탄압을 가했다. 재야 세력에 대한 정권의 탄압이 지속되는 가운데, 여야는 6월 24일 국회에 헌법개정특별위원회를 구성하고 본격적인 개헌 협상에 들어갔다. 하지만 협상 국면은 곧 교착국면이었다(임혁백 68-70). 국회 헌법개정특위는 여야 합의로 구성을 한 뒤, 단 한 번도 회의를 열지 못할 정도였다.

야당과 재야 세력 간의 분열에 성공한 전두환 정권은 이 기간 야당 내부의 분열을 위한 또 다른 전략을 시도했다. 이민우 파동으로 대표되는 사태가 바로 그것이다. 의원내각제를 고리로 야당 내 온건파들을 유인해 내 민추협 중심의 강경 세력을 고립시키려고 한 것이다. 실제 '선 민주화 후 의원내각제 개헌 협상'이라는 이민우 구상이 나오자, 의원내각제를 지지하는 비민추협 계열이 양김에게 정면으로 반기를 들었다. 김영삼은 이를 곧 정권의 공작에 의한 것으로 간주하고 정면 돌파를 선언했다.

"오늘의 신민당 사태는 정보정치의 소산으로밖에 볼 수 없다. 대낮에 공당이

---

12) 최장집(1990, 221)은 5·3 인천사태를 통해 "급진적인 재야운동권이 제도야당으로부터 명백히 분화되고 독자적인 실체로서 전면에 나타나게 된 것"으로 평가한다.

불법천지로 변할 수 있는 게 특정 세력의 비호 없이 가능하겠는가. 나에 대한 당무방해가처분신청을 보면 76년의 각목대회와 79년의 YH사건, 총재직무가처분신청, 의원직 제명 등과 같은 공작이 재연되고 있다. 현 정권은 5월 전당대회를 불가능케 함으로써 강력한 야당의 출현을 방해하고 있다"(이경재 1987, 180).

결국 양김이 비민추협 계열과 결별하고 새롭게 민주당을 창당함으로써 당내 분열은 매듭지어졌다. 민주당 창당에 대다수 의원들이 동참함으로써 강력한 야당을 분열시키려던 정권의 의도는 충분히 달성되지 못했다.[13]

5. 4·13 호헌 선언 전후(1987년 초반~1987년 대선)

개헌을 위한 여야 협상이 교착 상태에 처하고 야당 분열 공작이 사실상 실패로 끝나자 전두환 정권은 4·13 호헌선언을 통해 일방적으로 개헌 협상의 종결을 선언했다. 개헌 협상의 수용을 통해 야당과 재야 세력의 분열에 성공하고, 만족스럽지는 못하지만 야당도 일단 민주당과 신민당으로 분열되자, 다시 강경 전략으로 선회한 것이다. 하지만 호헌선언은 각계각층의 거센 저항을 초래했다. 5·3 인천사태 이후 서로 다른 길을 걷던 민주당과 재야 세력도 정권의 잇따른 강경대응에 다시 연대투쟁을 전개하게 된다.

특히 1987년 1월 발생한 박종철 군 고문치사 사건, 그리고 5월 은폐조작 사건의 폭로는 민주당과 재야 세력이 5·3 인천사태 이전의 강고한 연대 수준을 회복하는 중요한 계기로 작용했다. 민주당과 재야 세력이 1987년 5월 27일 민주헌법쟁취 국민운동본부(국민운동본부)를 구성해 6월 항쟁을 주도한 것이다.[14]

---

13) 조희연(1994, 266-267)은 이민우 구상을 전두환 정권이 야당 내 온건파와의 타협을 통해 "부드러운 독재"를 수립하려는 전략의 소산으로 분석한다. 이 전략이 양김의 민주당 창당으로 실패하면서 4·13 호헌이라는 강경책으로 선회했다는 것이다.

14) 정대화(2005, 222-223)에 따르면 국민운동본부가 재야 세력을 중심으로 결성이 된

하지만 민주당과 재야 세력 간의 연대는 오래 가지 못했다. 전두환 정권이 6·29 선언을 통해 직선제 개헌 요구를 즉시 수용하면서, 거리에서 원내로 정치의 중심이 다시 이동했다. 야당은 여야 협상을 위해 국민운동본부에서 곧바로 이탈했고, 재야 세력은 여야 협상이 진행되면서 다시 고립되었다.

시민사회 내에서도 중간층이 이탈하고 급진적인 민중운동 세력들이 위축되는 결과를 낳았다. 6·29 선언 이후 선거혁명론이 부상하면서 기존의 군부독재 타도론은 실종되었다. 이는 6월 항쟁 이후 전개된 노동자대투쟁에서 야당뿐만 아니라 국민운동본부 역시 애매한 역할에 그치는 결과로 나타났다. 이 점에서 6·29 선언은 야당과 재야 세력을 분열시키려는 정권 차원의 또 하나의 전략적 선택이었다고 해석할 수 있다(김영명 2013; 안승국 2009; 정대화 2005; 조희연 1994).

전두환 정권은 6·29 선언으로 야당과 재야 세력이 다시 분열되면서 이번에는 야당을 분열시키기 위한 공작에 다시 착수했다. 그동안 김영삼에게만 허용하고 김대중에게 금지했던 정치활동을 김대중에게도 전면 허용하고 지역감정을 부추김으로써 양김의 경쟁을 유도했다. 그 결과 여권의 목표대로 야당이 분열되고 민추협이 해체되었다. 또 재야 세력도 대선 후보 지지 문제를 둘러싸고 사분오열되었다. 이에 따라 전두환 정권은 선거를 통해 노태우 정부를 창출하는데 성공했다.

V. 민추협에 대한 회고적 평가

민추협은 분명 전두환 정권하의 엄혹한 시절에 야권 정치인들이 반독재

데다, 5·3 인천사태 이후 민주당의 기회주의적 속성을 우려하는 재야 단체 내 분위기로 인해, 민주당이 국민운동본부에 참여하는 과정에서 일종의 사전 승인을 받았다.

투쟁을 할 수 있는 정치적 구심점의 기능을 담당했다. 재야 세력과 연대해 정통 야당인 신민당을 복원함으로써 전두환 정권이 안정적인 집권수단으로 추구했던 민정당 주도의 패권정당제를 일거에 무너뜨렸다. 전두환 정권의 지속적인 분할통치 전략에도 불구하고, 재야 세력과 연대해 6월 민주항쟁을 주도해, 우리 사회 민주주의를 회복하는 데 중요한 역할을 수행했다.

그러나 민추협의 성공 이면에 존재하는 한계 또한 부정할 수 없다. 민추협은 김대중과 김영삼, 두 김씨 계열 정치인들의 연합 조직이었다. 민추협은 실제 "양김씨계의 이원적 협의기구"라고 명시한 합의문 원칙을 철저히 고수했다. 우선 민추협의 모든 직위를 임명하는 과정에서 양 계파 50 대 50의 비율을 철저히 지켰다. 비민추협 계열의 외부 정치인들과 함께 신민당을 창당하면서도 민추협 계열의 비율은 김대중계(동교동계)와 김영삼계(상도동계)로 양분되었고, 신민당을 깨고 통일민주당을 창당할 때도 이 비율은 유지되었다.

양 계파의 이원적 체제는 정치적 타협과 연대를 위한 목적에서 불가피한 측면이 있지만, 문제는 양 계파의 중심 인물들이 대부분 김대중과 김영삼의 인맥을 따라 영호남 지역으로 양분되어 있었다는 점이다(김진옥 1993, 23-24). 예컨대 민추협 결성준비를 위한 8인 모임의 출신지를 보면 동교동계는 전남 3명, 부산 1명인 데 비해, 상도동계는 경남이 3명, 충남 1명이었다. 민추협 최초의 14인 운영소위원회 구성원들을 보아도 동교동계는 전체 7명 중 전남이 5명, 경기와 경북이 각각 1명, 상도동계는 부산·경남이 5명, 충남과 전북이 각각 1명으로 이루어졌다.

영호남에 편중된 양 계파의 인적 구성은 신민당을 탈당해 민주당을 구성했을 때도 그대로 나타났다(김진옥 1993, 59). 동교동계 32명 중 절반 가까운 15명이 호남 출신이었고, 상도동계 37명 중 3분의 2가 넘는 26명이 영남 출신이었다. 특히 동교동계에 영남 출신은 2명이었고, 상도동계에 호남 출신은 단 1명에 불과했다.

영호남으로 철저히 양분된 양 계파의 인적 구성은 결국 6·29 선언 이후 김대중과 김영삼이 평민당과 민주당으로 분열했을 때, 단순한 계파의 분열을 넘어 영호남 지역의 분열을 뜻하게 되었다. 전두환 정권은 바로 이 틈을 타 지역주의를 부추겼고, 이를 기반으로 권위주의 정권을 연장할 수 있었던 것이다. 또 이 시기에 형성된 지역주의 정당체계는 양김이나 민추협의 의지와 무관하게 오늘날까지도 이어지고 있다. 이 점에서 민추협이 민주화와 함께 지역주의라는 폐단을 남긴 것 또한 무시할 수 없을 것이다.

민추협은 지역주의 이외에 또 다른 중요한 한계를 안고 있었다. 대통령 직선제 개헌을 제외하면 이념이나 정책적으로 분명한 목표가 부재했던 것이다. 민추협 결성 합의문에도 "민주화"라는 막연한 목표만 제시되어 있을 뿐이다. 정권을 잡은 뒤 구체적으로 추진할 국가적 목표를 보여주는 정책적·이념적 전망의 부재는 동교동계와 상도동계 등 양 계파의 구성에서도 나타난다. 두 계파의 구성은 이념적·정책적 동질성에 따른 것이 아니라, 오로지 양김과의 인적 유대를 통해 이루어졌다.

이에 따라 양 계파는 민주화를 전후해 양김의 정치적 위치에 따라 끊임없는 이합집산을 했다. 민주화 이전에 김영삼이 민추협과 신민당을 구성하면서 구 공화당이나 유정회 인사들까지 폭넓게 수용할 수 있었던 배경에는 정책적, 이념적 전망의 부재가 중요한 역할을 했다. 또 신민당이나 민주당으로 재편된 뒤에도 내부에서 양 계파가 비민추협 인사들의 흡수에 경쟁적으로 나설 수 있었던 배경에는 동질적인 이념적 전망의 부재가 있었다. 6·29 선언 이후 민추협이 다시 평민당과 민주당으로 쉽게 분열되어 소멸될 수 있었던 것도 계파 보스의 대통령 당선 이외에 다른 목표가 없었기에 가능했다.

민추협 소속 정치인들의 이합집산은 민주화 이후에도 지속되었다. 통일민주당이 민정당, 신민주공화당과 통합해 민주자유당이 되었다가 신한국당, 한나라당으로 변신하기도 하고, 평민당이 국민회의와 새정치민주당으로 거듭 재창당을 했다. 이에 따라 민추협 출신 정치인들은 아직도 한국 사회 여야 정당에 고르게 분산되어 있는 실정이다.

민추협의 정책적, 이념적 전망의 부재는 민주화 이후에도 과거 군사정부 시절부터 형성되어온 한국 사회의 지배체제가 그대로 계승된 데서도 나타난다. 박정희 정부가 1960년대 한국 자본주의의 발전 정책을 추진한 이래 한국 사회는 관료와 재벌의 유착에 기반을 둔 재벌 주도의 경제성장 정책을 일관되게 추진해왔다. 이 과정에서 노동자를 비롯해 다른 세력들은 철저히 배제되었다. 따라서 민주화의 중요한 과제 중 하나는 절차적 민주주의의 회복뿐만 아니라 재벌 중심의 기득권체제의 해소와 소외된 노동 세력의 정치적 참여를 확대하는 데 있었다.

하지만 민추협의 계승자들은 한국 사회 지배체제에 편승해왔다. 민추협 출신의 김영삼과 김대중이 잇따라 집권을 하고, 민추협 출신 정치인들이 지금도 여야에 고르게 포진해 있음에도 불구하고, 재벌 중심의 경제성장론은 아직도 한국 사회 지배 이데올로기로 강력하게 작동하고 있다. 이는 외환위기 이후 신자유주의 경제개혁의 가속화와 함께 사회경제적 양극화를 심화시키고 우리 사회를 위기로 몰아가고 있는 주범이다.

민추협이 출범한 지 어느덧 30년이 지났다. 그야말로 한 세대가 흐른 것이다. 민추협 출신 인사들도 세대교체를 거쳐 이제 거의 마지막 단계에 이르렀다. 민추협이 한국정치를 주도하던 시기가 이미 지나갔음을 의미한다. 그럼에도 불구하고 한국정치는 아직도 민추협 시기에 머물러 있다. 민추협이 남긴 족적에서 자유롭지 못하다. 민추협을 위해서도 한국정치는 이제 민추협에서 벗어나야 한다. 1980년대 최고의 가치가 한국 사회의 민주화였고, 그 민주화를 위한 조직으로서 민추협이 결성되었다면, 2010년대 한국 사회에 요구되는 새로운 가치에 걸맞게 한국정치가 민추협을 넘어 새롭게 재편되어야 한다.

제 3 장

민주화추진협의회와 정치 이념

• 조성대

Ⅰ. 한국정치의 이념적 갈등구조와 민추협
Ⅱ. 결성기 민추협의 정치노선
Ⅲ. 개헌운동과 민추협의 정치노선
Ⅳ. 6월 항쟁과 민추협의 정치노선
Ⅴ. 민추협의 정치노선에 대한 평가

제3장 민주화추진협의회와 정치 이념

I. 한국정치의 이념적 갈등구조와 민추협

민추협은 1984년 5월 18일 한국 민주화운동의 두 지도자였던 김대중과 김영삼의 정치조직이었던 동교동계와 상도동계가 연합하여 구성한 정치조직으로, 1987년 12월 대선에서 양김이 분열하여 각각 출마하면서 사실상 해체되기까지 활동했다. 민추협은 민주화운동기 정치권과 사회운동 세력을 연결하는 중개인의 기능을 자임했다. 한편으로 정치권 내에서 1985년 신민당의 창당과정에서 중요한 역할을 수행했고, 다른 한편으로 국회 바깥의 민주화운동단체였던 민주통일민중운동연합(이하 민통련)이나 민주헌법쟁취국민운동본부(국민운동본부) 등을 정치권과 연결시키는 중재자의 역할을 수행했다. 즉 민추협은 정치권 내 야당과 사회운동단체 간의 의사소통을 활성화시켜 주거나 갈등을 조정하는 일종의 연대체의 역할을 수행했다.

민추협의 정치노선과 정치활동을 구체적으로 살펴보기에 앞서 한국정치의 이념적 갈등과 정치적 균열의 구조를 파악해보아야 한다. 왜냐하면, 민추협의 노선과 활동 또한 이러한 정치적 환경의 제약으로부터 자유로울 수 없었기 때문이다. 민추협 정치노선의 기원은 멀게는 제1공화국의 태동기까지 거슬러 올라가고 가깝게는 전두환 정권기 민주화운동의 정치노선과 긴밀한 연결고리를 지니고 있다. 특히 제5공화국 시절 민주화운동의 정치노선이 기본적으로 저항적 자유주의와 급진적 민주주의 간의 협력과 갈등이라는 상호 긴장관계를 지니며 전개되었고(강정인 2009), 민추협의 정치노선이 저항적 자유주의를 지니고 있었음을 고려할 때, 이러한 정치노선이 한국정치의 이념적 갈등구조와 정치적 균열구조 속에서 어떻게 배태되고 구체적으로 어떤 정치활동으로 전개되었는지 살펴보는 것이 무척 중요하다.

분단 이후 몇 차례 권위주의정권하의 한국 정치사를 돌이켜보면, 한국정치의 지배적인 이념적 갈등은 반공을 둘러싼 안보 갈등이었음을 쉽게 파악할 수 있다. 강정인(2009)과 문지영(2009)의 연구는 이를 잘 정리해주고 있다. 이승만 정권기에 분단과 한국전쟁은 반공을 자유주의와 동일시하게 할 수 있는 역사적 정당성을 부여했다. "자유민주주의를 지키기 위해 반공을 해야 한다"는 논리가 "반공을 위하여 자유민주주의를 제한할 수밖에 없다는"는 논리로 전도되었다가 권위주의 정치권력에 의해 "반공이 곧 자유민주주의라는 역설"로 둔갑하고 말았다(박광주 1988, 34, 38; 강정인 2009, 58에서 재인용).

이러한 '반공 = 자유주의'의 등치관계는 박정희 군사정권 아래 경제개발을 전면에 내세운 발전주의와 결합하여 본격화된 개발독재의 이데올로기적 기반으로 진화한다(강정인 2009, 97). 즉 북한 공산주의에 대항한 국방력 강화를 강조하는 '반공주의,' 민족자립경제의 건설을 강조하는 '발전주의,' 그리고 민간정권 이양과 민주주의 재건을 내세운 '민주주의'의 결합 속에 반공주의와 발전주의의 결합이 자유민주주의를 실현하기 위한 전제조건으로 간주되었고 결국 자유민주주의는 화석화 과정을 겪을 수밖에 없었다.

박정희 정권기 반공주의와 발전주의의 결합은 전두환 정권기에 들어서면서 해체와 재편성의 과정을 겪게 된다. 우선 1980년대 중반까지의 급속한 경제성장은 경제성장을 명분으로 한 권위주의체제의 정당성을 많이 약화시켰다. 아울러 북한에 비해 월등한 경제적 우위는 반공 이념과 안보 지상주의로는 체제비판 세력이나 민주화운동 세력에 대한 탄압을 정당화화기 어렵게 만들었다. 그럼에도 불구하고 반공주의는 여전히 체제수호의 강력한 이데올로기로서 한국정치를 지배해왔다(강정인 2009, 72-90 참조).

반공주의의 지배적 성격 아래 민주화운동의 기본적인 정치노선은 적어도 1980년대 초반 급진적인 이념이 민주화운동 세력에 전파되기 전까지 반공주의로부터 자유주의를 분리시켜 자유민주주의 정치질서를 확립한다는 저항적 자유주의의 모습을 보였다. 이러한 움직임은 박정희 정권기 자유민주주의적 헌정질서 수호와 공명선거를 통한 정권교체로 집약되었다. 즉 쿠데타, 부정선거, 그리고 폭력적 유신 개헌을 통해 제3공화국에서 제4공화국으로 이어진 박정희 정권의 독재에 대해 아래로부터의 민주화 요구는 부정선거의 불법성과 유신헌법의 부당성을 폭로하며 그 대안으로 자유민주주의적 제도화를 내세우며 전개되었다.

저항적 자유주의는 박정희 정부의 '반공 국시(反共 國是)'와도 정면으로 부딪혔다. 박정희 정권은 정치적 반대 세력을 탄압하는 데 반공 국시를 철저하게 활용했고 이에 대응해 민주화 세력은 '반공을 위한 반공'과 '진정한 의미의 반공'을 구별하며 단지 정권 유지와 강화를 위한 반공주의는 비판받아야 마땅하며 자유민주주의를 실현하는 정책적 수단으로서의 반공은 여전히 유효하다는 입장을 취했다(김삼웅 1984, 80-90 참조). 즉 민주화 세력은 정권 안보의 이데올로기로부터 반공을 떼어내어 반공의 목적이 바로 자유민주주의적 질서의 확립이며 나아가 통일의 기반을 조성하는 이념으로서 기능한다는 인식을 지녔다. 따라서 반공의 명분 아래 자유민주주의를 억압하는 독재 정권을 반민주적일 뿐만 아니라 심지어 반민족적이라고 비판했다(문지영 2009, 150). 이런 측면에서 자유주의는 적어도 1970년대까지 반독재 민주화운동의 주된 이념적 기반이었다(조희연 2004; 김동춘 1999; 최장집 1996). 즉 해방 후 한국의 민주화는 이 시기까지 전체적으로 자유민주주의로의 변화를 추구하며 나아가는 과정이었다.

물론 박정희 정권기의 저항적 자유주의가 비단 절차적 민주주의의 확립만을 목표로 했던 것은 아니다. 개발독재의 결과는 정치 영역뿐만 아니라 경제와 사회 전체 영역을 두루 아우르는 것이었고, 특히 불평등한 경제 현실과 재벌 위주의 왜곡된 경제구조를 낳았다. 따라서 저항적 자유주의 세력은 분배 정의, 복지, 균등 발전 등을 민주화의 요구에 담아내었었다(김상웅 편 1984, 81-112 참조). 그리고 이러한 요구들은 전두환 군사독재 아래 분출되어 나온 실질적 민주주의에 대한 각성과 더불어 민중민주주의에 대한 대안 모색으로 진화되어 가기도 했다.

1980년대 전두환 정권의 등장과 더불어 민주화 세력의 저항적 자유주의는 다양한 이념적 분화 현상을 보였다. 즉 반독재 민주화라는 단순한 형식적 민주주의를 넘어 '자유민주주의적 시각의 시민민주주의', '자본주의의 모순을 극복하고자 하는 민중민주주의', 그리고 '미국의 제국주의적 지배에 저항하는 민족주의적 변혁론'으로 분화되어 갔다(김동택 1992, 492). 물론 1980년대 민주화 세력들은 공동의 적인 군사독재에 대한 인식을 공유하고 있었다. 전두환 정권이 국회의 불법적 해산, 민주인사의 대량투옥, 광주 민중항쟁의 무력진압과 국민주권을 유린하는 헌법 제정 등을 통해 불법적으로 등장했으며, 특히 제5공화국의 헌법은 국민의 기본권을 박탈하고 군사독재 정권의 장기집권을 제도적으로 보장하고 있다는 인식을 공유했다. 그리고 최소한 민주적 개헌이 국민적 합의에 기초한 민주화의 길을 얻기 위한 시급한 과제라는 데 일정한 공감대를 형성하고 있었다.

따라서 1987년 6월에 이르는 민주화의 과정에서 '직선제 개헌'은 그 자체로 이념적으로 분화된 민주화운동 세력 모두가 최소한 공감할 수 있는 대안이었다. 즉 직선제 개헌이 국민의 정부 선택권을 회복해 주권재민의 원칙을 관철시키며 나아가 정치, 경제, 사회, 문화 등의 영역에서 국민의 기본권을 확보하는 '자유주의 헌정질서'의 단초가 된다는 점에서 다양한 민주화 세력이 동의할 수 있는 '최소 강령'과 같은 것이었다(문지영 2009, 156-57).

그러나 1980년대 민주화운동에서는 1970년대까지의 반독재 민주화운동의 주된 이념적 기반이었던 자유주의와 일정하게 결별하며 협력과 긴장을 유발하는 중요한 이념적 전환이 목격된다. 즉, 이른바 사회주의 '혁명'운동론이 민주화운동 세력 내에 광범위하게 확산되게 된 것이다. 학생운동과 노동운동 진영에서 쏟아져 나온 '혁명'운동론은 단순히 독재정권을 퇴진시키고 민주적 정통성을 갖춘 민간정부를 수립하는 데 그치지 않고, 파행적으로 발전해온 자본주의가 낳은 한국사회 모순구조 자체의 사회주의적 변화를 추구했다. 따라서 혁명운동론의 관점에서 당시까지 민주화운동을 주도했던 자유주의적 정치노선은 비과학적이며 소시민적 관념에 매몰된 순진한 노선으로 여겨졌다.

자유주의적 정치노선은 한국정치의 근원적 문제를 정권의 반민주성으로 규정했고 따라서 독재 권력이 해체되면 문제는 자동적으로 해결될 것으로 진단했다. 물론 1960년대 이후의 소위 근대화가 초래한 경제발전의 부작용을 의제화하기도 했지만 부차적인 위치에 머물렀을 뿐이었다. 이에 반해 혁명의 관점에서 민주화를 바라본 급진적 운동론은 계급적 관점에서 '노동자'와 '민중'을 주권의 주요 담지자이자 저항의 주체로 제시하고 정치경제적 대안 권력을 사회주의사상으로부터 찾고자 했다.

따라서 제3공화국부터 면면히 이어져온 저항적 자유주의노선과 1980년대 새롭게 등장한 급진적 변혁노선은 1980년대 중반의 민주화 운동 과정에서 때로는 협력하고 때로는 긴장하고 갈등하는 관계를 지닐 수밖에 없었다. 이 글에서 살펴볼 민추협의 정치노선과 활동은 이러한 두 세력 간의 협력과 긴장 관계를 직접적으로 반영하는 것이었다. 이를 다음 절부터 자세히 살펴보자.

II. 결성기 민추협의 정치노선

1980년 군사쿠데타로 집권한 전두환 정부는 1983년 초 일련의 자유화조치를 단행했는데, 역설적이게도 시민사회의 부활과 정치사회의 활성화에 따른 야당의 복원이 촉진되었다. 군사정부의 자유화 조치는 "정치적 위기로부터 상대적 안정을 찾은 정권의 변화, 학생시위 확산으로 인한 강제력 사용의 효력 감소, 그리고 미국 정부의 압력 등이 복합적으로 작용한 결과"였다(최장집 1989, 212). 군사정권의 전략적 입장을 강조하는 해석도 있다. 경제회복과 제도적 통제 기제에 대한 신뢰에 따라 권위주의 정권의 안정에 자신감을 갖게 되었다. 따라서 물리적 탄압에서 이데올로기적 설득과 교화로 전환함으로써 물리적 강제력이 수반하는 비용을 줄이고 다가올 1985년 국회의원 총선거에 대비해 정권의 이미지를 개선할 필요가 있었다(임혁백 1994). 요컨대 전두환 정부의 자유화조치는 시민사회의 강경한 반대파를 고립시키고 정치사회 내에서는 야당을 분열시킴으로써 권위주의적 통제를 유지하고자 하는 전략에서 기인된 조치였다.

전두환 정부는 1983년 2월 정부의 안정을 과시하고 야당의 주장을 수용하는 조치로 정치활동 규제자 중 250명에 대한 제1차 해금을 실시하여 정치활동을 허용했다. 야당의 복원 운동 또한 고개를 들기 시작했다. 5월 18일 정치활동 규제를 받고 가택연금 중에 있던 김영삼 전 신민당 총재의 23일간의 단식은 제도 야당 밖의 정치 세력을 결집시키는 계기를 마련했다. 〈자료 1〉에 제시된 "나의 투쟁은 끝나지 않았다"는 편지와 함께 단식을 시작한 김영삼은 구체적으로 ① 구속된 정치범의 석방, ② 정치활동규제법 폐지, ③ 정치적인 이유로 제적·해직된 학생, 교수 및 해직근로자의 복직과 공민권 제약자의 복권, ④ 언론자유의 회복, ⑤ 직선제 개헌과 반민주악법 개폐를 주장했다(김영삼 1987a, 18-30 참조). 김영삼의 단식은 자유화조치를 통해 정치적으로 해금되었거나 아직 해금되지 못한 정치인들을 결집시켰고, 나아가 재야의 민주화운동 세력과 함께 민주화운동을 위한 연합전선을 형성하는 계기로 작용했다.[1)]

1) 실제 김영삼은 그의 단식의 정치적 의의를 "나의 단식은 1980년대 한국정치사에서 하나의 전환점이 되었다. 단식이 있었기에 그 뒤 나의 조직 활동도 가능해졌다. 민추협과 신민당을 조직해가는 과정이 잘 풀릴 수 있었던 것이 이 단식 덕분이었다. 단식은 나에게 용기를, 다른 야권인사들에게는 각성을 주었던 것이다"라고 평가했다(김영삼 1987b,

김영삼의 단식 중에 전직 국회의원 33명을 포함한 정치인들이 모여 시국선언문을 발표하고 민주화운동을 위한 범국민적 연합전선 구축을 결의하여 '민주국민협의회'를 결성했다. 이 자리에는 이민우 등 김영삼 지지자들과 김상현 등 김대중 지지자들이 다 같이 참여했다. 이는 김영삼의 상도동계와 김대중의 동교동계가 민주화운동을 위한 협력을 모색하는 계기를 만들었다. 재야 세력은 이 두 계보의 결속에 상당한 공헌이 있었다. 1980년 초 민주주의와 민족통일을 위한 국민연합을 조직해 활동해오던 재야의 함석헌, 문익환, 이문영, 홍남순, 예춘호는 민주선언과 제2국민선언을 발표하고 김영삼의 단식에 동참했고, 재야와 정치인들이 결속하여 반독재 투쟁에 적극 참여해줄 것을 요청했다. 그리고 이 원칙에 따라 재야 민주 세력은 양김계 정치인들과의 단합을 서두르게 되었고 그 결과 민추협의 모태가 형성되게 되었다.[2]

김영삼의 단식은 미국에 망명 중이던 김대중에게 정치적 공간을 열어주었다. 단식 7일차인 5월 24일 김대중은 김영삼의 단식투쟁을 지지하고 연대의사를 표명하는 성명서를 발표했다. 이어 6월 9일자 『뉴욕 타임스(*New York Times*)』에 실린 "김영삼의 단식투쟁(Kim's Hunger Strike)"이라는 제하의 칼럼에서 김대중은 "지금은 미국 정부가 한국 내의 자유의 중요성을 재확인해야 할 시기다. 민주 정부와 민주적 제도를 회복하지 않으면 한국은 안정될 수 없다. 김영삼 씨의 단식과 그에 따른 충격은 미국 정부가 정책을 재고해야 한다는 심각한 도전장을 던지고 있는 것이다"며 한편으로 김영삼의 단식을 지지하면서 다른 한편으로 미국 내 여론을 민주화에 우호적인 방향으로 돌리려 애를 썼다(김대중 2010, 462-462에서 재인용).

그 결과 8월 15일 해방 38주년을 맞으며 양김은 "민주화 투쟁은 민족의 독립과 해방을 위한 투쟁이다"는 성명서를 발표했는데, 그 주요 내용은 다음

---

128).

2) 이에 관해 예춘호는 "1983년 전반기 재야 측의 양김씨계 정치인들이 단합하여 민주화 투쟁에 주력해야 한다는 강력한 요청이 직접적인 계기가 된 것에는 이견이 없습니다" 라고 증언했다(민추협 1988, 109).

과 같다(〈자료 2〉 참조).[3]

> 민주 정부를 수립함으로써만이 농민과 근로자가 소외되고 억압받지 않는 나라의 경제를 이룩할 수 있습니다. 가진 사람과 없는 사람의 위화감과 분열을 없게 할 수 있습니다. 민주체제 아래서 만이 학생들과 노동자와 농민이 인격적 주체로서 자신의 권익을 주장하고 발향할 수 있습니다. …중략…
>
> 민주화로써만이 이 사회에, 지역에 내재하는 모든 불균형과 그릇된 감정을 씻어 낼 수 있습니다. 오직 민주화로써만 화해의 정치를 이룩할 수 있고 사랑의 사회를 건설할 수 있습니다. 민주화로써만 교육의 비인간화가 시정되고 야만적 고문이 영원히 청산될 것입니다. 민주화를 통해서만 자유·정의·진리·양심을 지키는 모든 사람들의 고통이 치유될 수 있으며, 삼켜졌던 말을 되찾아 인간답게 말하고 살 수 있습니다.

양김의 이른바 "8·15 선언"의 내용은 한마디로 전두환 군사정부의 통치가 낳은 경제적 소외, 학원 탄압, 지역 불균형, 국민의 기본권 등은 오로지 민주정부 수립을 통한 민주화로써만이 가능하다는 것으로 권위주의에 저항한 자유주의 이념의 전형을 보여주고 있다.

김영삼과 김대중의 공동선언은 양김의 영향력 아래 있는 정치인들과 재야 민주화운동 인사들의 결속을 촉진했다. 당초 '민주국민협의회'를 확대하여 종교계 인사와 재야 민주화운동단체 인사를 광범하게 포함시키는 '국민연합'의 구성이 제시되기도 했으나 결국은 순수한 재야 인사를 배제한 채 정치인들만으로 구성하기로 결정해서 김대중의 동교동계와 김영삼의 상도동계 인사가 반반씩 균형 있게 참여하는 것으로 결론 내렸다.[4] 그리고 다음의 총 7개항의 원칙에 따라 조직을 준비해갔다(민추협 1988, 111).

---

3) 민추협 결성기까지 생산된 많은 자료들이 수기(手記)로 작성되어 배포된 것은 양김 주변이나 민추협 관계자들에 대한 사찰로 인해 인쇄는 물론 타자로도 제작할 수가 없어 필적이 노출되지 않은 인사들을 동원하여 육필로 제작할 수밖에 없었던 엄혹한 시대를 증거해주기도 한다.

4) 당시 동교동계 내부에 상도동과의 연합에 반대하던 박영록 그룹은 민추협에 불참했으며 김상현 그룹만이 참여했다(이영석 1990, 184).

1. 민추협은 양김씨계 정치인들의 민주화를 위한 공동투쟁을 목적으로 하는 연합체이다.
2. 이것은 단일 조직이 아니고 양김씨계 정치인의 이원적 협의기구이다.
3. 모든 행동은 양측이 충분한 협의로 결정된 사항에 한한다.
4. 김대중 씨는 이 협의회 고문이며 고문은 1인에 한한다.
5. 의장은 공동의장 2인이며 김영삼계는 김영삼 씨가 의장이고 김대중계는 합의에 따라 선출된 공동의장 권한대행이 담당한다.
6. 이 협의회는 민주화추진협의회라 칭한다.
7. 회칙은 불문율로 하고 회칙에 준하는 모든 것은 수시 양측 협의로 결정한다.

1984년 5월 18일 김영삼, 이민우, 김상현, 예춘호 등 100여 명은 외교구락부에서 민주화추진협의회를 결성할 것을 발표했으며, 이어 6월 14일 공동의장에 김영삼을 임명했고 김상현을 공동의장대행에 임명했으며, 미국에 있던 김대중을 고문으로 추대했다. 아울러 사무처 기구로 총무, 조직, 홍보, 훈련, 노동, 농어민, 청년, 부녀부 등을 두고, 헌법, 통일안보, 인권옹호 등 5개 특별위원회 설치와 함께 대변인도 두어 정당과 같은 조직형태를 구성했다. 다시 말해 민추협은 미국에 망명해 있던 김대중이 귀국할 수 없는 상황에서 김영삼과 김대중의 대리인격인 김상현이 지도부를 맡으며 동교동계와 상도동계를 하나의 정치적 결사체로 묶은 최초의 정치적 시도였다. 민추협의 정치노선은 1984년 5월 18일 결성선언문격인 "민주화 투쟁 선언"에 잘 나타나 있는데, 그 전문은 〈자료 3〉에 제시되어 있다.

선언문은 "소수의 부패한 특권층만을 위해서 절대 다수 국민들을 핍박하고 수탈해 오고 있는" 전두환 정부에 대항해 "국민의 긍지와 자존심을 회복시키고" "국민이 자신의 정부를 선택할 수 있고 시민의 참여가 보장되는 민주정부의 수립을 위하여" 민주화 투쟁을 결의하고 있다. 구체적인 행동 강령을 요약하면, ① 군인의 정치개입 반대, ② 직선제 정부 형태 및 관련 제도 개혁, ③ 국민의 참정권 보장을 위한 선거제도 및 반민주적 법령 개혁, ④ 학생과 청년운동과의 연대, ⑤ 노동자, 농민, 도시 소시민의 기본적 인권과 생존권 보장, ⑥ 정치 피규제자 전원 해금과 복권, ⑦ 비폭력 저항의 평화적 노선, ⑧ 다양한 집단 및 개인과의 연대를 골자로 하고 있다. 즉 민추협의 민주화 전망에는 단지 자유주의적 헌정질서뿐만 아니라 다분히 분배의 정의와 복지사회 등의 실질적인 민주주의의 내용이 포함되어 있다. 이는 민추협이 정치 피규제자 신분에 놓여 있던 양김씨와 함께 정당정치로의 복귀를 준비하는 역할뿐만 아니라 재야와 학생, 노동운동을 연결하는 연대체의 역할을 수행해야 했기에 재야와 학생 그리고 노동운동권에서 요구하는 민중생존권에 대한 요구를 담아낼 필요가 있었기 때문이었다.

이후 민추협은 체제 내 개혁이라는 자유주의적 입장을 천명했지만 합법적 활동이 보장되지 않았기 때문에 각종 성명서 발표, 기자회견 및 연대 및 조사활동, 민주화 변론활동 등을 통해 민주화운동을 본격적으로 전개했고 실질적인 재야 정치 세력의 구심적 역할을 수행해 나갔다.

1984년 말부터 민추협은 김대중과 김영삼의 실질적인 정계복귀를 준비하는 신민당의 창당과정에서 조직을 정비해갔다. 당시 1985년 2월의 12대 총선을 앞두고 야권 내에서는 신당 건설을 둘러싼 각종 정파 간의 연합이 모색되고 있었다. 이철승 등 구 신민당 '최고위원연합 측'[5]은 신당이 선명한 야당으로 신망을 얻기 위해서는 김영삼, 김대중 두 사람의 지원이 필요했고 따라서 민추협 측의 참여를 기대했다.

그러나 정작 민추협 내에서는 신당에 대한 지원과 참여 문제를 둘러싸고 갈등이 빚어지고 있었다. 신당창당과 총선참여를 반대하는 거부론의 입장은 선거자체가 공명성과 완전 경쟁이 보장되지 않는 요식적 행사에 불과하기에 선거에 참여하는 것은 권위주의정권의 정당성을 인정하는 효과를 지닐 수밖에 없으며, 또 선거에 패배했을 경우 민주화 세력의 약세로 오인될 우려가 있다는 주장을 제기했다. 이에 반해 참여론의 입장은 선언적 의미밖에 없는

---

5) 정치활동규제에서 해금된 인사들 중 구 신민당의 이철승 지도체제하에서 온건한 '생존' 노선을 따르던 중진급 정치인들을 중심으로 새로운 정당 창당이 추진되었다. 이들은 '구 신민당 온건파' 또는 '구 신민당 최고위원연합'으로 불렸다. 이 그룹에는 구 신민당 최고위원 6인 중 민주한국당의 총재인 유치송, 정계은퇴를 선언한 고흥문을 제외한 이충환, 김재광, 이철승, 신도환 4인이 가담하고 있었다.

소극적 거부보다는 총선에 참여하여 민주화 투쟁을 하는 적극적 대응을 전개할 필요가 있다고 보았다. 즉 선거를 정치적 공간의 확장기회로 이용해서 권위주의정권의 부당성과 부패상을 폭로하고, 새로운 정당을 만들어 제도 내에 '민주화 세력의 교두보'를 확보해야 한다는 것이었다(이경재 1985, 142).

구체적으로 1984년 12월 7일 소집된 민추협 전체운영위원회에서 장경순, 한영애 등은 신당 참여는 독재정권을 인정하는 결과가 되므로 반대한다는 의사를 분명히 했다. 즉 제5공화국에 정통성을 부여하는 정부 여당의 요식행사에 참여하는 것 자체가 체제를 인정하는 것이 되고 현행 선거제도 아래에서는 원칙적이고 교묘한 부정선거가 자행될 것이므로 만약 선거에서 참패할 경우 민주화 세력은 큰 타격을 받을 우려가 있다는 것이었다.

그러나 다수의 운영위원들은 당시 제1야당이었던 민한당이 국민의 민주화 의지를 대변하지 못하고 있으므로 자유와 인권을 대변하는 민주화의 대변 세력을 만들어야 하며 또 군사독재의 종식을 위해 선거투쟁을 전개해야 한다고 주장했다(민추협 1988, 122). 특히 김영삼과 김상현 등은 "만일 민추협이 총선을 거부하더라도 오늘날과 같은 언론 상황 속에서는 효과적인 거부운동은 불가능하며, 다만 선언적 의미밖에 없다고 지적하면서, 오히려 총선에 적극 참여하여 공동연설회, 매스컴 등을 활용하여 정권의 부당성, 부패성을 폭로하고 국민의 민주의식을 일깨워야 한다"고 주장했다(민추협 1988, 154).

결국 운영위는 신당창당에 관하여 공동의장단에 위임하기로 결정했다. 재야운동진영은 일부 보수 야당의 기회주의적 성격을 비판하여 신당에 대한 지지를 거부했지만 대체로 민주화를 위한 합법적 선거투쟁이 불가피하다는 인식을 보였다. 그리하여 12월 9일 민통련의 문익환은 김영삼과 김상현에게 신당 창당의 3가지 원칙을 설명 듣는 자리에서 신당창당을 지원할 수 있다는 입장을 피력했다.

당시 김영삼은 신당 창당과 관련해 세 가지 과제가 해결되어야 한다고 판단하고 있었다. 즉 재야의 민주화운동 세력들이 선거투쟁을 지원하도록 설득하고, 민한당의 일부 인사들을 신당에 참여하도록 포섭하여 민한당을 와해시키며, 민추협이 신당의 주도권을 잡아야할 필요가 있다는 것이었다(김영삼 1992, 227-228). 김대중 또한 신당창당에 긍정적이었지만 김영삼보다는 다소 유보적인 태도를 지니고 있었다. 즉, "정치활동이 가능한 정치인은 본인의사에 따라 개인자격으로 정치에 참여해도 좋겠다"는 인식을 피력하면서도 "다만 민추협은 선명한 반체제 재야단체로 존속해 주어야 한다"는 입장을 지니고 있었다(민추협 1988, 113). 결국 민추협은 12월 12일 개최된 상임운영위원회에서 선명 통합신당 창당의 원칙을 발표했는데 그 내용은 다음과 같다.

① 민주 세력이 중심 되는 정당.
② 선명한 민주투쟁을 전개하는 야당으로 성격을 분명히 하며 당원의 순수한 의지에 의해 운영되는 민주정당.
③ 민추협 등 반독재 민주 세력의 투쟁이 평가되고 그 정신이 계승되며 노동자, 농민, 청년학생, 종교인, 지식인 및 민주·통일운동과의 민주화 투쟁을 위한 연대를 지속, 강화시키며 대변하는 정당.

〈자료 4〉에 제시된 12월 11일 민추협의 기자회견문은 민추협의 민주주의에 대한 인식이 자유주의적 기획에 의거한 선거민주주의를 지향하고 있었음을 잘 알게 한다. 우선 비민주적인 선거제도의 철폐를 요구하고 있다. 제1당이 전국구 의석의 2/3를 우선적으로 배분받는 제도의 개선과 공정한 선거운동을 펼칠 기회, 그리고 언론의 자유 보장 등 자유주의적 헌정질서를 바탕으로 한 대의제민주주의의 회복을 주장하고 있다. 아울러 선거가 전두환 군사정부의 합리화와 집권의 영구화를 도모하는 일환으로 치러질 것임을 분명히 인식하는 가운데서도 군사독재의 영구화를 저지하는 범국민적 민주화운동의 일환으로 '선거투쟁'이 진행될 것임을 선언하고 있다. 또한 민추협은 신당 창당에 전폭적인 지지와 성원을 보내고 총선대책특별위원회를 구성하여 선거투쟁을 진행하지만 신당에 흡수 통합되는 것이 아니라 재야와의 연대기구로 존속할 것임을 선언하고 있다.

그러나 재야와 학생운동 진영 내의 12대 총선에 대한 인식은 민추협과 사뭇 달랐다. 1984년 10월 4일자의 서울대 학생운동 진영에서 발간된 "깃발 제2호"[6]는 12대 총선을 "파쇼(파시즘) 세력이 예속국가 독점자본주의라는 자신의 육적 기반을 유치 확대하기 위한 자기 재생산과정으로 정의"하고 군사정권의 "대내외적 정당성 상실 위기를 회피하면서 자유민주주의적 외피를 씀으로써 정당성을 확보하여 자신의 파쇼적 본질을 은폐하고자" 진행되는 것으로 파악하고 있다(괄호안은 저자 주). 이들은 전두환 정권의 성격을 종속 파시즘으로 정의하며 그 아래서는 자유공명 선거나 평화적 정권교체의 자유민주주의적 신화가 존재할 수 없다고 인식했다. 따라서 이들은 다가올 총선 국면을 전두환 "파쇼 세력"의 본질을 국민대중 앞에서 폭로하여 대중, 민중의 정치의식을 고양하는 계기로 활용해야 한다고 주장했다.

그러나 학생운동 진영이 총선 자체를 거부한 것은 아니었다. 1985년 1월 14일자 민주총선쟁취학생연합의 성명서는 비록 총선을 민중의 정치의식 고양을 위한 선전·선동의 공간으로 활용하려 했지만 구체적 슬로건에서는 민정당 후보들에게 표를 주지 말 것, 선거법 개정과 양김의 전면해금, 그리고 직선제개헌을 주장하는 실용적인 접근을 보이고 있었다.[7] 이러한 인식은 당시 학생운동 및 재야 세력들 내부에서 총선을 선전·선동의 공간으로만 활용할 경우 자칫 야당 및 민추협이 제도권내로 흡수되어 자유주의적 이념을 기반으로 하는 보수연합이 구축될 수 있다는 우려에서 비롯된 것으로 보인다. 결국 12대 총선에서 민추협을 매개로 하는 신민당과 학생 및 재야 민주화운동 세력 간의 연대는 일정한 긴장감을 지닌 채 느슨하게 형성되게 되었다.

6) 저자 미상, "깃발 제2호"(1984).

7) 민정당 군부독재 영속화 음모 저지를 위한 민주총선쟁취 학생연합 "창립선언문"(1985).

III. 개헌운동과 민추협의 정치노선

1985년 12대 총선에서 민추협이 중심이 되어 창당한 신한민주당(이하 신민당)은 29.3%의 득표율로 총 184석의 지역구 의석 중 50석을 획득했고 총 92석의 전국구 의석에서 17석을 받아 명실상부한 제1야당으로 부상했다. 총선에서의 선전은 민추협에 자신감을 불어넣었다. 3월 1일자 김대중·김영삼 공동명의의 3·1절 기념메시지는 민추협이 자유주의적 헌정질서에 입각해 절차적 민주주의의 확대를 요구하며 학생, 노동, 농민운동과 연대를 모색하고 있음을 보여주고 있다.

> 현 정권을 놓고서도 민주주의가 과연 가능할 수 있겠다는 믿음을 갖기 위해서는 민주선거제도로의 전환이 전제되어야 합니다. 민주선거제도로의 개선 없이 국민이 나라의 실질적인 주권자요 주인이 될 수는 없는 것입니다. 이와 아울러 우리는 지방자치제의 조속한 실시를 촉구하는 바입니다. 그것이 민주제도 정착에 대한 현 정권의 의지를 가늠할 수 있는 중요한 척도가 될 것입니다
>
> 또한 단위사회의 주인은 단위사회의 구성원이 되어야 합니다. 학원은 학생들에게 돌려주어야 하며, 노동현장은 노사 간의 자율적인 협의의 광장이 되어야합니다 … (중략) …
>
> 이제 앞으로 우리에게 남은 문제는 모든 분열과 이간공작을 극복하고 우리 국민의 위대한 민주역량을 조직, 확대하여 어떠한 형태의 독재도 이 땅에서 존립할 수 없도록 하는 일입니다. 우리는 앞으로 재야 민주역량과 국민, 학생과 노동자, 농민의 민주적 창의를 하나로 집결하는데 우리의 모든 노력을 경주할 것입니다(민추협 1988, 163).

민추협이 자유주의적 헌정질서를 향한 정치개혁을 기초로 사회운동 세력과 연대를 모색한 데 반해 학생운동을 비롯한 재야 민주화운동 진영의 정치노선은 급진적 성격을 띠어가기 시작했다. 1984년 초까지만 하더라도 학생운동은 학도호국단 폐지와 지도휴학제 폐지, 학회 및 동아리 활동의 자율을 요구하며 학원자율화추진위원회나 학원민주화추진위원회 중심의 운동을 펼

쳤다. 다시 말해 저항적 자유주의의 궤도에서 많이 벗어나 있지 않았다. 그러나 1984년 중반을 거치며 학생운동 진영 내에서 사회민주화와 학원민주화 운동이 병행되어 전개되어야 한다는 입장이 제기되기 시작했다. 그리고 학원자유화뿐만 아니라 민주쟁취, 독재타도, 악법폐지 등의 구호가 등장하기 시작했다. 심지어 1985년 5월경 학생운동 진영내부엔 민중주의적 이념이 등장하기 시작했다. 그리고 노동과 및 도시빈민 운동 세력과의 연대를 위한 민중생활조사위원회, 농촌활동추진위원회 등을 결성하여 활동하기 시작했다. 자연스럽게 노동3권 보장, 민중 생존권 보장, 도시빈민지역 철거반대 등의 구호도 등장했다.

1985년 학생운동과 재야운동 진영의 이념적 급진화는 그들이 제시한 삼민이념에 잘 나타난다. 그들은 한국 민주화운동의 성격을 "반제, 반매판, 반파쇼 민중민주주의"로 규정하며 "민족, 민주, 민중"의 삼민을 대안 이념으로 제시했다.[8] 구체적으로 학생운동 세력은 1985년 4월 17일 고려대에서 전국 62개 대학이 참여한 '전국학생총연합'을 결성하고 삼민이념에 근거한 민중민주주의를 대안의 혁명이념으로 제시했다. 이는 저항적 자유주의에 기초한 민주화와는 괴리가 컸다. 오히려 한국사회는 혁명이 필요하며, 구체적으로 '반제민족주의혁명', '반파쇼민주주의혁명' 그리고 '민중해방혁명'으로 정의되었다. "혁명운동의 적대 세력은 미·일 제국주의 군사파쇼정권 및 대외의존적이며 반민주적인 독점자본 세력이며 주요한 운동주체는 조직화된 근로대중과 학생대중이고 예비(혹은 보조)역량으로는 중간계층과 그에 기반한 재야소시민운동을 상정"했다.[9]

학생운동 이념의 급진화에서 특히 주목할 점은 1970년대 민주화운동의 저항적 자유주의와 달리 민중지향적 이념 외에 반제국주의 이념을 내포하고 있었다는 점이다. 전두환 신군부의 광주민주화운동의 무력진압에 대해 미국이 묵인 혹은 승인했다는 사실은 반미의 문제를 관념적 고려 대상에서 현실

---

8) 저자 미상, "70~80년대 학생운동 노선 정리"(1985).

9) 저자 미상, "80년대 학생운동의 전진을 위한 일모색"(1985).

적 실천과제로 대두시켰다. 그리고 이는 1985년 5월 23일 서울지역 5개 대학 73명의 학생들에 의한 미문화원점거농성에서 현실화되었다. 대학생들은 광주학살의 진상을 규명할 것, 광주학살을 책임지고 전두환은 물러갈 것, 광주학살을 책임지고 미국은 공개 사죄할 것을 요구했다. 이 사건은 학생운동 진영에서 반제국주의 투쟁의 서막을 알리는 투쟁이었고 따라서 민추협의 입장에서는 개입하고 정리하기 곤란한 문제들이 없지 않았다.

5월 24일 학생들은 민추협 및 재야인사들이 참석한 가운데 가진 기자회견에서 학생들의 행동은 "광주의거에 대한 미국의 진상규명과 현 정권에 대한 미국의 지원중단에 있는 것이지 신문에서 보도되는 것처럼 반미는 결코 아님을 밝히면서 과격한 행동을 최대한 자제하겠으니 민추협이 동참해 달라고 요구"했다(민추협 1988, 171). 이에 민추협의 김대중·김영삼 양 공동의장은 긴급회의를 열고 아래의 인용문처럼 비록 학생들의 폭력적 행위에 찬성하지는 않지만 정부로 하여금 광주학살의 진상규명할 것을 요구했고, 정치권이 나서서 학생들이 제기한 문제점을 해결해야 하며, 미국은 더 이상 한국의 군사독재를 지원하지 말아야 한다고 주장했다. 즉 민추협은 대학생들의 투쟁이 일정하게 급진화되고 있음에도 불구하고 현 정부가 정통성이 없음을 널리 알리고 미국을 군사정부로부터 떼어놓고자 하는 전술적인 측면에서 학생운동과 연대하면서도 학생운동이 급진적인 사회주의나 반미로 흐를 수 있음을 경계하고 있었다.

> 첫째, 우리는 정부가 광주의거의 성의 있는 해결과 광주의 영령들이 열망하던 민주화에 대해서 아직까지 충분한 성의를 표시하지 않고 있다고 믿으며… 더구나 정부가 여러분의 행동을 뚜렷한 근거도 없이 용공, 반미로 몰려 하는데 대해서는 우리는 이를 절대로 동의하지 않으며 분노를 느낍니다. 둘째, … 우리는 여러분의 문화원 농성행위 그 자체는 찬성하는 바 아니지만 여러분의 주장한 바 일부는 광주의거에 대한 미국의 책임, 그리고 미국이 한국의 군사독재를 지지해서는 안 된다는 점에 대하여는 많은 국민이 생각을 같이 하고 있다고 우리는 믿는다는 점을 전한 바 있습니다(민추협 1988, 177).

민추협과 학생운동 및 재야운동과의 노선 간의 긴장은 1985년 말부터 본격화된 개헌투쟁에서도 재현되었다. 민추협은 이미 1984년부터 헌법 개정을 위한 준비에 착수했었다. 1984년 5월 18일 창립된 후 두 달이 채 지나지 않은 7월 16일에 민추협은 '민주헌법 연구특별위원회'를 발족하고 위원장에 이민우, 부위원장에 장경순, 그리고 위원에 김명윤, 김창근, 문부식, 조승형, 채영석을 선정했다. 이어 10월 2일에는 '민주헌법 연구특별위원회'를 '헌법 연구특별위원회'로 개명하고 29일 특위위원들을 구성했다. 위원장에는 김명윤, 부위원장에는 장경순과 주승형, 그리고 위원에는 이민우 외 7인을 임영하고 헌법개정안 마련에 착수했다.

개헌운동은 정권투쟁을 배경으로 하는 '민주화 이행 게임'의 핵심이 되었다. 이 민주화 이행 게임에 참여하는 핵심적 행위자들은 크게 권위주의 정권과 민주화운동 세력으로 구분되지만 정권 내부와 반대 세력 내부에 각각 강경파와 온건파가 존재해 네 행위자 간의 경쟁행태를 띠고 있었다(임혁백 1994). 반대 세력은 온건파에 신민당과 민추협이 그리고 강경파에는 학생운동권 및 민통련 등의 재야 세력이 포진해 있었다. 온건파로서 신민당과 민추협은 한편으로 권위주의 정권 측에 대해서는 압력과 타협을 그리고 사회운동 세력에 대해서는 연합과 통제의 전술을 구사했다.

이 가운데 신민당과 민추협 간에는 일정한 역할 분담이 이루어졌다. 우선 제도권 내부의 정당으로서 신민당은 전두환 정권과 엘리트 수준의 협상전략을 구사하는 데 초점을 맞추었고 민추협은 사회운동 세력과의 연대를 추동하는 매개체의 역할을 맡았다.[10] 신민당과 민추협은 2·12 총선 1주년인 1986년 2월 12일을 기해서 대통령 직선제 개헌청원을 위한 '1천만 개헌서명운동'을 전개했다. 우선 신민당은 당 조직을 개헌서명운동체제로 전환하고

---

10) 1986년 봄 김영삼 민추협공동의장의 신민당 입당은 개헌투쟁과 민주화 이행 게임의 새로운 전기가 되었다. 김영삼의 입당은 신민당이 두김씨에 의해 직접적으로 지도되게 되고 신민당과 재야의 반대 세력이 보다 밀접한 연대를 형성하는 것을 의미했다. 즉 원내투쟁과 엘리트 수준의 협상은 당 총재인 이민우가 담당하고, 원외투쟁과 대중동원에 의한 압력은 김영삼이 지도하는 역할분담이 이루어졌다(이계희 1992, 313).

3월부터 개헌추진을 위한 시·도지부 결성 및 현판식을 전국 주요 도시에서 개최했다. 동시에 민추협은 재야 사회운동 세력과의 연대 형성에 주력했는데, 3월 17일 재야운동 세력들과 민주화운동을 협의하고 조정하기 위한 '민주화를 위한 국민연락기구(국민련)'을 결성하는 데 성공했다.

이 당시 민추협의 개헌에 대한 인식은 "천만인 개헌 서명운동 취지문"에 잘 나타나 있는데 우선 현행 헌법에 대한 민추협의 판단은 다음과 같았다.

> 현 헌법은 첫째, 유신헌법과 마찬가지로 사실상 평화적 정권교체가 불가능한 선거인단에 의한 간접선거로 대통령을 뽑게 되어 있으며 둘째, 대통령은 유신헌법과 마찬가지로 삼권 위에 군림하는 독재체제의 헌법구조를 특징으로 하고 있습니다. 셋째, 대통령의 임기가 7년이기 때문에 국민의 신임을 상실했을 경우에도 장기집권이 가능하며 넷째, 대통령 자신은 불신임 받는 제도가 없는데도 오히려 일방적으로 국회를 해산하는 권한을 가지고 있습니다. 다섯째, 유신헌법의 긴급조치를 방불케 하는 비상조치라는 독소조항이 있으며 여섯째, 국정의 책임자들이 모인 국무회의는 심의기관에 불과합니다. 일곱째, 국회의 소집과 국무총리 및 국무위원에 대한 해임의결은 재적의원 1/3 이상의 발의가 있어야 하며 국회 회기는 년 150일로 제한하는 등 국회의 기능을 약화시키고 있으며 여덟째, 국회의 행정부에 대한 국정감사권이 없습니다. 아홉째, 국회의 대통령에 대한 탄핵권을 제한하고 있을 뿐 아니라 대통령의 대법원장 및 판사에 대한 임명은 행정부의 사법부에 대한 지배권을 인정하고 있는 것입니다. 열째, 지방자치제의 순차적 실시로 민주주의의 토착화를 늦추고 있는 등 이와 같은 헌법하에서는 국민 모두가 참된 자유와 인권을 향유할 수 없으며 정치, 경제, 사회, 문화 등 각 분야에서 국민적 합의와 발전을 도모할 수 없는 것입니다(민추협 1988, 822-823).

제5공화국의 헌법이 유신헌법과 마찬가지로 전두환 정권의 장기독재를 가능하게 하는 비민주적인 제도로 구성되어 있음을 지적하고 있다. 나아가 민주적인 헌법 개정의 방향에 대해서는 다음과 같이 주장했다.

> 우리가 선택하고자 하는 헌법은 민주적 제도 확립으로 인간의 존엄성 실현과 자주경제의 확립으로 국민의 생존권을 보호하고 최소한의 인간다운 삶을 보장

> 해 주는 정신하에서 첫째, 대통령은 우리 손으로 직접 뽑고 둘째, 입법, 사법, 행정권의 균형 있고 독립적인 기능을 보장하며 셋째, 언론자유의 확립을 최대한 중시하며 넷째, 국민 기본권을 신장하고 다섯째, 지방자치제의 조속한 전면적 실시를 기하며 여섯째, 자주적인 국민경제와 부의 공정분배를 기하며 일곱째, 노동삼권 보장으로 근로자 권익을 옹호하고 농림의 권익회복과 농촌경제의 재건을 기하며 여덟째, 정부의 통일정책 수행은 국민적 합의에 따라 공개적이며 거국적 참여에 의해서 전개되어야 하고 아홉째, 군은 어떠한 경우에도 정치적 중립을 지킬 수 있도록 하고 열째, 일체의 정치보복을 금지하는 등 이 시대의 국민적 요구를 대변하고 반영하여 진정 국민으로부터 사랑과 존중을 받을 수 있는 민주헌법이 되어야 할 것입니다(민추협 1988, 822-823).

즉 민추협은 대통령 직선제를 필두로 제반 절차적 민주주의적 제도개혁과 더불어 자주적인 국민경제와 부의 공정분배, 노동삼권 보장 등 권위주의 정권 반대 세력 내 강경파가 주장하는 실질적 민주주의를 일정하게 받아들이고 있었다.

그러나 급진적 이념으로 전환하고 있던 사회운동진영은 1985년 말부터 1986년 상반기까지 신민당과 민추협이 주도하는 개헌서명운동과 호흡을 같이했으나 보다 민중지향적인 내용을 담고 있었다. 민중불교운동연합 등 6개 사회운동단체는 1985년 12월 6일에 발표한 성명서에서 "민중의 요구를 원천적으로 봉쇄한 현 군사독재헌법에 대한 호헌론이나, 민중이 배제되고 민중의 진정한 이해관계가 뒷전에 밀린 직선제 개헌론 모두를 단호히 거부하지 않을 수 없다"며 "민주헌법 쟁취를 위한 우리의 투쟁은 노동자, 농민, 도시빈민 등 민중생존권의 쟁취와 민족의 자주권 수호투쟁을 중요한 내용으로 포괄하게 될 것이다"라고 주장했다.[11] 1985년 말에 발행된 저자 미상의 한 문건은 개헌운동에 대한 급진적 사회운동 세력의 인식과 정치노선을 잘 보여주고 있다.

---

11) 민중불교운동연합 외, "군사독재헌법 철폐하고 민주헌법 쟁취하자"(1985).

> 우리운동은 반외세 반군사독재 민족, 민주, 민중운동의 성격을 가지며, 외세의 배제와 호혜평등한 관계의 정립, 민족자립경제, 민족통일의 실현, 군사독재체제의 타파와 민주적 제권리 및 기본권의 확보를 내용으로 하는 진정한 민주주의의 확립, 그리고 민주생활의 획기적 향상과 정치사회적 지위의 향상 등 정치, 경제, 사회, 문화 등 사회의 전반적인 근본적 구조적 개혁과 그를 위한 구체적 목적이자 수단인 진정한 민주적 원칙에 입각한 민족, 민주, 민중 연합정권의 형성을 지향한다.[12]

즉 당시 급진적 사회운동진영은 단순한 대통령 직선제를 넘어 삼민이념을 바탕으로 삼민연합정권의 수립을 목표로 하고 있었음을 알 수 있다. 그리고 이와 같은 내용을 포괄하는 헌법을 '삼민헌법'이라 지칭했다. 아울러 이들은 "보수 야당정치 세력에 비해 약세에 있는 민주화운동의 독자적인 정치력과 대중적 정통성"을 재고시키기 위해 군사독재정권에 대한 정치적 공세를 강화해야 할 필요성이 있는데, "이에 기초해서만 보수정치 세력에 대한 영향력을 증대시킬 수 있으며 운동발전에 유익한 방향에서 제휴 여부를 결정할 수 있다"고 언급하면서 신민당 및 민추협과의 관계를 전술적 제휴의 수준으로 판단하고 있었다.[13] 그리고 이렇게 "보수정치 세력과도 공동투위 내지는 공동프로그램의 진행에 의해 제휴"하는 이유는 바로 "보수정치 세력의 분열과 타협 가능성에 쐐기를 박기 위한 것"이라고 해 한편으로 신민당 및 민추협이 체제내화해서 군사독재 세력과 보수대연합을 형성하는 것을 경계하면서 다른 한편으로 급진적 민주화운동 세력의 독자적인 정치 세력화를 모색했기 때문이다.[14]

1986년에 접어들면서 사회운동은 더욱 급진화의 길을 걷게 된다. 1985년 5월 미문화원점거농성과 6월 구로동맹 파업을 계기로 사회운동진영은 혁명적 정치투쟁의 기본원칙에 의거해야 한다는 결론을 내리고 정치노선을 "민

---

12) 저자 미상, "80년대 후반 민주화운동의 과제"(1985), 6쪽.

13) 위의 글, 9쪽.

14) 위의 글, 27쪽.

족민주혁명론"으로 정리했다. 이 논리에 의하면 한국사회의 정치권력의 성격은 "미국에 완전히 종속"된 "독점자본과 유착된 퐛쇼(파시즘) 권력"이며 따라서 "피지배계급인 노동자, 농민, 빈민 등의 기층민중은 퐛쇼 세력 등의 지배계급과 적대적 모순관계"에 있을 수밖에 없다고 보았다(괄호안은 역자주). 따라서 이를 해결하기 위해서는 "조직적이고 연대적인 반제 반퐛쇼투쟁을 통하여 한국의 혁명운동이 전개되어야"하고 "기층 민중이 혁명의 주체"이고 "노동자계급이 주도역량"이 되며 "학생과 진보적 인텔리층이 선도역량"이 되어 "범국민적 반제 반퐛쇼 민주통일전선을 구축해야" 한다고 주장했다.[15] 그리고 개헌운동에 대해서도 "정권의 비정통성을 폭로하고 주권의 소재를 분명히 했으며 탄압의 공포분위기를 선도적으로 돌파하여 대중들의 정치의식을 고양시키는 성과"를 거두었지만 "투쟁의 성과를 타협적인 야당 정치인들에게 넘겨주는 결과를 낳을 뿐"이라고 평가하고 "임금투쟁과 개헌투쟁을 통하여 가열된 대중적 열기를 반외세 민족자주화와 반군사독재 민주화라는 더욱 높은 과제를 향한 민족·민주운동의 일치된 전열로 모아나가는 것이 86년 운동의 중요한 관건"이라고 주장했다.[16]

이러한 학생운동 및 사회운동의 급진화는 신민당, 민추협 및 사회운동진영의 연합체인 국민련 내 논란을 불러일으켰다. 4월 28일 대학생들의 연세대 폭력시위가 있은 후 김대중은 4월 30일 학생운동이 비폭력 온건노선을 견지해야 민주화운동에 성공할 수 있다고 다음과 같이 우려를 표명했다.

> 우리는 학생들의 민주회복운동을 지지해 왔습니다. 정부가 전학련과 삼민투를 용공으로 몰려고 했지만 우리는 단호히 이를 반대했습니다. 민족, 민주, 민중 등 삼민(三民)이 무엇이 나쁘냐. 우리는 그것을 지지했습니다. … 그러나 상당히 과격한 학생들의 태도가 빈번히 신문지상에 대서특보됨에 이르러 마침내 이 나라의 정치에 책임의 일익을 담당한 우리로서는 침묵만 지킬 수 없게 되었습니다. … 일부 학생들은 신민당조차 부인하고 있습니다. 신민당도 미제에

15) PD그룹민민투계열, "최근 학생운동 내부의 논쟁 개관"(1986).
16) 민주화청년운동연합, "민족·민주운동의 깃발을 높이 들자!"(1986).

> 아부해서 정권에 참여하려는 기회주의 분자로 비난하고 있습니다. 우리는 신민당의 길이 정당하다고 생각합니다. … 신민당은 대통령중심제를 공약으로 내세워 선거에서 승리했습니다. 전당대회에서 그것을 또 확인했습니다. 그리고 지금도 "직선제 등 민주개헌을 위한 천만인 서명운동"을 하고 있으며 이 개헌을 위한 도지부조직의 현판식을 하고 있습니다. … 국민은 우리의 길을 지지하고 있습니다. 비폭력 온건노선을 걸어야만 합니다. 폭력을 쓰면 국민이 떠납니다. … 비폭력은 승리를 위한 전략·전술입니다. 우리 국민은 민주 우방과의 관계를 기대하고 있습니다. 사회정의를 바라지만 자유경제를 지지하고 있습니다(김대중 1986).

이에 5월 1일 민통련은 국민련과 김대중의 성명이 민통련의 공식적 입장을 왜곡했다고 반발하고 국민련을 탈퇴했다. 5월 3일의 이른바 '5·3 인천사태'는 신민당 및 민추협과 사회운동 세력 간의 연합의 결렬에 결정적 계기가 되었다. 5월 3일 '전국반제반파쇼민족민주학생연맹' 등의 명의로 배포된 성명서에 사회운동진영은 신민당이 전두환 군사정권과 "극우보수연합을 구축, 민중의 민주화 열기를 기만, 개량"시키려 하고 있다며 신민당과 민추협의 개헌추진의 비폭력 온건노선을 비판하면서 "전두환 군사파쇼와의 타협을 통해 몇푼 안되는 권력의 떡고물이나 얻어먹으려는 작태"이며 신민당으로 하여금 "미 제국주의의 앞잡이 군부파쇼 정권 타도의 대열에 동참"할 것을 주장했다.

이러한 일련의 사건은 신민당과 민추협으로 하여금 재야 사회운동 세력에 대한 통제능력에 한계를 체감하게 했고 대중동원 전략과 엘리트수준의 타협이라는 전략을 재조정해야 하는 입장에 놓이게 만들었다. 결국 민추협과 신민당은 개헌운동을 원내투쟁으로 돌려 엘리트수준의 협상전략에 보다 많은 무게를 둘 것을 결정했다. 그리고 5월 27일 김영삼과 김대중은 신민당이 국회 내에서 개헌협상에 응할 것을 합의했다. 그 결과 6월 24일 국회는 헌법개정특별위원회를 구성했으며 7월 30일 민정당 23명, 신민당 17명, 국민당 4명, 무소속 1명 등 45명의 국회의원으로 구성된 헌법개정특별위원회를 발족시켜 본격적인 개헌협상에 들어갔다. 그러나 사회운동 세력들은 이러한 헌법특위를 기만적이라고 반대하면서 그 대안으로 '헌법제정회의'를 설치할 것을 제안했다.

IV. 6월 항쟁과 민추협의 정치노선

국회 내 헌법개정특위의 활동은 순탄치 않았다. 집권당인 민정당이 내각책임제 개헌안을 제시했고 신민당과 국민당은 대통령 직선제 개헌을 내세워 타협이 이루어지지 않았기 때문이다. 그리하여 9월 29일 김대중·김영삼 민추협 공동의장과 이민우 신민당 총재는 "직선제에 대한 합의만이 오늘의 난국을 타개할 수 있는 유일한 길이라고 확신하기 때문에 이 문제의 해결을 위한 실세대화 개최를 강력히 촉구하면서 이 문제가 해결될 때까지 헌특활동을 중단하기로 합의했다"고 발표했다(민추협 1988, 853). 이후 신민당과 민추협은 10월 2일 재야의 함석헌, 박형규, 조남기, 계훈제, 송건호 등을 만나 개헌운동의 협조방안을 모색하며 현 정권의 수상중심제 등 영구집권 음모를 국민과 더불어 분쇄하기 위하여 앞으로 원내외를 통한 최대의 투쟁을 전개할 것이다"고 선언했다(민추협 1988, 853-854).

민추협의 정치 전략이 엘리트수준 협상전략에서 사회운동 세력과의 제휴를 통한 대중동원 전략으로 전환되는 순간이었다. 구체적으로 11월 24일 김대중·김영삼 공동의장, 신민당, 김승훈 신부, 김지길, 박형규 목사, 벽우스님, 계훈제 민통련 권한대행, 송건호 민주언론운동협의회 의장, 이우정 교수, 서경원 가톨릭 농민회 회장, 이호철 자유실천문인협의회 회장 등 40여 명은 신민당과 재야민주운동단체 간의 민주화운동에 대한 입장과 방법의 차이를 극복하고 '영구집권음모분쇄와 직선제개헌'에 대동단결할 것을 결의했다. 그리고 민추협, 신민당, 재야운동단체는 민주화운동의 목표를 '영구집권음모 분쇄와 직선제 개헌'으로 단일화하기로 결의하고 11월 29일 신민당 서울대회를 적극 지지하고 협력할 것을 선언했다.

물론 개헌운동을 둘러싸고 신민당이나 사회운동진영 내에 노선갈등이 없었던 것은 아니었다. 우선 신민당은 민정당의 내각책임제 개헌안과 타협하느냐 아니면 대통령 직선제 개헌안에 대한 양보를 얻어내기 위해 완고한 반대를 계속할 것인가 하는 문제에 대해 전략적인 선택에 직면했다. 5월로 예정되어 있던 전당대회를 앞둔 당권경쟁도 노선갈등을 심각한 내분 상황으로 치닫게 했다.

당 총재인 이민우는 선민주화론을 내세워 독자노선을 모색하면서 당권을 유지하고자 했다. 1986년 12월 24일 발표된 이른바 '이민우 구상'은 전두환 정권이 민주화 조치를 취할 경우 내각제 개헌을 수용할 수 있다는 것이었다. 구체적으로 ① 지방자치제 실시, ② 언론 및 집회 결사의 자유 등 기본권 보장, ③ 공무원의 정치적 중립, ④ 2개 이상의 건전한 정당제도 확립, ⑤ 공정한 국회의원선거법 개정, ⑥ 용공분자를 제외한 구속자 석방, ⑦ 사면복권 등의 7개항을 요구했다. 7개항은 그동안 민추협이 요구해온 절차적 민주주의의 내용과 큰 차이가 없었다. 그러나 이민우가 이를 내각제 개헌과 맞바꾸려 한 것은 다가올 5월 전당대회에서 민추계를 중심으로 김영삼을 총대로 추대할 움직임에 대항한 권력투쟁의 성격이 짙었다.[17] 물론 양김씨와 그들의 지도노선을 따르는 민추계의 인사들은 이민우 구상을 무효화하고 대통령 직선제 개헌을 강력하게 추진해 나가야 한다는 입장이었다. 따라서 신민당 내 이민우, 김영삼, 김대중의 3인협의체제는 불안정해질 수밖에 없었고 결국 분당사태로 치닫게 되었다.

사회운동진영 내부 또한 정치노선상의 분화가 발생했다. 1987년에 접어들면서 사회운동진영은 운동정치와 선거정치를 연계시키는 문제로 노선논쟁을 벌여 '제헌의회파'와 '민족해방파'로 분열되었다. 우선 제헌의회파는 1987년의 정치노선을 제헌의회소집과 임시혁명정부수립으로 설정했다. 그

17) 당시 민정당이 내각제를 받아들일 경우 상징적인 자리인 대통령으로 옹립하겠다고 이민우를 회유했기 때문에 '이민우 구상'이 나왔다는 주장도 있다(김영배 1995, 114).

들이 발행한 문건인 "혁명의 기수를 제헌의회 소집으로"에서 제헌의회파는 "현재의 상황은 혁명을 예고한다"고 전제하고 "프롤레타리아의 당면 정치투쟁의 전술적 슬로건"으로 제헌의회 소집을 내세우고 "제헌의회 소집 투쟁, 무장봉기의 조직화로서 임시혁명정부의 수립과 민중독재의 확립—제헌의회 소집을 통한 민주주의 민중공화국 수립이 될 것이다"고 주장했다. 즉, 1987년의 개헌과 대통령 선거를 보이콧하는 전술을 선택했다.[18]

제헌의회파가 대통령 선거를 보이콧하는 입장을 취했던 것에 반해 당시 학생운동 및 사회운동 세력의 다수파의 지위에 있던 민족해방파는 선거를 통한 민선정부 수립과 군부독재 종식이라는 온건한 선거참여 노선을 취했다.

> 직선제는 민(족)민(주)운동의 좌경적 오류와 신민당이 이미지를 흐려놓아 86년 상반기보다는 민중의 적극적 행동의지와 군(부)독(재)타도의 의식을 대변하기에는 많이 희석화된 것이 사실이나 아직 많은 부분 반전두환 의식을 대변하고 있다 할 수 있습니다. 파쇼 세력이 내(각)책(임제)을 강요할 경우나 선택적 국민투표가 실시될 경우 직(선)제는 과거와 같은 혁명적 슬로건이 될 수도 있을 것입니다. 그리고 보족적이나마 학(생)운(동)의 정치적 입장은 직(선)제 지지로 명확히 천명할 필요가 있습니다.[19]

그리하여 민족해방파가 다수인 전국대학생대표자협의회 및 민통련 등의 재야 세력은 직선제개헌 투쟁으로 전술적 기조를 마련했고 슬로건도 '호헌철폐 독재타도'와 '직선제로 독재타도'를 채택했다. 이러한 사회운동 세력의 전술적 온건화는 신민당과 민추협과의 연대를 복구하기 용이한 정치적 환경을 조성했다.

신민당 내부의 내분과 사회운동 세력의 온건 전술로의 전환은 자연스럽게 민추협을 사회운동 세력과의 연대를 통한 개헌운동으로 무게중심을 옮기게 만들었다. 1987년 1월 박종철 고문치사 사건이 공개되면서 민추협과 재

---

18) 저자 미상, "혁명운동의 기수를 제헌의회 소집으로"(1986).

19) 저자 미상, "민민운동의 정치적 과제 및 학운의 임무"(1987).

야의 연대는 더욱 강해졌다. 민추협과 사회운동진영은 경찰에 의한 서울대생 박종철 군 고문치사 사건이 공개되면서 군사정권에 대한 국민적 분노를 개헌정국의 주도권을 장악하는 계기로 삼으려 했다. 〈자료 5〉에 제시되어 있듯이 김대중과 김영삼 민추협 공동의장은 2월 13일에 신민당과 재야 세력의 연대에 의한 '범국민적 민주전선'의 형성을 강조하고 군사정권에 대해 내각책임제 개헌안과 대통령 직선제 개헌안에 대해 '선택적 국민투표'를 실시할 것을 제의했다. 그러나 전두환 대통령은 이들의 주장을 받아들이지 않았고 급기야 4월 13일 기존 제5공화국의 헌법을 유지하겠다는 이른바 '4·13 호헌 조치'를 발표하기에 이르렀다. 이러한 전두환 정권의 호헌론은 개헌운동을 위한 광범위한 사회적 연대를 촉진했다.

5월 27일에는 민추협, 신민당에서 분당해 나온 통일민주당과 민통련 및 종교계 지도자 80여 명은 '민주헌법쟁취 범국민운동본부(국민운동본부)'를 발족시켰다. 국민운동본부는 〈자료 6〉에 제시된 선언문에서 "개헌은 단순히 헌법상의 조문개정을 뛰어넘어 유신이래 빼앗겨온 정치·경제·사회·문화 등 모든 생활영역에서 기본권리를 확보하기 위함이며, 이를 위해 무엇보다도 정부선택권을 되찾음으로써 실로 안으로 국민다수의 의사를 실행하고 밖으로 민족의 이익을 수호할 수 있는 정통성 있는 민주정부의 수립을 가능케 함을 의미"한다고 주장했다. 아울러 결의문에서 모든 민주헌법쟁취, 악법의 민주적 개정과 무효화, 민주인사의 석방 및 복권, 자유언론 쟁취, 공무원과 군의 정치적 중립을 위한 범국민운동을 전개할 것을 천명했다. 이러한 국민운동본부는 민추협, 야당, 그리고 재야운동 세력이 그야말로 '최대승리연합' 노선에 입각해 '직선제 개헌'이라는 최소강령에 합의하여 형성된 연합전선이었다.

이후 국민운동본부는 직선제개헌을 위한 전국적인 서명운동을 시작했고 6월 민주항쟁을 실질적으로 이끌었다. 6월 9일 연세대학교 시위 도중 학생 한 명이 최루탄을 맞고 중태에 빠져 7월 5일에 끝내 사망한 '이한열 사건'은 이러한 민주항쟁에 촉매제가 되었다. 6월 10일 전국 22개 주요 도시에서 약 24만 명(국민운동본부 집계)이 집결한 가운데 개최된 국민운동본부 주최의 '박종철고문살인 은폐·조작 규탄 및 민주헌법쟁취를 위한 범국민대회'는 6월 18일 '최루탄 추방 대회'에서 1백만 군중으로 늘어났고, 급기야 6월 26일 '민주헌법쟁취 국민평화대행진'에는 전국 34개 도시와 4개 군·읍에서 약 130만 명이 참가한 대규모 집회로 번져나가 6월 민주항쟁 중 최대 규모의 시위상황을 연출했다.

상황전개에 위기감을 느낀 전두환 정권과 민정당은 결국 6월 민주항쟁에 굴복하고 대통령 직선제를 받아들일 수밖에 없었다. 6월 29일 노태우 민정당 대표위원은 대통령 직선제 개헌요구 수용을 포함한 8개항의 민주화 조치를 담은 이른바 '6·29 선언'을 발표했다. '선언'은 대통령 직선제 외에 대통령선거법의 공정한 개정, 김대중의 사면·복권 및 시국관련 사범의 대폭석방, 새 헌법의 국민기본권 강화, 언론의 자율성 보장, 지방자치 및 교육자치의 실현, 정당의 건전한 활동 보장, 그리고 사회정화 조치 강구 등을 담고 있었다. 즉 민추협과 국민운동본부가 요구한 자유주의적 정치질서의 주요 내용을 담고 있었다. 이렇듯 국민운동본부는 대통령 직선제를 수용한다는 노태우 선언이 나올 때까지 개헌운동의 연대기구로서 중산층의 참여 등 광범위한 시민사회의 호응을 얻었고 전국적인 시위에서 대중동원에 성공할 수 있었다.

V. 민추협의 정치노선에 대한 평가

6월 민주항쟁을 통한 대통령 직선제 개헌은 민추협이 줄곧 주창해온 저항적 자유주의의 결실이라고 해도 과언은 아니었다. 1984년 5월 18일 결성 선언문에서 민추협은 대통령 직선제 개헌을 비롯해 선거제도 및 제반 반민주 법령의 개혁을 요구했었다. 그리고 그러한 요구는 학생운동과 재야사회운동 세력 내부의 온건파의 이해와도 최소한의 맥락을 공유한 것이었다. 그러나 민추협, 야당, 그리고 사회운동 세력이 주도한 6월 항쟁과 '6·29 선언'에 따른 절차적 민주화가 자유주의적 헌정질서를 성공적으로 기초했음에도 불구하고 여전히 민주화 이행기 제기되었던 다양한 갈등을 근원적으로 해결한 것은 아니었다.

첫째, 민추협의 성과는 1980년대 이념적 분화를 이루었던 저항적 자유주의 내 '자유민주주의적 시각의 시민민주주의'적 관점에서만 성공적으로 평가내릴 수 있을 뿐이다. 앞서 살펴보았듯이 1980년대 저항적 자유주의는 시민민주주의적 관점뿐만 아니라 자본주의적 모순을 극복하고자 하는 사회적 혹은 민중적 민주주의, 그리고 제국주의적 지배에 저항하고자 하는 민족주의적 변혁론으로 분화되었었다. 이들 급진적 민주주의는 단순히 자유주의적 헌정질서의 회복뿐만 아니라 노동자, 농민, 빈민 등 민중의 생존권과 더 나아가 자본주의의 폐해를 극복하는 사회경제적 민주화까지를 포함하는 것이었다. 그리고 이는 1970년대 말부터 유입된 다양한 사회주의적 변혁론에 기초했었다.

그러나 그것이 사회주의적 사상에 영향을 받았다고 하나 권위주의정부 시절 왜곡되었던 민중배제와 재벌중심의 국가주도적 시장질서에 대한 문제제기와 저항이었다는 점에서 여전히 운동적 가치를 지니고 있었던 쟁점들이었다. 민추협 또한 학생 및 재야 세력과의 제휴와 연대를 위해 이를 자신의 강령에 포함시켰었다. 민추협의 결성선언문에는 분명 노동자, 농민, 도시 소시민의 기본적 인권과 생존권을 보장하겠다는 내용이 포함되어 있었고 선언적인 의미나마 분배의 정의와 복지사회를 지향한다는 실질적인 민주주의의 내용을 포함하고 있었다. 그러나 이러한 실질적인 민주주의는 권위주의 정부 내 온건파와 반대 세력 내의 온건파 간의 협상과 타협으로 진행된 민주화 이행에서는 실행에 옮기기 어려운 프로그램이었다.

즉 양김씨와 그의 영향력 아래 있는 정치권 인사들의 정치적 목표는 정치권력의 자유주의적 민주화였고 사회경제적 민주화는 자유주의의 틀 안에서만 수용 가능하다는 인식을 지닐 수밖에 없었다. 그리고 이러한 인식이 직선제와 개헌이라는 권위주의 정부 내 온건파와의 타협을 가능하게 했다. 따라서 사회주의적 변혁론 아래 급진민주주의로 민주화운동을 진행했던 학생 및 재야운동 세력과는 협력과 긴장의 관계를 보일 수밖에 없었다. 그러나 아쉽게도 노동시장의 비정규직 문제나 자유무역협정을 둘러싼 농업문제, 철도나 의료의 민영화 문제 등 해결해야 하는 현재에 신자유주의가 정치적 주류를 형성하고 있음을 고려해 볼 때, 민추협, 양당과 사회운동 세력의 연대가 대통령 직선제 및 절차적 민주화에 머무르고 사회적 민주주의로 나아가지 못했음은 아쉬울 수밖에 없다.

둘째, 민추협이 김대중·김영삼 양김의 정치적 영향력 아래 진행된 프로그램이었다는 점은 민추협으로 하여금 자유주의적 한계를 뛰어넘지 못하게 했을 뿐만 아니라 조직의 허약함을 태생부터 배태하게 만들었다. 본문에서 살펴보았듯이 민추협은 김대중의 동교동계와 김영삼의 상도동계 정치인들이 민주화를 위해 공동투쟁을 진행할 목적으로 결성한 연합체였다. 그러나 그 조직이 앞서 본문에서 살펴보았듯이 "양김씨계 정치인의 이원적 협의기구"였고 그 외 독립적인 위상을 지닐 수 있는 강령이나 규약이 없었다. 물론 양김씨가 제3공화국 이래 제도 정치권 내 민주화운동의 두 거목이었음은 자명한 사실이다. 양김씨는 권위주의정권 아래 때로 반목하며 때로 경쟁하며 민주화운동을 주도해왔다. 그렇기 때문에 민추협의 결성과 정치활동은 양김의 제휴라는 점에서 1980년대 민주화운동에서 지니는 큰 의미를 지녔었다.

그러나 민추협이 양김씨의 정치적 협력조직에 불과했다는 점은 결국 민추협의 생명력의 한계를 보여주었다. 1986년 12월 '이민우 구상' 이후 민추협은 신민당을 탈당해 1987년 5월 통일민주당을 창당했다. 이때까지만 하더라도 양김씨는 개헌운동을 통한 민주화에 인식을 같이하고 있었다. 그러나 양김씨 간의 경쟁은 7월 9일 김대중의 사면복권과 8월 8일 통일민주당 입당 및 상임고문 추대를 계기로 본격화되기 시작했다. 9월 7일 후보단일화를 위한 실무협의기구 구성 합의이후 진행된 협상에서 양김은 서로 자신에게 유리한 경선규칙을 주장했고 결국 협상이 결렬되어 10월 28일 김대중의 평화민주당 창당으로 이어졌다. 이로서 상도동계와 동교동계의 협력은 끝났고 민추협은 해체될 수밖에 없었다. 결국 양김씨의 정치적 결렬이 민추협의 해체를 가져왔고 양김씨는 1980년대 중반까지 저항적 자유주의에 기초한 민주화운동 추진기구였던 민추협의 해체라는 책임으로부터 자유로울 수 없게 되었다.

이와 같은 한계에도 불구하고 1980년대 민주화운동사에서 정당정치와 사회운동을 연결하는 중재자 혹은 매개체로서의 기능을 했던 민추협의 정치사적 의의는 상당히 높게 평가받을 만하다. 즉 1980년대 6월 항쟁에 이르기까지 민추협은 저항적 자유주의에 기초해 절차적 민주주의를 추구하는 민주화운동의 구심적인 역할을 담당했던 것이다.

부 록

〈자료 1〉 김영삼 전 신민당 총재가 자필로 작성한 단식 성명서

나의 투쟁은 끝나지 않았다

친애하는 국민여러분!

나는 단식에 임하면서 나의 죽고 삶은 하나님이 하실일이라 믿으면서,
내의식이 깨어 있는한 나는 단식을 계속할것임을 밝히는 바입니다.
우리의 민주화에 대한 움직일수 없는 확고한 신념과 결의는 오직 민주화
그 자체 이외에 어떠한 타협으로도 움직일수 없는 것임을 나자신 분명히
하면서, 또한 국민과 더불어 그것을 확인하고자 합니다
나는 내가 어떠한 상황과 처지에 당하던 내 사고가 자유스러운한
단식을 계속할것입니다. 나는 단식의 가운데서, 오직 광주사태의 희생자
들이 겪은 고통과 민주주의를 위해 정의를 부르짖고 있는 청년학생들의
항쟁을 연상하면서 단식에서 오는 고통을 극복하고 있습니다
그 가운데서 나는 그들의 고통에 동참하는 기쁨을 느끼고 있습니다 나의
마음은 평화롭습니다
국민 여러분!
나는내생명, 내 모든것을 바쳐 민주화투쟁을 전개할것을 거듭 선언하는
바입니다
나의 투쟁은 끝난것이 아니라 이제 겨우 그 시작을 알린것에 지나지
않읍니다. 민주화가 이룩될때까지, 나는 나의 투쟁을 국민과 더불어
계속할것입니다. 내가 지금 국민여러분에게 말하는 이것만이 오직 진실이오,
전부임을 확실히 해두고자 합니다. 국민여러분께서는 오직 자신의 깊은
내면속에서 우러나오는 양심의 명령에 따라 처신하여 주시기 바랍니다.
마침내 우리국민의 각성된 민주의식과 역량으로 군사독재를 극복하고
민주주의를 이땅에 찬연하게 실현하리라는 것을. 나는 굳게 믿습니다
나는 설사 나에게 어떠한 순간이 닥아오더라도. 그것만을 믿고 의지하면서
기쁘게 한순간, 한순간을 맞이할 것입니다.

1983년 5 월 [illegible] 일

金泳三

* 이글은 나에게 어떠한 상황이 생기거든 발표하여 주시오.

※ 이 성명은 5월 18일 5개항에 걸친 민주화 요구를 주장하고 단식투쟁에 들어가 8일째인 25일 서울대학병원에 강제이송된 이후 계속 일체의 치료를 거부하고 단식을 계속하고 있는 김영삼 총재의 5월 28일자 성명입니다.

[illegible]

출처: 민주화운동기념사업회 아카이브

〈자료 2〉 민주화추진협의회 결성의 계기가 된 양김씨의 “8·15 선언”의 필사본

CONFIDENTIAL

[illegible]

- 1 -

[illegible]

- 2 -

[illegible]

- 3 -

[illegible]

1983. 8. 15

워싱턴에서 김대중

서울에서 김영삼

- 4 -

출처: 민주화운동기념사업회 아카이브

〈자료 3〉 민주화추진협의회 결성 "민주화 투쟁 선언"

민주화 투쟁 선언

우리는 이땅에 민주주의를 실현하는 것이 우리 국민 모두에게 주어진 절대적 사명임과 민주주의는 오직 국민의 투쟁에 의해서만 이룩될 수 있는 것임을 선언한다.

우리는 유신독재에 대한 전민중적 항의와 열망의 표현으로 나타난 10·26사태를 민주주의에로 수렴, 승화시키지 못한 것이, 12·12사태, 5·17비상계엄조치와 광주사태, 그리고 그후에 전개된 현정권의 폭력과 기만에 의한 것으로써 그 정당성과 정통성을 상실한 민족사의 치욕임을 국민과 더불어 확인하는 바이다.

현 정권의 반민주적, 반민중적 속성은 경찰력에 의한 의령 양민 학살사건을 비롯하여 강제징집된 학생들의 의문스런 죽음과, 장영자 사건, 명성사건, 영동개발사건, 상업증권 사건 등 전대미문의 경제부정사건을 결과하여 우리 사회를 나락과 절망속으로 몰아넣고 있다.

나아가 현정권은 일부 언론을 동원하여 정의로운 학생과 노동자들 그리고 고통받는 이들을 위해 활동하고 있는 단체들을 모략, 비방케 함으로써 국민 분열을 꾀하고 있다. 그러함에도 불구하고 현정권은 자신들의 특권보장을 위해서 국민에 대한 억압을 계속하고 있는 것이다.

이제 우리는 국민의 의사를 집결해서 민주화를 위한 투쟁을 계속하고자 하는 바이다.

금년들어 정부가 취한 구속학생 석방과 제적학생 복교조치에 대해서는 환영하는 바이지만, 우리는 정부의 시혜를 바라는 것이 아니라 제도적으로 학원의 자유화와 언론의 자유화 등을 강력히 요구하는 것이다.

현 정권은 소수의 부패한 특권층만을 위해서 절대다수 국민들을 핍박하고 수탈해 오고 있는 것이다. 우리는 국민의 긍지와 자존심을 회복시키고 국가의 존엄을 해치는 군부독재를 청산해서 국민이 자신의 정부를 선택할 수 있고 시민의 참여가 보장되는 민주정부의 수립을 위하여 민주화는 더 이상 지체할 수 없다는 판단 아래 이를 위한 민주화 추진 위원회를 발족하고 다음과 같이 투쟁할 것을 결의한다.

1. 우리는 군인의 정치 개입이 민주헌정을 후퇴시키고 민족사의 불행과 안보상의 불안을 초래한다는 역사적 경험을 토대로 군인이 본연의 사명인 신성한 국방의무로 복귀할 것을 주장하고 시민 민주주의를 실현시키기 위해서 투쟁한다.
2. 우리는 국민이 자신의 정부와 정부형태를 선택하고 결정할 수 있을 때만 민주주의가 실현된다고 믿는다. 우리는 민주주의로 가는 길을 봉쇄하고 있는 현행의 모든 제도적 장치와 제약의 개폐를 위해서 투쟁한다.
3. 현 정권의 존속을 위한 선거제도등 규격화된 정치제도와 반민주적 법령이 민주적 방향으로 개선되지 않는다면 선거는 오직 요식행위에 지나지 않을 뿐이다. 우리는 국민의 참정권 보장을 위해서 투쟁한다.
4. 우리는 학원과 청년층에서 전개하고 있는 민주화 운동과 그 과정에서 희생된 분들에 대해서 경의의 뜻을 전하면서 그들의 애국적 충정에 동참하기 위해서 그 고난의 짐을 떠맡아 지고 투쟁해 나갈 것이다.
5. 우리는 노동자, 농민, 도시소시민들의 기본적 인권과 생존권 보장을 위한 운동을 적극 지지하며 정치적·경제적으로 소외된 계층의 고통과 추방당한 교수, 언론인, 근로자들의 아픔을 우리의 것으로 하여 연대하여 투쟁한다.
6. 우리는 정치 피규제자 99명의 전원 해금과 복권 그리고 김대중씨의 조속한 귀국 및 자유로운 정치활동 보장을 위해서 투쟁한다.
7. 우리는 역사에 비추어 양심 불고려없이 정당한 것임을 믿는다. 우리는 인간의 양심에 기초하여 비폭력저항의 평화적 방법으로 투쟁할 것이다.
8. 우리는 민주화를 위해서라면 그 누구와도 대화할 수 있으며, 또한 그 어느 집단 혹은 개인과도 연대할 것이다.

우리는 마침내 쟁취할 민주주의의 영광은 역사와 국민에게 그리고 모든 고난과 희생은 우리의 것으로 하는 헌신을 우리 활동의 기초로 삼고 투쟁한다.

1984. 5. 18.

민 주 화 추 진 협 의 회

출처: 민주화운동기념사업회 아카이브

〈자료 4〉 민추협의 85년 총선참여 기자회견 전문

군사독재의 종식을 위해 선거투쟁을 전개한다.

－12.11 記者會見文

우리는 오늘 민주화추진협의회 전체운영위원회 및 상임운영위원회의 결의와 그 위임을 받아 이번 총선에 임하는 민주화추진협의회의 기본입장을 천명하고자 합니다. 이에 앞서 우리는 국내외의 여러민주동지, 그리고 민주화투쟁을 전개하고 있는 재야 민주단체의 인사들과 허심탄회한 의견교환을 한 바 있읍니다.

잘 아시다시피 민주주의 정치에 있어서 선거는 국민으로 하여금 자신이 주권자라는 사실을 확인하고 그 권리를 행사하는 거룩한 의식입니다. 그러나 민주주의가 정착하지 못했거나 민주주의가 유린된 곳에서는 선거가 독재를 합리화 시키기 위한 들러리 장치로서의 요식행위가 됩니다. 지금 우리가 앞두고 있는 총선도 단순한 요식행위 이상의 것이 되지 못하고 있읍니다.

오늘날 이나라에서 총선이 그본래의 진정한 의미를 획득하기 위해서는 김대중 김영삼씨 등을 포함한 정치규제의 완전철폐를 통하여 국민이 자신의 대표자를 선택할 수 있도록 하는 것을 보장하고, 제1당이 비례대표의석의 3분의2를 차지하는 비민주적 선거방식을 비롯하여 정당 또는 개인 연설회의 제한, 정치권력이 특정인의 당락을 좌우할 수 있는 제도적 및 현실적인 제약의 철폐등 선거제도 자체의 비민주성과 불합리성이 먼저 개선되어져야 합니다.

또한 각 정당의 자생력을 가지고 그 후보를 선정하며, 또 누구나 평등한 입장에서 선거에 참여할 수 있는 조건과 기회, 그리고 선거운동기간이 똑같이 보장되어야 하며, 또한 국민이 자유스럽고 구체적인 판단과 선택을 할 수 있도록 충분한 언론의 자유가 선행되어 보장되어야 합니다.

이러한 여건들이 갖추어지지 않은 가운데서 선거는 단지 독재를 합리화 하기 위한 현정권의 음모에 불과한 것입니다. 더욱이나 2월의 혹한기를 기하여 선거를 치루고자 하는 것은 국민의 선거참여를 배제시켜 민의조작과 선거부정을 획책하는 술책임이 분명합니다. 만약 현정권이 민주적으로 참다운 선거를 하고자 한다면, 이와 같은 여건을 먼저 보장할 것을 촉구하는 바입니다.

총선 여건을 갖추지 않고 강행되는 총선은 결과적으로 현정권의 정당성과 정통성을 계속 부정할 수 밖에 없게하는 것입니다. 이러한 총선은 거부되어야 한다는 주장이 민주진영 내부에서 강력하게 제기되고 있읍니다. 그러한 견해는 논리적으로 지극히 타당한 것입니다. 우리는 이런 논리적 타당성에 직면하여 갈등과 고민이 있는것 또한 숨길없는 사실입니다.

528635

그러나 현정권이 노리는 것을 보다 엄밀히 분석할때, 현정권은 총선을 통해정권을 합리화하고 나아가 군사독재의 강화와 영구화를 획책하려함이 명백한 것입니다. 정치군인의 대거진출등 시민 민주주의를 압살하고 유린하려는 조짐들이 그것을 반증하는 것입니다.

이에 우리는 이러한 음모에 맞서 민주화운동의 국민운동기구로서 민추협의 조직을 계속 유지·확대·강화하면서 다른 한편으로 반국민세력의 강화와 영구화를 저지하는 범국민적 민주화 추진의 일환으로 「선거투쟁」을 전개하기로 하였읍니다. 우리의 선거투쟁은 독재의 창구역할을 하는 민정당에 대한 반대투쟁을 그 핵심으로 합니다.

이러한 관점에서 민주화추진협의회는 이번 선거투쟁에 적극적으로 대처할 것을 선언하며 민주화투쟁에 대한 결연한 의지를 내걸고 국민의 적극적 호응을 호소합니다. 이와 아울러 민주화추진협의회는 민주화 추진을 위하여 국민이 납득할수 있는 민주적인 자생정당이 창당된다면 전폭적인 지지와 성원을 보낼 수 있음을 밝혀 두는 바 입니다. 이를 위해 민추협 소속 정당추진 인사들에게 원칙과 전제 조건이 제시될 것이며, 우리는 온 국민과 함께 그 추이를 주시할 것입니다. 또한 우리 민추협은 이와같이 민주화작업을 계획하고 집행하기 위한 기구로서 총선대책특별위원회를 구성하여 대처해 나갈 것입니다. 우리는 5·18발족과 더불어 발표한 민주화 투쟁선언의 정신에 따라 모든 민주세력과 튼튼히 연대하여 정권적 차원이 아닌 구국적 차원의 민주화 투쟁을 이땅에 민주화가 이루어지는 날까지 더욱 강화해 나갈 것임을 국민앞에 약속드립니다.

1984년 12월 11일

서울특별시 종로구 관철동 45-1
(대왕빌딩 1302호)
723-3239, 3279

민 주 화 추 진 협 의 회

고 문 金 大 中
공 동 의 장 金 泳 三
공동의장권한대행 金 相 賢

〈자료 5〉 1987년 2월 13일 민추협 공동의장 성명서

난국 타개를 위한 제언과 우리의 결의

----- 2.12 총선 2주년을 맞이하여 -----

1. '87년의 민주승리를 확신

2.12 총선 2주년을 맞이하여 우리 두사람은 민주화추진협의회를 대표해서 그동안 국민과 전세계의 벗들이 베풀어 주신 성원과 협력에 대해서 깊은 감사의 뜻을 드리고자 하는 바이다. 박종철군에 대한 2.7추모제 사건은 우리의 인권과 민주회복의 투쟁에 있어서 큰 획을 긋는 전환점이었다. 이제 우리는 이 해 '87년에 있어서 우리의 민주회복에 대한 서광을 바라볼 수 있게 되었다.

여기까지 오는 데 우리 국민은 얼마나 많은 시련과 고통을 극복해야만 했던가! 우리 두사람은 우리 국민이 겪은 수난과 그리고 이를 극복해 온 발자취를 생각할 때 국민 여러분에게 한없는 위로와 감사의 뜻을 표해 마지 않는다. 이러한 위대한 국민에게 봉사할 수 있는 우리의 처지가 자랑스럽기만 하다.

지난 2년 동안 우리 국민은 독재정권과의 투쟁에서 많은 성과를 거두었다. 2.12총선의 성공, 민한당의원 대다수의 신민당입당 실현, 학원보호법 입법의 저지, 독재정권의 잔악한 고문 및 용공조작과의 투쟁, 국민의 커다란 반응을 일으킨 KBS 시청료 납부의 거부운동, 1천만인 서명운동의 합법적 쟁취 실현, 전국 각지에서 행해진 대중적인 직선제 개헌현판식의 성대한 진행, 그리고 이번에 있은 박종철 군의 고문치사사건의 폭로와 추모투쟁 등 많은 일들이 우리 국민의 힘에 의해 추진되고 성취되었다. 때로는 11.29 서울대회 같은 좌절이 없는 것도 아니었지만 국민은 그러한 좌절 조차 전투에 지더라도 전쟁에는 이기는 국면을 전개시켜 주었다. 국민은 독재정권에만 엄격한 것이 아니었다. 신민당의 어떤 행동이 국민의 기대에 미흡했을 때는 가차없는 비판을 보내면서 그 시정을 촉구한 것이다. 한편 일부 학생이나 재야세력쪽 과격성을 띤 언행이 있을 때는 국민은 그렇게 된 사정은 십분 이해하면서도 그것이 우리의 목적달성에 도움이 안된다는 점을 들어 반성과 시정을 하도록 이끌어 왔다.

지금 이나라에서는 누구도 국민을 두려워 하지 않거나 그 뜻을 하늘의 뜻으로 받들지 않고는 존립할 수도 성공할 수도 없다는 것이 너무도 명백하다. 국민의 힘은 미국등 우방국가의 대한정책에도 큰 영향을 미치고 있다. 그들은 지금 한국에서의 문민정치의 항구적인 회복과 국민의 뜻에 알맞는 변화의 필요성을 강조하고 있다. 민의에 영향을 받아 우리 국군의 많은 인사들 사이에 일어나고 있는 변화도 크다. 그들은 지금 군은 정치로부터 손을 떼고 철저한 중립화를 회복하지 않으면 국민의 지지를 상실하여 안보에도 큰 차질을 초래할 우려가 있다고 깊이 인식해 가고 있다. 민심의 결정적 변화에 당황한 절대다수의 공무원, 경찰관들이 독재정권의 도구화로부터의 이탈을 열망하고 있다.

여기에 최근에는 2.7추모제사건을 통하여 나타난 국민의 위대한 힘은 우리 국정의 앞날에 일대 전환을 가져다 주려 하고 있다.

첫째, 경찰이 동원한 삼엄한 공포분위기 속에서도 우리의 행사에 국민은 적극적인 호응과 지지를 보내는 놀라운 용기를 보여 주었다. 이는 장차 그들의 적극적 참여로 필리핀에서와 같이 '민중의 힘'의 형성의 가능성을 부각시킨 사실이라 하겠다.

둘째, 국민의 힘은 신민당, 민추협, 재야 그리고 다수 학생간의 작은 이해나 입장의 차이를 넘어선 상호연대와 단합을 실현하도록 만들었다. 이는 범국민적 민주전선의 형성이 이미 성공적으로 수행되고 있음을 말해주고 있는 것이다.

셋째, 국민의 성숙된 비판과 고무는 그간 민주세력간에 있었던 노선상의 약간의 차이나 갈등을 극복하고 비폭력과 건전노선으로 이번 추모회의 방향을 통일시켰다. 이것은 우리가 이제 중산층을 포함한 광범위한 국민의 신뢰와 지지를 받을 수 있는 한층 미더운 모습을 정립하게 되어 간다는 것을 의미한다. 우리 두사람은 이제 확신을 가지고 선언한다. 우리 국민은 머지 않아서 민주회복의 대업을 성취하게 될 것이며, 이 해 1987년이 그 해가 될 가능성이 아주 크다고.

우리는 빛나는 승리에의 서광이 저 동녘하늘 위에 찬연히 떠오르기 시작한 것을 본다.

2. 난국타개를 위한 5개 방안

오늘 우리의 국가현실이 중대 난국에 처해있는 것은 누구의 눈에나 분명하다. 그 근본 이유는 민의에 역행한 민정당의 영구집권의 기도에 있다. 그리고 직접적인 이유는 우리의 일관된 대화제시를 외면할 뿐더러 여야에서 내놓은 두개의 개헌안을 국민에게 물어보자는 가장 합리적인 우리의 선택적 국민투표의 제안마저 전정권이 거부해 온 데 있다. 우리는 진심으로 정치의 파국을 원치 않는다. 우리는 국민의 뜻에 따른 정치의 협상을 바란다. 우리는 어떠한 인권유린도 반대하는 동시에 어떠한 정치보복도 반대한다. 우리는 전두환정권이 오늘 이나라가 처한 중대위기와 그들이 맞이할 수도 있는 운명의 가능성을 직시하라고 충고한다. 그리고 이를 피하기 위해서는 모든 것을 국민의 뜻에 따라서 순리로 해결하는 태도를 가야 한다고 진심으로 충고한다. 우리는 난국타개의 방안으로 다음의 5개항을 전두환 정권에게 진지하게 제안하는 바이다.

첫째, 전두환 정권은 일체의 인권유린행위, 특히 불법연행, 고문, 용공조작, 언론탄압 등을 즉각 중지해야 한다. 그리고 지금 부당하게 박해를 받고있는 모든 정치범을 석방하고 민주인사에 대한 사면.복권을 단행하도록 요구한다.

둘째, 지금 전두환정권이 추진하고 있는 내각책임제 개헌의 강행은 영구집권을 위한 부당한 야망의 소산이다. 이 개헌안은 그들 스스로의 여론조사에서 조차 국민에 의해 압도적으로 거부당하고 있다. 우리는 당면한 정국의 긴장을 해소시키기 위해서 전정권이 내각책임제 개헌의 강행을 즉시 중지하도록 강력히 요구한다.

셋째, 지금 여야는 개헌문제를 놓고 극도로 대립되어 있다. 그러나 이 문제는 한가지 원칙, 즉 국민의 뜻에 따라 결정한다는 것만 수락하면 쉽게 해결할 수 있다. 우리는 전정권에 대하여 우리가 주장한 대통령중심직선제와 민정당이 주장한 내각책임제의 두 개헌안을 동시에 국민투표에 부쳐서 국민이 어느 쪽을 바라는지 물어보자고 다시한번 주장해 마지않는다. 우리는 '자유롭고 공정한 국민투표'가 행해진다면 그 결과가 어떻게 나오던지 이에 이의없이 복종할 것이다. 이러한 국민투표는 헌법 제 47조의 '중요정책의 국민투표조항'에 의해서 합헌적으로 행해질 수가 있다는 것이 전문가의 견해이다. 우리는 국민의 지지속에 정국의 조속한 안정과 개헌문제의 원만한 해결을 실현할 수 있는 길은 오직 이것만이 최선이라고 확신한다. 전정권은 일대각성하여 국민적 개헌의 태도에 찬성하기를 촉구해 마지않는다.

넷째, 전두환대통령은 강인성과의 대화를 거듭 요구하면서도 우리 두사람과의 대화를 거부해 왔다. 오늘의 정국의 경색과 상호불신의 심화현상의 가장 큰 원인이 여기에 있다. 우리는 전씨와의 대화를 영광으로 생각해서 주장한 것이 아니다. 그것만이 난국타결의 관건이라고 생각하기 때문에 주장해 온 것이다. 우리는 오늘 이 자리를 빌어 전두환대통령에게 다시 여야 지도자간의 조속한 대화를 제의한다. 이제는 더 이상 천연할 시간이 없다. 대화를 통해서 민주화의 조건, 선택적 국민투표방식을 포함한 개헌의 문제, 정치보복의 근절책, 그리고 시급한 서민대중의 생존권 보호문제 등을 논의하자. 우리는 전두환대통령이 더 이상 대화를 거부한다면 앞으로 있을 수 있는 모든 정치적 파국의 책임을 전적으로 그가 져야 한다고 엄중히 지적하는 바이다.

다섯째, 우리는 이제 국민에게 우리의 민주화 일정을 구체적으로 밝힐 때가 왔다고 생각한다. 우리는 이 해의 전반기에 새 헌법과 지방자치법을 통과시켜야 한다. 그리고 후반기 초까지 대통령선거법과 국회의원 선거법을 개정하는 동시에 각급 지방의회 의원의 선거를 전면적으로 실시한다. 그리고 늦가을 까지는 대통령과 국회의원의 동시선거를 실시하여야 한다고 생각한다. 지방자치 단체장의 선거는 명년 중에 실시해도 그것은 불가피하다고 인정하겠다. 이러한 민주화일정의 확정에 대해서도 우리는 여야 지도자간의 회의에서 더욱 논의할 수 있다고 생각한다.

3. 국민에게 드리는 우리의 결의

우리는 이미 표명한 바와 같은 현시국에 대한 우리의 견해와 정권측에의 요구를 토대로 우리 두사람의 결의를 경애하는 국민앞에 다음과 같이 밝히는 바이다.

첫째, 우리는 앞으로 어떠한 독재정권의 영구화 기도에 대해서도 결연히 싸워나갈 것이나, 우리는 앞으로 더 한층 국민의 뜻을 받들고 모든 민주세력과의 굳건한 단결을 유지해 나가면서 '87년에 있어서의 민주회복의 성취를 위해서 가능한 온갖 노력과 희생을 아끼지 않을 결심이다.

둘째, 우리는 우리의 투쟁에 있어서 견인노선의 원칙을 철저히 지켜나갈 것이다. 우리는 어떠한 폭력이나 과격주장도 배제한다. 그러한 태도는 국민의 신임을 잃고 독재정권의 민주세력 말살에 알맞는 구실과 조건을 제공해 줄 뿐이다. 우리는 비폭력, 비용공, 비반미의 '3비주의'의 원칙을 고수해야한다. 이러한 자세로 투쟁할 때만 전국민적인 호응을 얻어 이 해에 민주회복의 대업을 성취할 수 있다. 견인노선은 바로 국민적 승리의 길인 것이다.

셋째, 우리는 독재정치를 미워하지만 독재자와 그 추종자를 미워하지는 않는다. 우리는 독재정치의 종식으로 우리의 목적이 충분히 달성된다고 확신한다. 따라서 어떠한 정치보복의 주장이나 행위도 민주화 전이나 후를 막론하고 정국안정과 국민적 단합을 파괴시킨다. 민주화와 화해는 같이 달성되어야 한다. 이것은 모든 국민이 지지하는 바라고 우리는 확신한다.

넷째, 우리는 안보를 절대적으로 중시한다. 우리의 국군을 존경하고 소중하게 생각한다. 우리는 극히 일부의 사려없는 군인들의 정치개입으로 인하여 군을 정치적으로 오염시키고, 국민의 신망을 저하시키고, 안보능력을 약화시키고 있는 오늘의 우리 국군의 현실을 개탄해 마지 않는다. 그러나 우리는 최근 군내에서 강력히 일어나고 있는 민주회복과 군의 정치중립에 대한 지지의 추세를 볼 때 크게 고무되고 있으며, 이를 환영해 마지 않는다. 우리는 민주회복의 전과 후를 막론하고 우리 국군의 건재와 그들의 안보노력에 대한 지원을 국민과 더불어 아끼지 않을 것이다. 또한 어떠한 경우에도 군이 정치에 이용되지 않는 군의 순수성과 자율성의 회복을 돕는데 모든 노력을 다할 결심이다.

다섯째, 우리는 앞으로도 우리의 굳은 단결을 계속 유지해 나갈 것이라는 결의와 확신을 이 자리를 통해서 피력한다. 독재정권은 우리 두사람을 이간 분열시키려고 정권의 총력을 기울여 노력해왔다. 그러나 그들의 기도는 이제 그들 스스로도 인정하지 않을 수 없을 만큼 실패로 돌아갔다. 우리의 단결은 국민의 지상명령이요, 우리에게 주어진 유일한 선택이다. 우리는 우리가 독재정권을 기쁘게 하고, 국민을 실망시키고, 우리 자신을 파멸로 이끌 정도로 어리석다고는 생각하지 않는다. 우리는 국민이 우리에게 부여한 평화적인 민주회복 실현의 대임을 이룩하기 위해서는 우리 양인의 개인적인 위치나 이익을 넘어서 굳건한 단결과 헌신적인 투쟁을 끝까지 함께 해나갈 것이라는 것을 여기 국민 앞에 엄숙히 다짐하는 바이다.

국민 여러분의 더 한층의 성원과 협력을 간구해 마지않는 바이다.

1987 년 2월 13일

민주화추진협의회 공동의장
김 대 중 , 김 영 삼

〈자료 6〉 민주헌법쟁취 범국민운동본부 발족 선언문

민주헌법 쟁취하여 민주정부 수립하자!

-민주헌법쟁취 국민운동본부 결성선언문-

우리 국민은 온갖 외세의 침략과 독재적 억압의 현대사 가운데서도 갑오농민전쟁, 3.1독립운동, 4월혁명, 부마항쟁, 광주민중항쟁의 빛나는 전통을 이어받아 민족의 자존을 수호하고 민주주의의 너른 세상을 건설하기 위한 투쟁을 전개해왔다. 이 나라 역사는 국민의 민권에 바친 희생을 밑거름으로 발전되어 왔으며 승리의 그 날이 멀지 않았음을 우리는 굳게 믿는다.

우리는 용기있는 민족만이 민주주의의 새 열매를 딸 수 있다는 교훈을 가슴깊이 되새기며, 지금 이 나라의 앞길에 놓인 미증유의 난국을 타개하고 민주주의의 광명새벽을 열기위해 『호헌반대 민주헌법쟁취 국민운동본부』를 발족한다.

오늘 우리는, 온 국민이 가슴조이고 전 세계 이목이 주시하는 바와 같이, 중대한 역사적 분기점에 서있다. 분단 40년의 오랜 기간동안 국민의 생명력을 짓밟아온 군부독재를 청산하고 민족의 자존을 펼칠 환희를 맞을 것인가, 아니면 저 치욕스러운 폭압아래 노예로 머물 것인가 하는 중대한 분기점에 서있는 것이다. 따라서 온 국민의 기대와 소망으로 전개되어 오던 개헌논의를 하루 아침에 봉쇄하려는 현정권의 호헌망언은 우리에게 온 몸을 던진 단호한 결단을 촉구하고 있는 것이다.

민주개헌은 어느 개인이나 정파적 이익의 한계를 뛰어넘는 온 국민의 일치된 소망으로 이미 확인되었다. 우리 국민은 85년 2.12총선을 계기로 엄청난 탄압에도 불구하고 진정한 국민적 합의에 기초한 민주화의 길을 열기 위한 시급한 과제로서 민주개헌의 요구를 노도하게 분출시켰던 것이다. 개헌은 단순히 헌법상의 조문개정을 뛰어넘어 유신이래 빼앗겨온 정치·경제·사회·문화등 모든 생활영역에서 기본권리를 확보하기 위함이며, 이를 위해 무엇보다도 정부선택권을 되찾음으로써 실로 안으로 국민다수의 의사를 실현하고 밖으로 민족의 이익을 수호할 수 있는 정통성 있는 민주정부의 수립을 가능케함을 의미한다. 또한 개헌은 응어리진 국민적 한과 울분을 새로운 단결과 화해, 역사발전의 원동력으로 승화시킬 수 있는 그 무엇과도 바꿀 수 없는 민주화를 위한 출발점이며 절대명제임을 밝히는 바이다.

『88올림픽』이나 『평화적 정부이양』 『단임제』가 민주개헌을 늦춰야 할 이유가 될 수 없음은 자명하다. 세계평화의 축제이며 인류이상의 체현이어야 할 올림픽이 이 땅의 민주화를 지체시키고 외국인들에게 잘 보이기 위해 도시 영세민의 생존권을 박탈해서 할 수는 없으며, 강요된 침묵이 평화일 수도, 언론자유가 말살된 독재자의 교체가 단임제일 수도 없다. 우리는 현정권이 회개와 반성을 통해 민주정부를 세움으로써 올림픽행사를 살리고 민족의 화해와 통일에 기여해줄 것을 마지막으로 당부한다. 아울러 우리는 현군부독재의 탄생과 유지에 직접적인 후견자이며, 이를 통해 자국의 이익을 관철시켜 온 미국을 비롯한 모든 외세에 대해서도 엄중한 경고를 보내는 바이다. 상황에 따라 내용을 달리하는 미국의 이중적 대한정책은 한국의 민주화에도, 자국의 이익에도 도움이 되지 못할 것이다.

우리 조국의 민주화는 우리의 손에 의해, 우리의 투쟁과 사랑과 희생에 의해서만 이룩될 수 있다. 이제 우리는 이 난국을 뚫고 희망찬 미래로 도약시키기 위하여 모든 국민의 민주화 의지를 총결집하여 민주헌법 쟁취를 위한 운동을 힘있게 조직하고 실천해 나갈 것임을 역사와 민족앞에 엄숙히 선언하는 바이다.

1987년 5월 27일

민주헌법쟁취 국민운동본부 발기인 일동

국민여러분께 드리는 말씀

[illegible] 신부, 목사, 교수, 문화예술인 등 이 땅의 모든 양심적 지식인들이 단식, 삭발, 성명으로 민주화를 호소하고 [illegible] 남도땅 광주 5월의 [illegible] 고문살인범인을 조직은폐 [illegible] 「4.13호헌선언」[illegible]

국민 여러분!

이 나라의 주인은 누구입니까? [illegible]

국민 여러분!

국민 여러분 자신이 아니고서는 독재정치를 종식시키고 허위와 기만을 몰아내고 이 사회를 민주화시킬 사람이 아무도 없읍니다. [illegible] 민중의 거대한 힘, 위대한 힘입니다.

국민 여러분!

[illegible]

국민 여러분!

이제 모두 힘을 합쳐 결연히 싸움에 나설 때입니다. [illegible] 군부독재정권을 물리치고 민주정부를 수립합시다. [illegible]

우리가 싸운다면 승리는 우리의 것입니다. 싸웁시다. 승리합시다. 그리하여 찬란한 미래를 우리 자손들에게 물려줍시다.

1987. 5. 27.

민주헌법쟁취 국민운동본부 발기인일동

결 의 문

1. 4.13 독재헌법 옹호선언은 민주한국의 진정한 건국정신과 국민의 시대적 절대 요청인 민주화를 부정하는 것이기 때문에 도덕적으로 법률적으로 당연히 무효임을 선언하며, 각계의 호헌반대 민주헌법쟁취 주장을 전폭 지지하고 이를 실현하기 위한 국민적 행동을 조직 전개한다.

2. 국민의 기본권을 철저히 억압하고 있는 현행헌법과, 유신독재국회와 국민대표기구가 아닌 독재기관이 입법한 집시법, 언기법, 형법과 국가보안법의 독소조항, 노동법등 모든 악법의 민주적 개정과 무효화 범국민운동을 실천한다.

3. 현정권이 저지른 광주사태, 박종철군·권양등 고문과 고문범인 조작, 장영자·범양사건 등 권력부패사건 및 그 진상조작과 같이 국민의 생명과 재산을 유린한 수많은 범죄의 진상규명을 이 정권에 기대하는 것은 전적으로 불가능하기 때문에 역사적 범죄 진상규명 국민운동을 벌인다.

4. 현정권이 독재정권 유지를 위해서만 필요하고 도덕적 법률적으로 전혀 정당성이 없는 민주인사에 대한 연금·구속·공민권 박탈 등을 단호히 거부하고 석방·복권을 위한 범국민운동을 전개한다.

5. 노동자, 농민, 도시빈민, 양심적 상인, 기업인의 생존권과 경제활동 및 생활권을 박탈·위축하는 모든 탄압정치와 공권력의 독가스탄 발사와 폭력행정을 즉각 중단할 것을 엄중히 요구하며, 더 이상의 행정폭력은 국민의 자구적 저항권 행사를 불러 일으킬 것임을 엄숙히 경고한다.

6. 국영·관영방송의 철저한 거짓말 선전은 대국민 언론고문 행위이며 진실과 자유의 적으로 규정하고, 양심적 언론인의 용기를 적극 지지 성원하며, 독재정권의 위협과 회유에 길들여진 언론인의 맹성을 촉구하고, 시청료 거부운동·특정 신문과 신문인 규탄운동 등, 자유언론 쟁취 국민운동을 계속 확대한다.

7. 공무원과 군의 국가와 국민에 대한 충성과 봉사는 최대의 국민적 존경과 애정을 받아야 하며, 민주국가를 파괴하는 정치개입과 정권의 수구화는 국민적 경멸과 저항을 일으킬 것이며 공무원과 군의 자율적 명예회복운동을 촉구한다.

8. 민주화와 통일을 요구하는 나라의 주인인 국민과 시대의 역사적 요청은 군사독재정권이 물러나고 민주 민간정부가 수립됨으로 실현될 수 있으므로 이를 역사적 국민운동으로 기필코 성공시킬 것을 다짐한다.

1987. 5. 27.

민주헌법쟁취 국민운동본부 발기인일동

〈자료 7〉 1986년 4월 30일 김대중의 성명서 원본 표지

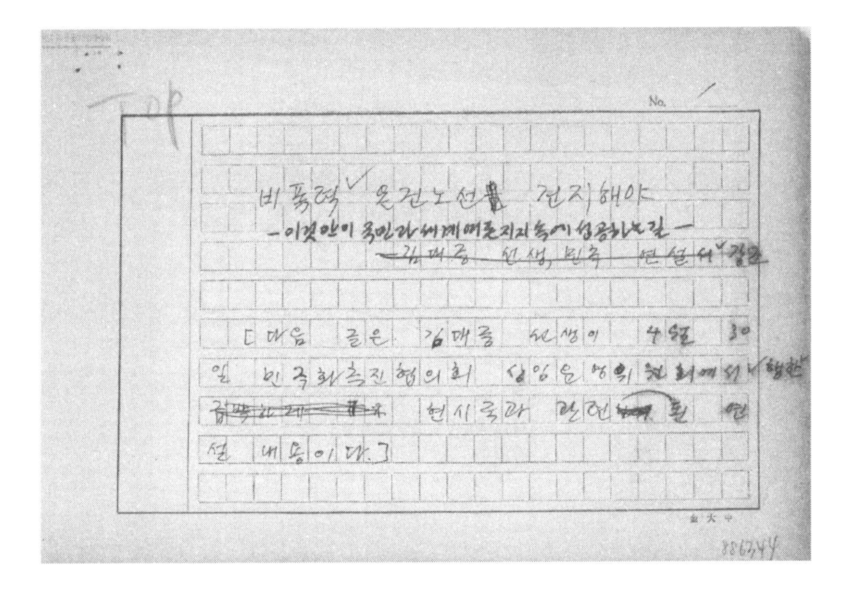

No.

비폭력 온건노선을 견지해야

-이것만이 국민과 세계여론지지속에 성공하는 길-

[다음 글은 김대중 선생이 4월 30일 민주화추진협의회 상임운영위원회에서 행한 현시국과 관련한 연설 내용이다.]

金大中

* 당시 학생운동의 과격화 양상을 비판하고 신민당의 개헌운동 노선의 정당성을 알리고자 작성된 것이었다. 김대중, 1986("비폭력 온건노선 견지해야: 이것만이 국민과 세계여론 지지속에 성공하는 길," http://archives.kdemo.or.kr/View?pRegNo=00886344) 참조

〈자료 8〉 민추협의 개헌특보

1985년 12월 26일 제12호

개헌특보 민주통신

발행겸·편집인 : 김대중 · 김영삼
발 행 처 : 민주화추진협의회
주 소 : 100
서울 중구 서소문동
85-3 진흥빌딩 10층
757-6407~9

주간·김도현 (副)서호석/ 편집국장·최주영 (副)남궁진 / 업무국장·김병근 (副)이운광

민추협 신민당 민주개헌 1천만 서명운동 선언!

서명운동은 민주헌법을 찾겠다는 국민들의 양심선언을 합법적으로 표현하는 권리

신년인사

民主大業 成就의 한해로

金大中 공동의장

[illegible]

民主改憲으로 國難의 타개를

金泳三 공동의장

[illegible] 是非[illegible]에 있는 이 國難의 상황을 극복하고 [illegible] 우리가 民主主義[illegible] 회복하고, [illegible]의 團合을 이루는 길, 즉 民主化를 성취하는 길뿐입니다. 民主化는 [illegible]의 길이요 民主化 [illegible] 救國[illegible]인 것입니다. 이것은 온 국민의 뜻이며 [illegible] 그것을 [illegible] 것입니다.

民主化 闘爭의 결론으로 우리는 지난해 [illegible]을 [illegible]했읍니다마, 공헌에는 「대통령직선제 개헌」 [illegible]을 선언하는 바입니다.

또 지난해 우리가 승리한 [illegible] 改憲[illegible]에서 우리는 승리해야 할 것입니다. 그것은 [illegible] 승리 여부가 이나라의 民主化와 장래를 가름하는 관건이 되기 때문입니다.

우리는 이미 改憲을 위한 1천만 서명운동을 시작했읍니다. 新民黨과 民推協 그리고 모든 民主勢力이 連帶하여 전개하는 이 운동에 국민여러분의 [illegible] 참여를 호소합니다.

1986년은 우리가 憲法改正을 이루고, 民主化의 [illegible] 위대한 승리의 [illegible] 모두 [illegible]. 나는 우리가 이 闘爭에서 勝利할 것을 믿습니다.

민추협과 신민당은 「민주개헌 1천만 서명운동」을 전개한다. 국민의 정부선택권을 박탈함으로써 민주 헌법 [illegible]을 유린하고 있는 현대 헌법을 대통령직선제를 포함하는 민주헌법으로 개정하려는 [illegible] 민주헌법 [illegible] 회복하고 현재의 정치적 난국을 근본적으로 해결할 [illegible] 기초를 마련하기 위해 신민당 중앙상무위원회와 민추협 [illegible]는 국민들로부터 직접 개헌서명을 받기로 각각 결의했다.

김대중 민추협공동의장은 [illegible] 민주개헌에 대한 국민적 [illegible]을 [illegible] 이러한 국민적 [illegible]을 합법적으로 표현할 수 있는 국민이 가진 청원권을 행사하여 개헌서명운동을 전개한다고 [illegible] 서명운동은 [illegible] 국민의 권리행사라고 밝혔다.

김영삼 공동의장은 개헌서명운동은 평화적 [illegible] 운동이며 [illegible] 국민들이 스스로 민주헌법을 찾겠다는 전국민적 양심선언이라고 주장하고 1천만인이라는 서명자 [illegible] 세계기록을 [illegible] 이 서명운동 자체가 세계사상 [illegible] 민주대행진이라고 말했다.

민추협 고문인 이민우 신민당총재는 민정당과 국회[illegible] 개헌요구를 수렴한 것은 저부법으로 민주세력들은 직접 국민의 의사를 확인할 수 밖에 없고 이 1천만서명이 달성되면 그 누구도 민주개헌을 [illegible] 것이라고 선언했다.

민주개헌 서명운동은 민추협과 신민당 주최로 86년초부터 전국에 걸쳐 실시될 것이며 [illegible] 민주운동단체, 종교계, 노동계, 학생들도 적극 호응할 것이며 [illegible] 민주개헌운동 기구로 조직될 [illegible] 것이다. (민주개헌 10문 10답 · 서명운동방법 등은 2·3면)

김근태 민청련 전의장 1차공판

치안본부 대공분실의 야만적 고문사실 폭로

민청련 전의장 김근태씨에 대한 국가보안법 위반등 사건 1차공판이 지난 12월 19일 오전 10시 서울형사지법 합의 11부로 심리로 열렸다.

고문사실을 은폐하기 위해 [illegible]을 차단하고 방청이 제한된 상태에서 비공개적으로 재판이 진행된가운데 김근태 전의장은 [illegible]를 위해 [illegible] 가혹한 고문의 실상을 여지없이 폭로했다.

(4면에 계속)

민추협, 대탄압에 강력항의, 14명연행

옥중 김병오 부간사장24일 단식투쟁

민추협의 김병오 부간사장이 1천만 개헌서명운동에 동참하고 민중·민주 운동에 대한 군사독재정권의 탄압에 항의하기 위하여 12월2일부터 서대문 교도소에서 단식에 돌입 12월25일 현재까지 단식을 계속 중이다. 김부간사장은 자신의 단식투쟁은 민주주의와 민주통일을 위해 생명까지 바치겠다는 [illegible] 양심선언임을 [illegible] 아래와 같은 요구사항을 내걸고 있다.

(나의 주장)

1. 현 정부는 대통령 직선제로 [illegible] 하여 군사독재 종식하라.
2. 현 정부는 구속된 학생, 노동자 등 민주인사들을 즉각 석방하라.
3. 현 정부는 언론탄압 중단하고 인권사수 보장하라.
4. 미국은 모든 대한정책을 [illegible] 하라.

민추협 상임운영위원회는 12월 18일 김부간사장을 비롯한 구속동지들의 희생적인 민주화 투쟁에 자신의 [illegible] 김부간사장이 옥중단식(17일째)을 중지한 것을 권고하는 결의문을 채택하였다.

지난 11월 11일부터 민추협 사무실이 시 "고문 및 용공조작저지 공동대책위원회"(약칭 공대위)주관으로 주관한 고문 및 용공조작 저지를 위한 3일간의 농성투쟁과 관련하여 본회 회직자들이 [illegible] 연행되어 [illegible] 2~3일간 [illegible] 조사를 받는 등 가혹한 정치적 탄압을 받고있다. 민추협은 11월28일부터 시작되 계속되는 연행과 조사는 민주세력에 대한 원천적 탄압으로 밖에 볼 수 없는 [illegible] 하면서 [illegible] 연행에 [illegible] 항의단을 구성, 관계기관에 보내 [illegible] 전달하였다.

지금까지 연행된 회직자는 다음과 같다.

11월 28일 : 한광옥 대변인
[illegible] 홍보국장
12월 3일 : 김도현 민주통신주간
12월 6일 : 최영식 기획실장
12월 9일 : 김용기 출판문예국장
12월 10일 : 원성희 조직국장
12월 11일 : 김홍 김대중의장 비서
12월 12일 : 김상운 [illegible]국장
12월 13일 : 서원충 외기국장
[illegible] 전문위원
[illegible] 김대중의장 비서
12월 15일 : 문노길 상임운영위원
윤동순 대외협력국장
12월 17일 : 홍순권 [illegible]국장
12월 18일 : 이재훈 농수산국장
12월22일 : 김옥두 김대중의장비서실차장
서울시부국장(구속) 유성효국장(구속)

제 4 장

민주화추진협의회와 사회운동

• 서복경

Ⅰ. 신군부 집권기 사회운동

Ⅱ. 민추협과 사회운동

Ⅲ. 사회운동의 관점에서 민추협의 역할

제4장 민주화추진협의회와 사회운동

Ⅰ. 신군부 집권기 사회운동

1. 10·26 이전의 사회운동

정부 수립 이후 한국의 역대 권위주의 정권들은 모두 아래로부터 저항으로 몰락했으며, 4월 혁명과 부마항쟁에 이은 6월 항쟁은 결국 정치체제의 민주화를 가져왔다. 앞선 두 번의 대중저항이 새로운 권위주의 정권 출현으로 귀결되었던데 반해 6월 항쟁은 정치체제의 전환을 가져왔다는 점에서, 1980년대 사회운동의 범위와 규모는 과거와 달랐다. 그러나 1960~70년대 체제저항의 경험과 사회운동의 누적된 진전이 없었다면 1987년의 항쟁은 조직될 수 없었으며, 1980년대 사회운동은 많은 부분 1970년대 사회운동의 유산 위에서 만들어질 수 있었다.

1960~70년대 체제 저항적 사회운동을 집약하는 키워드는 '재야(在野)'다.

박명림에 따르면, 재야는 '한국 권위주의체제하에서 존재하였던 비제도적인 조직적 반대운동 세력'을 지칭하며, 존속기간은 5·16 쿠데타로 집권한 박정희 정권 출발시점인 1961년부터 김영삼 문민정부의 출현 이전인 1992년까지라고 한다(박명림 2008a, 232). 존속 시점이나 재야 세력의 범위에 대해서는 각기 다른 정의가 있을 수 있겠지만, 재야운동이 1960~80년대 사회운동의 흐름을 통칭한다는 점에서는 큰 이견이 없다.

1980년대 사회운동을 논하기에 앞서 1960~70년대 재야 세력과 활동을 이해하는 것이 중요한 이유는, 앞선 시기 재야 세력과 1980년대 새롭게 등장한 사회운동 세력 사이의 협력과 긴장이 이 시기를 관통하는 주요한 흐름이기 때문이다. 1970년대까지 재야 세력을 1세대라고 부른다면, 1세대 재야 세력의 기반은 우파 민족주의, 북한 출신, 기독교였다. 박정희 쿠데타를 공개적으로 비판한 최초의 지식인 함석헌(1901~1989), 한일회담 반대와 3선 개헌 반대에 앞장섰던 계훈제(1921~1999), 1975년 장준하의 죽음으로 반정부 활동에 뛰어들었고 1980년대 사회운동을 이끌었던 문익환(1918~1994), 민중신학을 발전시켰으며 1970년대 재야운동을 이끌었던 안병무(1912~1986), 학계 재야 세력을 대표했던 리영희(1929~2010), 민족주의 통일운동가로 알려진 백기완(1932~) 등 1세대 재야운동의 대표적 인물들은 북한 출신의 기독교 기반, 반공산주의 경향의 민족주의라는 특징을 공유했다(박명림 2008a).

1961년 군부 쿠데타 시점, '군인은 혁명을 할 수 없다'는 함석헌(1961)의 일성은 예외적인 것이었고 당시 학생운동과 사회운동 세력은 박정희 쿠데타에 반대하지 않았으며 4월 혁명의 과업을 계승한 것으로 보는 견해가 지배적이었다(조희연 1990, 75). 재야 세력이 박정희 정권에 반대하는 독립적인 사회 세력으로 등장한 계기는 1964년 한일협정반대투쟁이었다. 이를 계기로 민족주의 정체성을 확립하기 시작했으나 당시 민족주의는 1970년대 후반 등장해 1980년대를 관통한 통일지향성에까지 이르지는 않았다.

1969년 박정희 정권의 3선 개헌은 재야를 '3선 개헌 반대 범국민투쟁위원회'로 결집시켰으며 당시 신민당과 연대하여 3선 개헌 저지운동에 나서게 만들었다. 그러나 1969년 10월 17일 국민투표에 의해 개헌안은 통과되었고, 재야 세력은 1971년 대통령 선거와 국회의원 선거에서 부정선거를 막고 공화당 후보의 당선을 저지하기 위해 다시 '민주수호 국민협의회(이하 민수협)'로 집결하였다. 3선 개헌 반대와 1971년 선거대응을 위해 결집했던 재야는 명망가들과 학생운동, 기독교계를 중심으로 구성되었으며, 노동·농민 등 사회운동집단은 아직 등장하지 않았다.

한국 재야운동에 노동과 민중 담론을 등장시킨 계기는 1970년 노동자 전태일의 분신 사건, 1971년 광주이주단지 소요사건이었다(박명림 2008b, 39-44). 1970년대 초 노동-민중 담론에 특히 반응했던 세력은 학생운동과 기독교계였다. 1950년대부터 교단별로 진행되었던 개신교 산업선교 활동은 1971년 '한국도시산업선교연합회'[1]로 결집되었으며, 대한예수교장로회, 기독교대한감리회, 한국기독교장로회 등의 교단 산업선교회가 결합했다. 이들은 1970년대부터 노동자들의 소모임 구성, 노동조건 개선과 민주노조 건설 지원에 나섰으며, 유신체제의 노동탄압에 맞선 인권활동을 펼쳤다. 가톨릭계의 노동-민중지원 활동은 한국가톨릭노동청년회가 중심이 되었다. 1958년 도입기부터 노동-빈민문제에 관심을 가졌던 가톨릭노동청년회는, 1970년대에 들어서면서 노동조합 결성 및 활동 지원과 조직적 연대 등으로 그 관심을 확장하기 시작했다.[2]

또한 두 사건은 학생운동에 큰 충격과 영향을 미치게 된다. 당시 서울대 법대에 재학 중이던 장기표(1945~)가 전태일 분신사건을 계기로 노동문제에 관심을 갖고 재야운동에 뛰어들었다는 것은 널리 알려진 일화다. 서울대 법과대학 사회법학회 명의로 만들어진 「광주대단지 빈민실태 조사 보고서」

---

1) 1971년까지 개신교계의 도시산업선교는 각 교단별로 진행되면서 협의체로 운영되었으나 1971년 총회를 거쳐 '연합회'로 그 성격을 바꾸고 '국제관계에서(한국의) 도시산업선교를 대표하는 유일한 결의기관'이 되었다(한국도시산업선교연합회 1971).

2) 1958년 한국에 도입되어 활동을 시작한 가톨릭노동청년회는 1970년대에 들어 '가톨릭 신자가 아닌 동료 노동자들에 대한 조직 확대'가 이루어졌으며 '노동 상황이 악화됨에 따라 노동쟁의가 급증하는 가운데 … 노동운동이 두드러지게' 되는 특징을 보였다(한국가톨릭노동청년회 1988, 26).

(1971)는 당대 학생운동이 노동-빈민문제를 얼마나 충격적으로 받아들였는지를 잘 보여준다. 이 시점을 계기로 학생운동 출신자들의 노동운동 연대 및 지원, 투신 등의 활동이 등장하기 시작했으며, 1970년대의 이런 분위기는 1980년대 청년운동 및 학생운동에서 노동-민중 의제가 중심적으로 자리 잡는 밑바탕이 된다. 또한 노학연대 활동이나 빈민운동과 결합된 학생운동 출신 청년활동가집단을 양성해냈으며, 1983년 9월 결성된 민주화운동청년연합 초대 대표를 맡았던 김근태(1947~2011)가 그 대표적 인물이다.

유신체제의 등장은 역설적으로 재야운동의 저변을 넓히고 부문 간, 개인 간 연대운동을 활성화시켰다. 국가기구를 통한 강한 억압체제는 명망가, 학생, 노동, 종교인, 지식인을 가리지 않았으며 어느 한 부문이나 개인에 대한 탄압은 곧 다른 부문으로 확장되었고, 이를 방어하기 위한 연대가 적극적으로 모색되게 만들었다. 1973년 말부터 서울, 대구 등에서 '민주회복과 민중생존권 보장'을 요구하는 학생시위가 발발하기 시작했으며, 12월 24일 재야는 개헌청원 100만인 서명운동에 돌입했다.[3] 당시 개헌청원운동에는 그 이전 재야 세력에 포함되지 않았던 온건인사들이 다수 참여하였으며 1974년 1월 4일 기준 서명자는 30만 명에 이르렀다.

유신정권은 1974년 1월 8일 '긴급조치 1호'를 발하면서 체제저항을 진압하고자 했으며 그 정점은 1974년 4월 '전국민주청년학생총연맹(이하 민청학련)' 사건과 '긴급조치 4호'였다. 4월 3일을 기해 전국 대학에서 유신반대 동시시위를 준비했던 학생들의 계획은 '과거 공산계 불법단체인 인혁당 조직과 재일 조총련계와 일본 공산당, 국내 좌파 혁신계가 복합적으로 작용(신직수 중앙정보부장, 4월 25일 발표)'한 사건으로 둔갑했다. 인혁당 재건위-민청학련을 연계시킨 조작 사건[4]으로 1,024명이 조사를 받았고 203명이

---

3) 개헌청원 발기자는 장준하, 함석헌, 법정, 김동길, 김재준, 유진오, 이희승, 김수환, 백낙준, 김관석, 안병무, 천관우, 지학순, 김지하, 문동환, 박두진, 김정준, 김찬국, 문상희, 백기완, 이병린, 계훈제, 김홍일, 이인, 이상은, 이호철, 이정규, 김윤수, 김승경, 홍남순이었다([개헌청원 운동 취지문] 김삼웅 1984, 171; 박명림 2008b 46 재인용).

4) 민청학련 사건은 2005년 '국가정보원과거사진실규명을통한발전위원회(이하 진실위)'

구속되었으며, 6월 14일 군법회의 1심 재판에서 사형 9명, 무기징역 21명, 기타 140명 등 '도합 1,650년'에 달하는 징역 형량이 선고되었고 8명에 대해서는 사형이 실제로 집행되었다.

반(反)유신 세력을 일거에 소탕하기 위해 기획되었던 '민청학련-인혁당 재건위' 사건은 역설적으로 1970년대 말부터 1980년대를 관통하는 재야 세력의 다양한 결집체들을 만들어냈다. 민청학련 사건 관련자들이 석방되고 '긴급조치 9호'로 구속·제적된 학생들이 합류하면서 만들어진 '민주청년인권협의회', '민주주의 국민연합'과 뒤이은 '민주주의와 민족통일을 위한 국민연합' 등이 그에 해당한다.

1978년 결성된 '민주청년인권협의회'회장 정문화는 민청학련 사건으로 무기징역을 선고받았다가 석방되었으며, 역시 민청학련 사건으로 고초를 겪었던 윤보선, 지학순, 박형규 등도 이 단체의 고문으로 합류했다. 1979년 3월 결성된 '민주주의와 민족통일을 위한 국민연합'은 1974년 결성되었다가 1975년 긴급조치로 활동이 중단되었던 '민주회복 국민회의'와 1978년 결성된 '민주주의 국민연합'의 활동을 계승한 재야의 연대운동조직을 표방했다. 윤보선, 함석헌, 김대중을 공동의장으로 하고 문익환, 고은, 함세웅 등이 중앙위원으로 참여했던 국민연합은, 한국인권운동협의회, 천주교정의구현전국사제단, 해직교수협의회, 자유실천문인협의회, NCC인권위원회, 민주청년인권협의회 등 13개 단체가 결합한 전국조직을 구성하여 유신말기 사회운동을 총망라하였다. 민주주의와 민족통일, 평화주의를 표방한 국민연합은 당면 목표로 유신체제 종식과 민주정부 수립을 천명하였고,[5] 10·26 이후에도 재야운동 연대체로서 활동을 전개해 나갔다.

재조사를 통해 국가권력이 고문을 통해 조작한 학생운동 탄압사건으로 인정되었으며, 재심청구를 한 인혁당 사건은 2007년 무죄선고를 받았고 2009년 민청학련 관련자들 역시 사법부로부터 무죄선고를 받았다.

5) 국민연합은 재야운동연대체로 최초로 민족통일 과제를 주요의제로 선정하였으며, 이런 경향은 1980년대 민주주의와 함께 통일의제가 재야운동의 전면에 등장하게 된 전사(前史)를 보여준다(민주주의와 민족통일을 위한 국민연합 1979).

한편 1970년대 노동, 농민 등 부문운동은 재야연대활동에 직접 결합하는 방식이 아니라 기독교계와 연결되면서 개별 사업장이나 지역단위 활동을 생성해나가고 있었다. 당시 노동운동은 어용노조와 결별하면서 민주노조를 결성하고 사업장 내 고용과 근로조건 개선과 관련된 활동을 벌였지만, 그마저도 국가기구와 직접 대면하지 않으면 안 되는 열악한 상황에 놓여 있었다. 그러나 당대 개별사업장 노조활동들은 이후 1980년대 연대적 노동운동과 신군부 정권을 종식시키는 대중운동을 만들어내는 데 밑바탕이 되었다.

원풍모방 노조, 동일방직 노조, 청계피복 노조는 1970년대 민주노조운동의 상징으로 기억된다. 1972년 당시 원풍모방의 전신인 한국모방[6]에서 민주노조건설과 근로환경 개선을 주장하며 '한국모방노동조합 정상화투쟁위원회'가 만들어진 이후 1982년 신군부체제에서 강제 해산될 때까지, 10여 년 동안 노조는 기업과 국가기구에 의한 폭력과 구속, 해고 속에서도 활동을 지속했고, 가톨릭노동청년회는 노조활동과 구속 및 해고노동자 지원, 사업장 외부의 지지를 이끌어내는 방식으로 결합해 있었다. 동일방직 인천공장 노동조합은 개신교계 도시산업선교회의 지원을 받으면서 1970년대 민주노조운동을 개척해 나갔던 대표적 사례다. 1972년 민주노조를 결성해냈던 동일방직 노조는 1976년과 1978년에 걸쳐 회사 측의 민주노조 와해시도에 파업과 집단농성 등으로 맞섰으나, 그 과정에서 대량해고사태가 발생한다. 당시 해고노동자들은 원풍모방 해고노동자들과 함께 1980년대 노동연대활동의 중요한 축을 형성한다. 청계피복노조는 1970년 노동자 전태일 분신사건을 계기로 민주노조운동이 성장한 곳으로 1970년대에 걸쳐 임금인상, 노동시간 단축, 노조활동 보장 등의 이슈로 수차례 투쟁을 전개하였으며, 노동조합 활동가와 해고 노동자들은 1980년대 노동자 연대조직 결성과 구로 동맹파업 등의 연대활동의 중심을 이루었다.

한편 1970년대 농민운동은 가톨릭농민회 활동과 긴밀히 연계되어 있었으며, 1976~78년 '함평고구마사건'이나 1979년 '오원춘 사건'도 가톨릭계의 적

6) 한국모방은 1973년 부도를 냈고 1974년 한풍산업이 인수하면서 한풍모방이 되었다.

극적인 지지와 결합으로 해결되거나 세상에 알려지게 되었다. 가톨릭농민회는 1965년 가톨릭노동청년회 농촌청년부에서 출발하여 1972년 독자적인 조직을 갖추게 되었으며, 이후 '농협민주화'와 '농촌 조직의 강화'등을 목표로 농민운동 활동가를 양성하고 농촌문제를 농민 스스로 조직적으로 대응할 수 있는 여러 활동을 지원하였다.[7]

'함평고구마사건'은 1976년 11월 함평지역에서 농협의 고구마 수매약속이 이행되지 않자 함평군 가톨릭농민회에서 피해보상을 요구하며 시작된 사건으로, 농민들의 요구에도 농협중앙회와 농수산부가 응하지 않자 1977~78년에 걸쳐 서울, 부산, 대구 등 전국 각지에서 사건을 폭로하고 가톨릭교계가 집단적으로 농성에 합류하면서 1978년 4월에야 결말을 본 사건이다. 그 과정에서 농협간부들이 고구마 수매자금을 부정 유용한 사실이 밝혀져 농협 도지부장, 군조합장, 단위조합장 등 658명이 해임이나 징계를 받았다(한국가톨릭농민회 1978).

일명 '오원춘 사건'은, 1978년 경북 영양군 감자농사 피해보상 관련 활동을 주도하여 피해보상을 받아냈던 가톨릭농민회 활동가 오원춘이, 1979년 5월 기관원들에게 납치, 감금, 테러를 당했다가 풀려나 양심선언을 했던 사건이다. 가톨릭 교계는 오원춘의 증언을 전국에 폭로했는데, 당국은 사건을 폭로한 농민회 간부와 신부를 긴급조치 9호 위반으로 구속하고 농민회에 조직적 탄압을 가함으로써 가톨릭 교계를 자극했다(천주교정의구현사제단 등 1979). 이 사건은 후일 가톨릭 교계가 유신체제 반대에 더 적극적으로 나서도록 만들었고 농민운동의 전국적 연대를 촉진한 계기가 되었다고 평가된다.

1978~79년에 걸쳐 한편으로 재야운동단체들이 결집하기 시작했고, 다른 한편으로 1979년 5월 김영삼 총재 체제의 신민당이 유신체제에 대한 저항

---

7) 가톨릭농민회는 후일 1972년~1980년 시기를 조직의 '성장기'로 규정하고 농민운동 활동가의 저변 확대와 농민조직의 전국적 확산을 이루어냈다고 평가했다(한국가톨릭농민회전국본부 1996, 20-25).

노선을 분명히 하면서 유신체제를 압박해 나갔다. 1979년 9월 법원이 김영삼의 신민당 총재직을 박탈하고 10월 4일 국회에서 의원직 제명이 이루어지면서 부마항쟁의 불씨가 당겨졌고, 마침내 10·26이 발생했다.

10·26 이후 1987년 6월 항쟁까지 사회운동은 대략 네 개의 시기로 구분될 수 있다. 제1기는 쿠데타 이후 정치사회적 탄압과 사회운동의 침체기로 대략 1983년 말까지의 시기이며, 제2기는 정부의 자유화 조치에 맞물려 사회운동이 재건과 성장을 거듭했던 시기로 1985년 3월경까지이다. 제3기는 신군부 정권이 유화조치를 폐기하고 탄압국면으로 돌아섰던 1985년 4월경부터 민추협·신민당과 재야가 갈등과 협력을 반복했던 1987년 4월까지이며, 제4기는 통일민주당과 민주헌법국민운동본부를 중심으로 민주화 전환을 이루어갔던 1987년 5월 이후의 시기다. 이하에서는 이 시기 구분에 따라 사회운동의 변화를 요약해 본다.

2. 민주화의 좌절과 사회운동의 암중모색(1979년 10월 26일~1983년)

짧은 권력공백기를 거쳐 신군부의 12·12 쿠데타가 발발하자 재야와 학생운동은 계엄해제와 쿠데타 세력의 퇴진을 요구했지만 당시 김영삼과 김대중의 행보는 결을 달리하고 있었다. 1978년 이후 가택연금 상태에 있다가 10·26과 12·12를 맞이했던 김대중과 신민당의 당권을 장악하고 있던 김영삼은, 김대중의 신민당 입당문제를 둘러싼 힘겨루기를 하며 신군부 세력에 적극적인 대응에 나서지 않고 있었기 때문이다(강원룡 2004). 신군부의 5·17 계엄확대 조치 직전까지 '민주주의와 민족통일을 위한 국민연합'은 전두환 퇴진, 계엄 폐지, 향후 정치일정 구체화를 요구하고 나섰지만(국민연합 1980), 김영삼-김대중으로 대표되는 당시 야당 세력은 행보를 함께 하지 않았다. 결국 5월 17일 계엄확대 조치에 이어 5·18 광주민중항쟁이 발발했으며, 이 시기의 경험은 사회운동 세력에게 깊은 좌절과 패배감으로 귀결되었고 이후 야당 세력을 대하는 사회운동 내의 갈등을 배태하였다.

비상계엄 확대에 이은 정치활동 금지와 국회해산, 정당폐쇄, 주요 정치인과 사회운동가들의 체포, 「집회 및 시위에 관한 법률」·「언론기본법」·「국가보안법」·「노동관계법」·「정치풍토 쇄신을 위한 특별조치법」등의 법제도적인 수단을 활용한 억압체제에서, 사회운동은 제도권 야당의 도움을 얻을 수 없었을 뿐 아니라 기존에 존재했던 각각의 조직단위마저도 해산당한 채 암중모색의 시간을 보내야 했다.[8] 이 시기 사회운동은 '유신체제 반대 세력은 왜 패배해야 했는가? 왜 신군부에게 권력을 내어줄 수밖에 없었는가? 광주민중의 희생을 어떻게 계승해야 하는가?' 등의 근본적 질문들에 대면해야 했다. 그리고 1970년대까지 없었거나 미약했던 두 가지 핵심담론이 1980년대 사회운동에 등장했는데, 바로 '미국'과 '민중'이 그것이다.

1970년대까지 재야 사회운동에서 '반미'담론은 존재하지 않았다(박명림 2008a, 246). 그러나 신군부가 광주민중항쟁을 진압하는 과정에서 미국의 역할, 신군부를 사실상 인정했던 미국의 태도를 둘러싸고 한-미관계를 재조명하게 되었으며, 이는 먼저 학생운동 내 반미운동으로 발현되었다. 1980년 11월 서울대학교 총학생회 명의의 시국선언문에 등장한 '반미 자주화 반파쇼 민주화 투쟁'이라는 슬로건(서울대 총학생회 1980), 1980년 12월 광주미문화원 방화사건, 1982년 3월 부산 미문화원 방화사건 등은 1980년대 재야운동의 미국에 대한 새로운 시각을 드러내주는 상징적 사건들이다.

반면 1980년~1982년 학생운동 내에서 전개된 '무림-학림 논쟁'과 '야학비판-전망'논쟁은, 한편으로 새로운 군부권위주의 정권하에서 학생운동의 진로에 관한 논쟁이기도 했지만 다른 한편으로는 1979~1980년 사회운동의 패배의 원인 진단에 관련된 문제이기도 했다. '학생운동의 선도적 정치투쟁이냐 대중적 지지기반의 강화냐'라는 일견 상반된 방향을 놓고 논쟁이 진행되기는 했지만, 궁극적으로는 반체제운동의 대중적 기반을 확장하기 위한 방

8) 1983년 말 기준 미국무성 통계에 따르면, 한국의 정치범 숫자는 325명에 달했는데 이 숫자는 유신말기인 1978년 정치범 숫자 180~220명보다 100여 명 이상이 더 많은 것이었다(윤성이 1999, 117).

법론적 차이에 관한 것으로 볼 수 있었다. 10·26과 5·17 사이의 시기, 당시 '국민연합'의 민주수호 궐기 요구(국민연합 1979)에 대해 야당도 응답하지 않았고 민중도 응답하지 않았던 이유를 진단하고 대안을 모색하기 위한 과정으로 이해된다.

한편, 학생운동의 암중모색이 진행되는 동안 노동운동계의 이슈는 '살인명부(블랙리스트)'문제였다. 유신체제하에서 이미 존재했던 블랙리스트는 1978년에도 동일방직노조 해고자 명단이 배포되어 문제가 된 바 있었다. 이 명단은 '회사와 수사기관, 노동부 3자가 합작으로 만들어 각 사업장, 노동부 근로감독관실 및 수사기관들이 비치'하고 있는 것으로 파악되었는데, 이 리스트에 오른 노동자들은 해고, 사직강요, 전근, 부서이동, 취업거부 등의 대상이 되었다. 1982년 봄 전북 익산(당시 이리) 지역 (주)태창메리야스에서 노조활동을 하다가 해고된 9명의 노동자가 블랙리스트 폐지를 요구하며 투쟁을 벌였고, 1983년 10월에는 인천지역에서 해고된 6명의 노동자가 블랙리스트 철폐를 요구하는 투쟁을 전개하다 구속되는 일이 발생했다. 당시 노조활동을 지원하던 가톨릭노동청년회와 개신교 도시산업선교회 등을 중심으로 '민주노동자블랙리스트문제대책위원회'가 꾸려졌고, 블랙리스트로 인한 피해상황에 대한 조사와 당국에 대한 대응, 피해자들에 대한 지원 사업이 전개되었다(민주노동자블랙리스트문제대책위원회 1984). 해고 노동자의 재취업 자체를 봉쇄했던 이 조치는 역설적으로 노동운동의 연대조직 결성과 연대활동을 가속화시키는 계기가 되었다.

3. 자유화 조치와 사회운동의 재건·성장기(1984년~1985년 3월)

신군부는 1983년에 접어들면서 정치활동 규제자를 부분적으로 해금조치하기 시작했고 해직된 교수와 제적된 학생들의 학원 복귀 조치, 정치활동으로 구속된 사람들에 대한 선별적 석방과 사면조치를 진행했다.[9] 그 결과 1983년 11월 기준 459명이던 정치범의 숫자는 1984년 11월 109명으로 줄

〈표 1〉 정치범의 수(1982~1985)

	1982년 11월	1983년 11월	1984년 11월	1985년 11월
정치범 숫자	413명	457명	109명	704명

* 출처: 한국기독교사회연구원(1986, 105); 윤성이(1999, 119) 재인용

어들게 되었다.

신군부의 유화조처는 1985년이 되면서 다시 탄압국면으로 전환되었고 정치범의 숫자는 704명으로 늘어났으며 1986년이 되면 다시 1985년의 3배 이상 늘어나는 추이를 보이게 되는데, 1983~1984년 시점에 일시적으로 단행된 유화조처의 원인에 대해서는 몇 가지 설명들이 존재한다. 경제성장률 증가로 정책적 자신감을 얻은 신군부가, 물리력이 아니더라도 저항 세력을 통제할 수 있다고 믿었고, 1985년 2월로 예정된 국회의원 선거를 의식해 유권자들을 향한 화해의 제스처가 필요하다고 판단했다는 것이다(윤성이 1999, 119).

그 이유가 무엇이든 유화국면은 사회운동의 재건과 결집의 공간을 만들어냈다. 가장 먼저 움직임을 보인 것은 청년운동으로 1983년 9월 30일 '민주화운동청년연합(이하 민청련)'이 결성되었다. 민청련 결성의 움직임은 1983년 초부터 시작되었고, 당시 '60년대 후반에서 72학번까지 학생운동을 주도해온 김경남·문국주·송진섭·이해찬·장영달·정문화·정화영·조성우·황인성 등은 최민화의 집에서 매주 한 차례씩 회동을 가졌는데 이들을 OB

9) 1983~84년의 유화조치 주요 내용은 다음과 같다. 1983년 2월 25일 정치활동 피규제자 555명 중 250명 1차 해금, 8월 12일 부산미문화원 방화사건, 김대중 사건 관련자 포함 1,944명 광복절 특사, 8월 16일 1980년 해직교수 단계적 복직 허용, 12월 21일 학원사태 관련 제적생 1,367명 복교 허용, 12월 22일 학생사범, 부산미문화원, 남민전, 김대중 사건, 광주사태 관련자 등 172명 석방, 142명 복권. 1984년 2월 25일 정치활동 피규제자 202명 2차 추가 해금, 2월 29일 학원투입 경찰병력 철수, 3월 1일 구속학생 158명 석방, 3월 2일 정치활동 피규제자 99명 중 15명을 제외한 84명 3차 해금과 학원사태 관련 159명 특사, 8월 13일 공안사범 714명 광복절 특사(정일준 2011, 259).

모임이라고 했고, 72학번부터 70년대 후반 학번까지는 별도로 만나 회동을 가졌는데, 이를 YB라 불렀다'고 한다. 민청련 초기 구성원들은 1978년 결성되었다가 와해된 민주화청년협의회 출신과 유신체제~신군부체제에 걸쳐 제적되었다가 복학된 학생들의 모임임 복학생협의회, 그리고 1970년대에 걸쳐 학생운동 출신으로 노동운동에 관여한 그룹 등이 주축이 되었다(6월민주항쟁계승사업회 2007, 199-200).

민청련 의장으로 1970년대 민청협 활동을 주도했던 인물이 아닌 노동현장 출신 김근태가 선출된 데에는, 당시 학생운동 내 지배적 흐름이었던 현장론을 포용하려는 의도가 있었다(경향신문, 2004/04/12). 민청련은 민주화의 좌절과 광주민중항쟁의 경험이 사회운동에 가져왔던 충격과 대응을 받아들여 노선으로 표방했는데, 그 하나는 민족문제였고 다른 하나는 대중노선의 원칙이었다. '1970년대 민주화운동이 반독재 운동에만 치우쳐 미국 등 외세의 본질에 대한 인식과 조국통일의 절박성에 대한 자각이 낮았다는 점을 반성하여 민족민주운동을, 광범한 대중에 의거한다는 대중노선의 원칙과 강한 조직적 규율에 따라 투쟁한다는 조직운동노선'을 표방했다(유기홍 2010, 276).

민청련 결성에 이은 움직임은 노동운동에서 나왔는데, 1970년대 원풍모방, 동일방직, 청계피복 등에서 해고된 노동자들이 모여 1984년 3월 10일 '한국노동자복지협의회(이하 노협)'를 결성했다. 노협은 결성선언문에서 '유신독재의 어두운 시대에 민주 노동조합을 지키려고 몸부림치다 권력의 잔인한 탄압에 의해 희생된 당사자로서 비조직적이고 고립분산적인 한계를 극복하고 노동운동의 주체성·통일성·연대성을 드높이고자 한다.'고 밝힘으로써 노동운동의 연대조직을 천명했다(한국노동자복지협의회 1984). 노협은 이후 1980년대 재야 연대조직에도 직접 결합하여 1970년대 이전 사업장별로 고립되었던 노동운동과는 다른 활동을 전개해 나갔다.

1984년 4월에는 문화운동계에서 '민중문화운동협의회'를 결성했고, 12월에는 유신체제와 신군부하에서 해직된 언론인과 출판인들을 중심으로 '민주언론운동협의회'가 결성되었으며, 1985년 5월에는 불교계에서도 '민중불교운동연합'이 결성되었다. 부문운동과 함께 지역단위 연대조직들도 속속 건설되었는데, 1984년 8월에는 전북민주화운동협의회가, 11월에는 전남민주청년운동협의회와 인천지역사회운동연합이, 1985년 1월에는 민주통일국민회의경북지부 등이 결성되어 활동하면서 전국적 연대를 모색했다.

1983년 9월 민청련 결성 이래 각 부문과 지역의 연대 움직임이 가속화되면서 1984년 6월 부문과 지역의 전국적 연대조직으로서 '민중민주운동협의회(민민협)'가 창설되었다. 종교계에서는 김승훈 신부와 김동완 목사, 후일 민불련 초대 의장이 되는 여익구가 결합했으며, 노동계에서는 방용석 노협 대표, 가톨릭노동청년회 이창복이 참여했고 농민운동에서는 가톨릭농민회 배종렬, 나상기가 참여했으며 청년운동에서는 김근태, 황인성 등 민청련에서 결합을 했고, 언론계에서는 1970년대 동아일보 해직기자 출신이며 나중에 민주언론운동협의회 초대 사무국장을 역임한 이부영이 참여했으며 문화예술 분야에서는 자유실천문인협의회 박태순 등이 참여하여 명실상부한 부문운동 연대조직이 건설된 것이다. 1984~85년 시점 민민협에 참여한 부문운동 대표들이 각자 자기 분야에서 대중적 기반을 가졌다고 보기는 어려우며, 이들이 부문운동의 대표성을 자임하면서 1986년 이후 대중운동을 조직해나가는 주체가 되었다고 보는 것이 자연스럽다.

한편 1984년 10월 16일에는 문익환 의장을 중심으로 계훈제, 백기완, 성내운, 유인호, 윤반웅, 장기표 등 1970년대 재야운동을 이끌었던 인물들을 주축으로 '민주통일국민회의'가 결성되었다. 부문운동의 강화에 기초한 연대를 주장했던 민민협과 반독재투쟁을 위한 단일연대조직을 주장했던 국민회의는 2·12 총선 직후인 1985년 3월 29일 통합을 이루면서 문익환 의장이 이끄는 '민주통일민중운동연합(이하 민통련)'을 탄생시켰고, 민통련은 이후 민주화 전환 국면에서 전국적인 지역조직과 부문조직을 이끌면서 한편으로 사회운동의 연대체 기능을 하고 다른 한편으로 민주화추진협의회(이하 민추협)·신민당과 사회운동을 연계하는 가교역할을 담당하게 되었다.

4. 탄압국면으로의 회귀와 사회운동 분출기(1985년 4월~1987년 4월)

1985년 2·12 총선에서 신민당의 놀라운 선전은 사회운동진영에도 자신감을 불어 넣었으며, 이전 시기 속속 결집했던 운동단체들의 정치행동이 터져 나올 수 있는 공간을 열었다. 반면 전두환 정권의 입장에서는 신민당과의 협상이냐 전면적 탄압을 통한 대결이냐를 선택해야 하는 상황에 놓이게 만들었다. 2·12 총선 직후 전두환 전 대통령은 민정당 대표직을 노태우에게 넘겨주고 3월 6일엔 김영삼, 김대중, 김종필 등 남아 있던 정치활동 규제자들에 대한 해금조치를 취했다. 그러나 정권과 야당-재야의 일시적 교착국면은 5월 23일 대학생들의 미문화원 점거농성과 학생-청년단체들이 주도한 5월 29일 '광주학살정권 퇴진을 위한 국민대회'를 기점으로 종료되었고, 1983년 유화조처 이전보다 더 가혹한 탄압국면으로 전환되었다.

각 부문운동단체들의 결집 흐름은 학생운동도 예외는 아니었다. 1985년 4월 17일 전국 22개 대학 총학생회 대표가 모여 '전국학생총연합(이하 전학련)'을 결성하고, 전학련 산하에 '민족통일민주쟁취민중해방투쟁위원회(이하 삼민투위)'를 설치하였으며 각 대학별 삼민투위도 결성되었다. 전학련은 민족, 민주, 민중 삼민주의를 표방했고, 전두환 정권을 '외세에 종속된 독재'로 파악함으로써 반미주의를 드러냈다(전학련 1985a, 1985b). 5월 17일에는 전학련 주도로 전국 80개 대학 3만 8천여 명의 대학생들이 '광주사태 진상규명'을 요구하며 시위를 벌였고, 5월 23일 서울지역 대학생 73명이 미문화원을 점거하여 26일까지 농성을 벌였다. 농성 자체는 학생들의 자진해산으로 물리적 충돌 없이 종료되었지만, 이 사건으로 서울대 삼민투위 위원장 함운경 등 25여 명이 구속되었다.

5월 29일 개최된 '광주학살 정권 퇴진을 위한 국민대회'는 전학련과 민청련 외 3개 청년·학생단체가 연합하여 개최했으며 '광주학살 책임지고 전두환은 물러가라!', '미국은 학살지원 책임지고 공개 사과하라!', '미국은 군사독재정권 지원을 철회하라!'는 등의 슬로건을 내걸었다(한국기독청년연합회 등 1985). 이 사건을 계기로 정권은 민청련, 전학련에 대한 대대적인 검거에 나서게 된다. 6월 29일 정권은 9개 대학에 경찰을 투입해 전학련 삼민투위 관계자 66명을 검거했으며, 7월부터 민청련 상임위원장 김병곤을 구속하고 이범영 집행위원장 등 간부들을 수배했다. 전 민청련 의장 김근태는 '민추위 사건(혹은 깃발사건)'으로 구속되어 가혹한 고문을 받게 된다.

한편 1985년 6월 24일에는 '1950년 한국전쟁 이후 최초의 동맹파업'으로 기록된 '구로동맹파업'이 발발했다. 1983년 이후 유화국면에서 노동자들은 전국단위에서 민주노조 결성운동을 벌여 나갔고, 구로지역에 위치한 대우어패럴노조, 대한마이크로노조, 가리봉전자노조, 선일섬유노조, 효성물산노조 등은 민주노조 결성에 성공한 사례였다. 6월 22일 경찰이 대우어패럴노조 간부들을 구속하면서 24일 노조가 파업에 돌입했고, 뒤이어 구로지역 다른 노동조합들로 파업은 확산되었으며 사회운동단체들과 종교단체들까지 지원에 나섰다. 6일간의 연대파업에 10개 노조 2천5백여 명이 참여하였으며, 이 과정에서 구속 43명, 불구속 입건 38명, 구류 47명, 그리고 7백여 명이 해고 및 강제사직을 당했다.

구로동맹파업은 한편으로 작업장을 넘어선 노동자들의 연대투쟁이었고, 다른 한편으로 학생운동이 노동자 파업에 적극적으로 결합했던 연대투쟁이기도 했다. 학생들은 동맹파업 기간에도 직접 파업 중인 사업장에 들어가거나 음식 등의 외부지원활동을 전개했으며, 파업이 종료된 이후인 7월 6일 200여 명의 학생들이 독자적으로 노조탄압 중지 등을 요구하는 시위를 구로공단에서 진행하기도 했다.

구로동맹파업에 대한 정권의 탄압은 노동자연대조직의 결성을 결과했다. 파업에 참여했던 노동자들을 중심으로 서울노동자연대투쟁연합 결성되었고, 8월 25일에는 서울노동자연대투쟁연합, 청계피복노동조합, 노동운동탄압저지투쟁위원회, 구로지역노조민주화추진위원회 4개 조직이 연합하여 서울노동운동연합(서노련)을 출범시켰다. 서노련은 9월 민통련에 가입하였고, 이 시기 11개 부문조직이 민통련에 더 합류함으로써 민통련은 23개 부문·지역조직을 갖추게 되었다.

2·12 총선 이후 분출하는 사회운동에 직면한 정권은, 우선 '광주학살 진

〈표 2〉 민주통일민중운동연합 결합 단체(1985년 9월 기준)

부문	노동	한국노동자복지협의회, 서울노동운동연합, 한국기독교노동선교협의회, 가톨릭노동사목연구소
	농민	한국가톨릭농민회, 한국기독교농민회총연합회
	종교	천주교정의구현전국사제단, 민중불교운동연합
	학생	대한가톨릭학생총연맹
	청년	민주화운동청년연합
	문화	자유실천문인협의회, 민중문화운동협의회
	언론	민주언론운동협의회
지역	서울	민통련 서울지부
	인천	인천지역사회운동연합
	강원	민통련 강원지부
	충북	충북민주운동협의회
	충남	충남민주운동협의회
	전북	전북민주화운동협의회
	전남	전남민주청년운동협의회
	경북	민통련 경북지부
	경남	민통련 경남지부
	부산	부산민주시민협의회

* 출처: 민통련(연도 미상), 이룰태림(2014) 참조 재구성

상규명'을 전면에 내거는가 하면 노학연대 활동을 활발히 전개해 나갔던 학생운동에 대한 특별한 조치의 필요성을 느꼈고, 이로부터 비롯된 것이 1985년 7~8월의 소위 '학원안정법 파동'이었다. 7월 31일 당시 민정당 대표위원이었던 노태우는 '(대학의) 좌경·용공사상을 발본색원하고 만성적인 학원소요를 근원적으로 해소할 수 있는 방안(정일준 2011, 268)'으로서 '학원안정법' 제정을 제안했고, 이 제안에 대해 신민당과 민추협, 다양한 사회단체들

이 참여한 '학원안정법저지대책위원회'가 함께 반대활동을 펼쳤으며 결국 입법이 저지된 사건이다. 학원안정법 제정을 둘러싼 힘겨루기는 재야-사회운동 진영의 승리로 끝났다고 평가되기도 하지만, 정일준(2011)은 당시 정책결정에 관여했던 인사들에 대한 인터뷰 등을 토대로 하여 신민당의 개헌주도권 싸움에 대한 정권의 전술적 대응카드였던 측면이 있다고 평가하기도 한다.

한편 그 해 9월 말에는 김근태, 이을호 등 민청련 간부들에 대한 고문수사 사실이 폭로되었고(민청련 1985), 민추협과 재야 단체들이 대규모로 결합한 '고문 및 용공조작 저지 공동대책위원회(이하 고문 공대위)'가 결성되었으며 11월 11일~13일에는 200여 명의 규탄농성이 벌어지기도 했다. 민통련과 민추협, 종교계 등을 총망라한 고문 공대위의 활동은 한편으로 당국의 고문수사를 폭로함으로써 고문을 중요한 정치의제로 부각시켰으며, 다른 한편으로는 1987년 5월의 '민주헌법쟁취 국민운동본부'가 재야 사회단체를 총결집시킬 수 있도록 하는 연대체 형성의 사전 경험을 남겼다고 평가된다. 이 사건 이전까지 민추협-신민당은 민통련으로 결집한 재야 단체들과 전면적으로 결합했던 경험을 갖기 못했기 때문에, 이때의 연대활동이 토대가 되었다고 평가할 수 있는 것이다.

민추협-신민당과 재야의 관계에서 볼 때 1986년 2월부터 9월까지의 기간은 헌법개정문제를 둘러싼 갈등이 표면화되었던 시기이며 그 정점이 '5·3 인천사태'였다. 정권과의 관계에서 이 사건은 사회운동 진영 전체에 대한 대대적인 탄압의 계기가 되었으며, 이 사건으로 총 319명이 연행되어 129명이 구속되었고 60명이 수배되었으며, 사건 수사과정에서 '권인숙 양 성고문 사건(부천서 성고문 사건)'을 발생했다. 정권의 탄압 이면에는 당일 시위의 규모와 강도를 강화시켰던 전사(前史)가 있었고 신민당-민추협과 재야 사회운동 사이의 갈등이 내재해 있었다.

이 시기부터 1987년 4월경까지 기간은 한편으로 신민당과 함석헌, 박형규, 계훈제 등 민통련 인사들 사이에 협력관계가 회복되었지만 개헌론을 둘러싼 사회운동 단체들 내부의 입장 차이와 갈등은 여전히 표출되고 있었던 불안정한 협력 상태를 유지했다. 1986년 12월, 7개항의 조건이 충족되면 내각제 개헌을 받을 수 있다는 소위 '이민우 구상'이 발표되면서 재야 사회단체들의 반발이 표출되었고, 신민당 내 민추협 계열은 선택에 직면했으며 결국 1987년 5월 1일 통일민주당의 창당으로 귀결되었다. 1987년 1월 발생한 박종철 군 고문치사 사건은 개헌론을 둘러싼 입장 차이에도 불구하고 공동대응을 할 수밖에 없는 기회를 제공했고, 결정적으로 1987년 정권의 4·13 호헌 조치는 '민주헌법쟁취 국민운동본부'로 재야와 민추협, 신민당 내 김영삼-김대중 계열의 집결을 가능하게 만들었다.

5. 미조직 대중들의 참여와 대중운동 폭발기(1987년 4월~1987년 6월)

4·13 호헌 조치는 이전까지 권위주의체제 저항운동을 주도했던 조직된 사회운동의 범위를 넘어 지식인, 종교계의 평신도, 평범한 시민들의 저항을 촉발했다. 호헌 조치 발표 당일 대한변호사협회는 반대성명을 발표했으며 (대한변협 1987), 광주대교구 소속 신부 18명은 조치에 항의하며 무기한 단식농성에 돌입하자 4월 24일 광주 20개 성당에서 약 1천여 명의 교인들이 단식투쟁 지지 철야 기도회를 개최하는 것으로 확산되었다(The Korea Herald, 1987/04/25; 윤성이 1999, 122 재인용). 학계에서도 대규모 서명운동이 확산되었다. 6월 25일까지 전국 48개 대학 1,510명의 교수들이 반대서명에 동참했으며, 변호사, 성직자, 의사, 예술인 등 34개 단체 4,136명의 회원들도 4·13 조치 반대서명에 동참했다(한국일보, 1987/06/27). 이런 흐름은 '국민운동본부'가 개최한 6월 10일 범국민대회에 전국적으로 24만여 명이 참여하고 6월 26일 '평화대행진'에는 34개 도시 백만여 명의 시민이 참여하는 대중적 저항을 만들어냈다.

이전 시기 관망하던 미조직 대중들의 대거 참여는 개헌국면에서의 슬로건을 통일민주당 주도의 '직선제 쟁취'로 단순화시켰으며 사회운동 내 다양한 스펙트럼을 덮어버리는 효과를 가져왔다. 일시적으로 모아진 대중적 힘은 결국 6·29 선언을 이끌어냈지만 대선국면에서 김영삼 세력과 김대중 세력의 단합을 강제해낼 수 있는 강제력으로는 이어지지 못했다. 이는 폭발적으로 등장한 대중적 힘의 효과라기보다 대중적 폭발이 있기 이전 재야-사회운동 세력이 취했던 노선과 민추협-신민당의 관계에서 기인한 것으로 볼 수 있다. 이하에서는 신군부 집권기 민추협과 재야, 사회운동과의 관계에 초점을 맞추어 흐름을 분석해 보도록 한다.

Ⅱ. 민추협과 사회운동

1. 민추협의 결성과 재야, 사회운동

광주민중항쟁 3주년 기일인 1983년 5월 18일부터 23일간 지속된 김영삼의 단식은, 5·17 이후 침잠해 있었던 야당 정치인들과 재야 세력이 재개할 수 있는 정치의 공간을 열었다. 전직 국회의원들을 중심으로 한 정치인들이 단식투쟁을 계기로 결집하기 시작했고 미국에 있던 김대중도 정치활동 재개의 계기를 얻게 되었다. 한편, 문익환, 지학순, 고은 등 1970년대 주도적으로 활동했던 재야 인사들 역시 단식 개시 직후 격려 방문을 통해 상황을 파악했고, 학생·청년 활동가들을 중심으로 신군부에 의해 통제된 언론이 보도하지 않는 단식사실을 알리기 위한 활동을 전개했다. 이들은 한편으로 국민들에게 이 사실을 알려 나갔으며, 다른 한편으로 릴레이 동조단식에 돌입함으로써 지지의사를 밝혔다. 당시 주요 재야 인사들은 '김대중 내란음모사건'에 연루되어 형을 살다 나온 지 얼마 되지 않은 시점이었거나 정치활동 금지에 묶여 있던 상황이었기 때문에 뚜렷한 활동전망을 내오지 못하다가 이 사건을 계기로 새롭게 결집하는 계기를 갖게 되었다. 1987년 시점 예춘호는 당시 재야의 상황을 다음과 같이 증언하고 있다.

> "70년대 민주화 투쟁의 재야 주류는 80년초 민주주의와 민족통일을 위한 국민연합으로 편재되어 활동(국민연합은 1979년 결성됨, 필자) 중 5·17을 맞았고 그 중심인물들이 이른바 '김대중 내란사건'으로 2년여 옥고를 치르고 82년말 출옥하였으며 83년 초부터 다시 민주화 투쟁에 힘을 기울이고 있었습니다. 살벌한 독재의 강압 속에서 민청련이 출범했고 피투성이가 되어 독재에 투쟁하면서 그들은 처음부터 정치인들이 민주화 투쟁에 동참할 것을 요청했다. …(민추협 1988, 109)"

2012년 예춘호는 옥고를 치른 재야 인사들이 83년 초부터 민주화 투쟁에 힘을 기울이고 있었다는 증언과는 다소 상반된 증언을 하고 있는데, 이는 재야의 결집에서 일정한 시차가 있었음을 추론할 수 있게 한다.

> "… 조승우(-조성우의 오기로 보임, 필자)라든지 … 이해찬 … 이신범 … 이런 사람들이 나와 가지고 우리에게 하는 말이 이제는 조직을 만듭시다 … 이런 얘기를 했는데, 어른들 쪽에서는 아무도 할 사람이 없어 … 내가 몇 번 하자 이래도 못 하겠다 이러더라고 … (김영삼 민주센터 구술사료, 68)"

예춘호의 1987년과 2012년 증언을 종합해 보면, 1970년대 재야활동을 주도하다가 옥고를 치른 선배세대 활동가들과 당시 청년활동가들 사이에서 1983년 초부터 활동재개 논의가 진행되었으나, 구체적인 방향에서는 입장 차이가 있었던 것으로 보인다. 예춘호의 증언은 1983년 상반기 재야 세력의 재개 움직임이 'OB'와 'YB'로 나뉘어 진행되었다는 다른 자료의 진술과도 일치하고 있다(6월민주항쟁계승사업회 2007, 199-200). 초기 이런 논의지형은 1983년 9월 민청련이 먼저 결성되고 민청련과 각 부문운동이 결합한 민중민주운동협의회가 1984년 6월 선(先) 결성된 후 10월에 선배세대를 중심으로 '민주통일국민회의'가 결성되었던 결과를 설명해주는 한 단서가 된다.

1983년 8월 15일 김영삼과 김대중의 '8·15 선언' 이후 민추협 결성 논의 과정에서 김영삼계와 김대중계의 재야에 대한 태도는 온도 차이가 있었다. 김대중계를 대표해 민추협 초대 공동의장을 맡았던 김상현은 당시 재야에 대한 입장을 다음과 같이 진술하고 있다.

> "12인 대책위에서 '민주국민회의'라는 민주투쟁기구를 만들어서 임시회장에 … 선임하였다고 했다. 또한 앞으로 재야와 연합해서 민주화 투쟁을 하기로 했다는 얘기를 했다. 그래서 나는 … 그러한 모임은 승복할 수 없다고 하였다 … 80년 초 국민연합이나 70년 초 민주국민회의 등 재야와 정치인이 연합조직을 결성, 투쟁할 때 그 조직은 경직성을 띠고 유연하지 못해서 오히려 재야와 정치인 간의 갈등과 대립이 노출되고 … 바람직하지 않다는 것 … 재야는 재야의 입장에서 … 정치는 정치인이 주도권을 가지고 리더십도 발휘하고 조직력을 강화해야 … (민추협 1988, 119-120)."

김영삼계는 재야와 정치인이 함께 연합조직을 결성하려 했다면 김대중계에서는 재야를 제외하고 양김계열의 정치인들만을 주축으로 민추협을 결성하려 했다는 것이다. 결국 후자의 안이 받아들여져 민추협은 두 세력의 연합조직이 되었으며, 그 과정에서 재야 세력과 양김계열이 아닌 유신체제 야당 정치인들은 민추협에 결합을 하지 않게 되었다. 이 과정에 대해 예춘호는 다음과 같이 증언하고 있다.

> "인제(김영삼과) 문익환이하고 내하고 서(3)이서 만났어요 … 합의가 되기를 김대중계 스물다섯(25), 김영삼계 스물다섯(25), 재야 스물다섯(25), 칠십오(75)명 이름으로 성명서를 하나 내자. 그라고 뭐시기 하나 만들자, 그 합의가 됐어요 … 조직을 하나 하자 이래 됐는데 잘 안 되는 거예요 … 한 달 끌어가지고 인제 김대중 쪽에 너(4)이, 김영삼 쪽에 너(4)이, 이제 여덟(8)이가 합의가 됐어요 … 문익환이 쪽에서 날더러 정치인으로서 재야에 인자 와가지고 재야인으로서 굳혀져 있는데 당신이 또 정계에 가버리면 안 되니까 당신은 민추가 발족이 되면 빠지[빠져] 나오라 … 요청을 하는 거예요(김영삼 민주센터 구술사료, 70).

김영삼과 문익환, 예춘호의 만남에서 김영삼계와 김대중계, 재야가 함께 참여하는 성명서를 내고 조직을 만들자는 합의가 있었으나 결국 재야가 빠지고 양 세력 간의 기구로 결론이 나자, 재야에서 예춘호씨도 민추협에서 빠지라고 요청을 받았다는 것이다.[10] 이후 1984년 5월 18일 민추협이 결성되었으며, 문익환 등 재야운동의 선배세대도 독자적인 진로를 모색했고 다섯 달 뒤 '민주통일국민회의'로 나타나게 된다. 민추협 결성단계에서 나타난 양김계열 정치인들과 재야의 관계, 그리고 재야 선배세대와 재야 청년세대의 관계는 이후 1987년 6월 항쟁에 이르기까지 때로는 갈등하고 때로는 협력하면서 유사한 패턴을 지속하게 된다.

2. 지지와 긴장: 서울 미문화원 사건과 민추협

민추협 출범 이후의 학생운동과 관련해서 보면, 1984년 11월 민정당사 점거농성을 벌였고 1985년 5월 미문화원 점거농성을 벌였는데, 이 두 사건에 대한 민추협의 대응은 사뭇 달랐다. 1984년 11월 14일 민정당사 점거농성은 1983년 유화국면에서 총학생회 직접선거가 실시된 후 서울대, 고려대,

---

10) 문익환이 예춘호에게 '정치인으로 재야에 와서 재야인으로 굳어져 있'다고 발언한 대목은 당시 야당 정치인들과 재야의 관계를 드러내주는 한 단면이다. 예춘호는 공화당 정치인으로 출발했으나 3선 개헌에 반대해 공화당을 나와 유신체제에서 김대중과 함께 활동을 했던 인물이다. 그 덕분에 5·17 이후 '김대중내란음모사건'에 엮여 옥고를 치렀다. 한편 그는 유신체제에서 야당 정치인의 삶을 살았던 김영삼과 달리 유신정권의 반복되는 탄압 속에서 제도정치로부터 격리되어 있던 김대중과 함께 했기에, 재야 활동과도 밀접히 연계되어 있었다. 김대중은 유신체제 말 결성된 재야 단체 '민주주의와 민족통일을 위한 국민연합'의 공동의장을 맡기도 하는 등 1970년대 재야와 가까운 관계를 유지했으며, 예춘호 역시 같은 운명을 공유했다. 이런 상황에서 재야 인사들은 그를 김대중계 정치인이 아니라 재야 인사로 인식하고 민추협에 재야가 함께 할 수 없다면 예춘호 역시 나와야 한다고 주장을 한 것이다. 하지만 당시 예춘호는 김대중계 정치인들의 좌장으로 인식되고 있었기에 김대중이 국내에 없는 상황에서 민추협 공동의장을 맡아야 한다는 요구를 받고 있었다. 김대중이 1982년 12월 미국행을 선택하면서 김대중계 조직의 관리를 예춘호에게 맡겼기 때문이다(김영삼 민주센터 구술사료, 68). 결국 예춘호는 민추협 공동의장 자리를 고사하고 김상현에게 넘김으로써 재야의 요구에 응했다.

연세대, 성균관대, 이화여대 직선 총학생회 간부들의 연대활동으로 기획되었으며, '민주화투쟁학생연합'의 명의를 사용했다. 264명의 학생들이 민정당사에 진입했으며 이 가운데 19명이 구속되었고 180명이 구류에 처해졌다.

당시 점거학생들의 요구는 대우자동차 노조, 협진노조 등에 대한 노동탄압중지, 집시법과 언론기본법 등의 악법 철폐, 학원탄압 근절 등의 요구를 담고 있었다(민주화투쟁학생연합 1984). 민추협은 11월 15일 긴급 운영위원회를 개최하고 점거학생들의 요구에 대한 지지성명서를 발표했으며, 11월 16일 학원대책 특별위원회, 인권옹호 특별위원회를 개최하여 관련 대책을 논의했고, 17일에는 인권특위에서 연행된 학생들에 대한 면담반을 편성해 수용된 각 경찰서를 방문했다. 민추협 인권특위 소속 변호사들은 연행학생들에 대한 정식재판을 청구하고 재판과정에도 끝까지 개입했다(민추협 1988, 164-168).

6개월여 뒤인 1985년 5월 20일 미문화원 점거농성은 민정당사 점거농성과 여러 면에서 차이가 있었다. 점거농성을 한 학생들은 '전국학생총연합 광주학살원흉처단위원회' 명의의 성명서를 발표하며 점거에 들어갔다. 1985년 4월 17일 결성된 '전국학생총연합'은 미문화원 점거 이전 5월 17일 전국 규모 시위를 벌였는데, 80개 대학 3만 8천여 명의 대학생들이 참여하여 1984년 말과는 전혀 다른 학생운동 조직화 규모를 보여 주었다. 5월 17일 시위는 광주민중항쟁 5주기를 맞아 기획된 것으로 '광주사태 진상규명'이 주된 요구였다. 5월 23일 미문화원 점거는 그 연장선에 있는 것으로, 당시 점거 학생들은 '광주학살 지원 책임을 지고 미 행정부는 공개 사과하라!', '미국은 전두환 군사독재 정권에 대한 지원을 즉각 중단하라!', '신민당은 광주학살 진상조사를 위한 국정조사를 시행하라!'는 등의 요구를 내걸었다(전국학생총연합 광주학살원흉처단투쟁위원회 1985).

민추협은 23일 점거 즉시 양 공동의장 회의를 개최하고 담당자를 파견했으며 학생들과 대화를 시도했다. 학생들은 민추협이 자신들의 주장에 동조하는 성명서를 발표할 것과 지원을 기대했고, 25일 김대중·김영삼 공동의장의 메시지가 발표되었다. '정부의 자세 근본적 전환 있어야, 미국은 한국의 군사독재 지원 말아야'라는 제하의 메시지는, '정부가 광주의거에 성의 있는 해결과 … 민주화에 대해서 아직까지 충분한 성의를 표시하지 않고 있다고 믿으며 정부 측 자세의 근본적 전환이 있어야 한다.'고 지적하면서 다음과 같은 우려를 표명하고 있었다.

> "우리는 미국대사관 당국이 평화적인 대화로서 … 농성사태를 해결하려는 태도에 대해 찬의를 표하고 … 이유야 어떻든 우방국가의 공관건물을 점거하고 있다는 점 … 남북적십자회담이 28일로 박두한 이때에 여러분의 농성사태가 북한 공산정권에게 이득을 줄 수 있다는 점 … "(민추협 1988, 177-178)

메시지는 전체적으로 광주민중항쟁의 책임을 미국에 직접 묻거나 신군부에 대한 미국의 지원 자체를 문제삼는 학생들의 요구에 거리를 두며, 이런 요구들이 북한정권에 의해 '반미운동'으로 왜곡되고 있는 현실에 대한 우려를 강하게 담고 있다. 미국과 북한문제에 관한 한, 당대 학생운동과 민추협 사이의 타협할 수 없는 간극이 분명히 드러난 것이다. 학생들의 이런 주장은 5월 29일 전학련과 민청련이 공동주최했던 '광주학살정권 퇴진을 위한 국민대회'에도 연장되어 청년운동 역시 상당 부분 여기에 공감하고 있음을 확인시켜 주었다. 이 두 사건을 계기로 정권은 유화국면을 접고 보다 강한 탄압국면으로 선회하게 되는데, 민추협은 정권과 학생-청년운동의 이러한 흐름 사이에서 한편으로 중재적 입장을 취하면서, 다른 한편으로 이런 흐름이 민추협 주도의 저항운동에 미칠 영향에 대해 민감한 태도를 보이게 된다. 민추협 결성 당시 김상현 초대 공동의장의 '재야와 정치인 간의 갈등과 대립'에 대한 우려는, 1985년 상반기를 경과하면서 이렇게 현실화되고 있었다.

그러나 독립된 단체로서 민추협과 사회운동의 관계는 지지와 긴장이 공존하는 관계였다는 점이 중요하다. 5월 30일 신민당은 5·18 광주민주화운동 진상조사를 위한 국정조사결의안을 국회에 제출했는데, 이것은 미 문화원 점거농성 학생들의 주요 요구 가운데 하나였다. 공동의장 메시지에 나타난 바처럼 학살책임을 미국에 직접 묻거나 '우방국 공관건물' 점거라는 방식에 대해 양자는 합의하기 어려웠지만, 광주항쟁 진상조사를 위한 국정조사안을 제출하는 것은 민추협이나 신민당 입장에서도 충분히 고려할 수 있는 연대의 고리였던 셈이다.

3. 연대의 경험: 학원안정법 파동, 고문 및 용공조작 저지 공동대책위와 민추협

학원안정법 저지 관련 활동과 '고문 및 용공조작 저지 공동대책위'는 정권이 1985년 5월을 기점으로 유화국면을 접고 학생운동과 청년운동에 대한 탄압을 강화한 것에 대한 사회운동과 민추협의 대응의 결과였다.

5월 23일 미 문화원 점거 사건으로 25명의 학생들이 구속된 이후 6월 29일 경찰병력의 학원투입 결과 66명의 학생들이 연행되었고, 7월 18일 대검찰청은 전학련 삼민투위 수사결과 전국 19개 대학 63명을 검거했다고 발표했다. 7월 31일 노태우 민정당 대표위원은 학원사태 해결을 위해 '학원안정법' 제정을 검토하겠다는 입장을 밝혔고, 8월 5일 정부와 민정당은 '좌경학생'을 격리하여 선도할 목적으로 '학원안정법' 제정을 결정했다고 발표, 8월 12일 당·정 협의를 거쳐 '학원안정법 시안'이 공개되었다(정일준 2011, 264).

사건에 대한 민추협의 대응은 즉각적이었다. 8월 8일 민추협은 '학원안정법 입법저지 대책위원회'를 결성했고 김명윤을 대책위 위원장으로 선임했으며 김명윤 대책위 위원장 명의의 성명서를 발표했다. 성명서는 정권의 학원안정법 제정 시도를 '건국 이후 최악의 반민주 위헌 악법의 입법시도'로 규정했으며 '범국민적 공동투쟁으로 기필코 저지'하겠다는 내용을 담고 있었다. 8월 10일에는 민추협 대변인 명의로 '정부 여당은 "학원안정법" 입법 강행을 즉각 중지하라'는 성명서를 발표했는데, 성명서는 정권의 이러한 시도가 '학원안정법을 빙자하여 야당 및 민주화를 추구하는 모든 민주 세력의 활동을 근원적으로 봉쇄'하려는 목적에서 비롯된 것으로 적시하고 있다(민추협 1988, 226-229). 위 성명서 내용들을 통해 당시 민추협이 정권의 학원안정법 제정 시도를 바라보는 관점을 읽을 수 있다. 민추협은 이것이 단지 학생운동에 대한 탄압에 그치지 않고 야당과 민추협, 사회운동 전반에 대한 전면적 탄압국면의 전초로 파악하고 있었기에 기민한 대응에 나서게 된 것이다.

한편 사회운동진영 역시 학원안정법 제정 시도에 대한 민추협의 해석을 공유했다. 8월 12일 39개 사회단체가 참여한 '학원안정법 반대투쟁 전국위원회(이하 학안법 반대투쟁위)'가 구성되었고 '학원안정법제정을 반대한다.'는 제목의 성명서가 발표되었다. 참여한 39개 단체는 민통련에 가입된 단체들 전부와 기독교 각 교단별 학생단체, 가톨릭계 학생단체, 불교계 학생단체들이 결합해 구성되었다. 8월 13일에는 민주화추진협의회와 학원안정법 반대투쟁 전국위원회의 공동성명서가 발표되었으며, 성명서는 학원안정법에 대해 '학원안정이라는 미명하에 민주 세력을 말살하려는 초독재적 반민주적 망국법'이라고 정의함으로써 민추협과 참여 사회단체들의 합의적 인식을 드러내주고 있다.

8월 14일에는 신민당 이민우 총재가 재야민주 세력과 연대해 학원안정법 입법저지투쟁을 전개할 것이라고 발표함으로써 민추협-사회단체-신민당의 공동대응전선이 완성되었다. 같은 날 민정당은 학원안정법의 조속한 제정을 당론으로 확정하여 정권-여당과 전면대립이 불가피해지는 듯 했지만, 8월 17일 전두환 대통령의 일단 보류 의사표명으로 사태는 교착국면에 접어들었다. 이날 이후에도 정부와 여당 주요 인사들은 학원안정법 제정 강행의사를 거듭 표명했으며, 8월 19일 학안법 반대투쟁위원회 주최 범국민대회가 개최되었고 학생들의 학내외 시위가 잇따랐다. 하반기 내내 학원안정법 파동의 여진은 지속되었지만 결국 정부-여당은 입법강행을 하지는 않음으로써, 이 사건은 신민당-민추협-재야 단체의 연합을 통한 정치적 승리로 귀결되었다.

학원안정법에 대한 공동대응은 민추협, 사회운동, 신민당이 각기 독립적인 대응기구를 꾸리면서 연대활동을 벌여 나갔다면, 김근태 전 민청련 의장의 고문사실 폭로 이후의 대응은 세 단위가 처음부터 '고문 및 용공조작 저지 공동대책위원회(이하 고문 대책위)'를 구성해 활동을 시작했다는 점에서 차이를 갖는다.

1985년 8월 말 김근태는 일명 '민추위 사건' 혹은 '깃발'사건에 연루돼 검거되었다. 검찰은 10월 29일 이 사건 관련자 26명을 국가보안법 위반혐의로 구속하고 3명을 불구속 입건했으며 17명을 수배했다고 발표했는데, 사건발표 이전 검거된 관련자들이 고문에 의한 조작수사를 받았다는 사실이 이미 9월 말에 폭로가 이루어졌다. 당국은 4월 17일 전학련과 삼민투위 결성, 5월 23일 미문화원 점거, 6월 구로동맹파업에 대한 학생운동의 연대 등의 흐름이 문용식을 정점으로 하는 비공개 지도조직인 서울대학교 민주화추진위원회가 기획한 것이며, 서울대 민추위는 김근태의 배후조종에 의한 것이라고 밝혔다. 그런데 김근태는 9월 초부터 20여 일에 걸쳐 가혹한 고문수사를 받았고 그 과정에서 허위자백을 하게 된 경위를 9월 말 그의 부인 인재근을 통해 외부에 알렸고, 이런 사실에 대한 공동대응에 나서면서 만들어진 것이 '고문 대책위'였다.

10월 10일, 민추협, 신민당, 재야는 공동투쟁을 위해 '고문반대 국민 공동투쟁위원회(가칭)'를 결성하기로 합의하고 10월 12일 합동회의를 개최하기로 결정했다. 그러나 당국이 공동행동을 조직한 핵심인사들에 대해 가택연금 조치를 행함으로써 12일 회의는 개최될 수 없었다. 세 단위는 공동대응기구 명칭을 '고문 및 용공조작 저지 공동대책위원회'로 바꾸고 10월 19일 발족식을 개최하였으며 공동 성명서를 발표하고 기자회견을 진행한 뒤 공식 활동에 돌입했다. 또한 이날 민추협은 신군부하에서 발생한 41건의 고문사건 사례를 모은 자료도 공개하여 비단 김근태 고문사건에 국한하지 않고 고문수사와 용공조작 자체를 이슈화할 것임을 밝혔다(민추협 1988, 796-806). 이후 공대위는 지속적인 활동을 통해 정권의 고문수사 및 용공조작 사건에 대한 정보를 알려 나갔으며, 11월 11일부터 13일까지 김대중, 김영삼 민추협 공동의장이 참여한 200여 명의 농성을 조직해냈다.

'고문 공대위'의 경험은 한편으로 신민당, 민추협, 재야의 사회 연대운동의 자산으로 1987년 5월 '민주헌법쟁취 국민운동본부'를 결성하고 조직을 운영해나가는 데 밑바탕이 되었으며, 다른 한편 1987년 1월 '박종철 군 고문치사 사건'이 발생했을 때 이를 일회성 사건에 머무르지 않고 5공화국 정권의 지속적인 강압통치의 상징으로 전환시킴으로써 6월 항쟁을 이끌어내는 중요한 도화선으로 만드는 데 기여했다. 그러나 이러한 삼자 간 연대가 여전히 갈등과 긴장을 내포하고 있었다는 점은 1986년 초부터 본격화된 헌법개정운동 국면에서 또다시 확인된다.

4. 헌법개정운동을 둘러싼 민추협-사회운동의 협력과 갈등

김영삼과 김대중을 정점으로 하는 야당 정치인들의 연대단체 민추협은, 정권의 정치인 정치활동 금지조치가 지속되고 언제든 강압에 의한 야당해체가 가능한 상황에서 신민당과 민통련 등 재야사회운동을 매개하는 중간지대에 위치할 수밖에 없었지만, 그 성격은 일관되게 원내정당과 선거를 통한 집권을 지향했다. 대통령 선거가 폐절된 상황에서 선거를 통한 집권을 가능케 하려면 직선제 헌법 개정을 당면목표로 삼는 것은 당연해 보였다.

민추협은 1984년 5월 결성 이후 얼마 되지 않은 7월 16일, '민주헌법 연구 특별위원회'를 설치했으며 10월 2일에는 기구 명칭을 '헌법연구특별위원회'로 개명하고 헌법개정안 마련에 착수하게 된다. 2·12 총선의 결과로 원내 제1야당의 지위에 오른 신민당의 주요임무는 민정당과 원내 개헌협상을 진척해 나가는 것이었고, 총선 직후인 1985년 3월 8일 신민당은 1987년 대통령 직접선거를 당론으로 확정했다. 이후 신민당은 원내외에서 민정당과 직선제 개헌을 둘러싼 협상을 벌여 나가게 되며, 1985년 이후 이후 신민당-민정당 사이에 발생한 모든 일은 개헌협상을 중심에 두고 해석할 수 있다.

신민당의 직선제 개헌 당론 확정 직후인 3월 11일, 노태우 민정당 대표위원은 현 대통령 임기 중 개헌반대의사를 밝힘으로써 직선제 개헌을 둘러싼 양자 사이의 게임이 시작되었다. 5월 20일 이민우 신민당 총재는 국회 차원에서 '직선제개헌특별위원회'를 구성하자는 제안을 민정당에 던짐으로써 원내공략을 시작했는데, 공교롭게도 3일 뒤 학생운동진영에서 미문화원 점거농성이 발발했으며 29일에는 전학련과 민청련이 함께하는 '광주학살 정권퇴진을 위한 국민대회'가 개최되었고 정권은 탄압국면으로의 선회를 하게 된다.

6~7월에 걸쳐 당국은 사건 관련자 검거에 나서면서 경색국면을 만들어냈고, 민추협은 구속 학생들의 부모와 면담을 진행하고 수사과정에서 인권탄압 문제에 대응하는 등 사건 후처리에 관여했다. 7월 31일 노태우 민정당 대표위원은 학원사태 해결을 위해 '학원안정법' 제정을 검토하겠다고 밝혔고, 같은 날 이민우 신민당 총재는 국회에 개헌투쟁위원회를 구성하겠다는 의사를 표명했다. 민정당과 신민당은 각각 학원안정법과 개헌추진을 정국주도의 키워드로 삼은 셈이다. 이런 맥락 속에서 8월 8일과 10일에 걸쳐 배포된 학원안정법 관련 민추협 성명서 내용을 독해해 보면 당시 상황이 보다 잘 이해될 수 있다.

민추협은 정권의 학원안정법 제정 시도에 대해 이를 '빙자하여 야당 및 민주화를 추구하는 모든 민주 세력의 활동을 근원적으로 봉쇄'하려는 것으로 보고 있었다. 8월 14일 신민당도 입법저지를 밝힘으로써 양자는 정권과 여당에 총력대응을 하게 되는데, 민추협-신민당 입장에서 이 의제는 직선제 개헌추진을 봉쇄하고 학생-청년운동의 과격성을 빌미로 정국주도권을 쥐려는 정치기획이었기 때문이다.

학원안정법이 학원탄압이라는 단순 목적에 의한 것이 아니라 야당에 대해 정국주도권을 쥐려는 정치기획이었다는 점은 정권과 민정당 측을 통해서도 확인될 수 있다. 노태우 대표위원이 학원안정법 제정의사를 밝힌 다음날인 8월 1일, 민정당 총재였던 전두환 대통령은 이종찬 민정당 원내총무를 이세기 의원으로 교체했는데 이 조치는 학원안정법에 대한 의견 차이에서 비롯된 것이라는 분석이 있다. 이종찬 전 원내총무를 인터뷰했던 정일준에 의하면 당시 청와대와 안기부, 민정당 사이에는 학원안정법 국면을 둘러싼 입장차이가 있었고, 민정당 내 일부 반대에도 불구하고 청와대가 정국돌파용으로 선택하여 원내총무 교체 등의 조치를 취했다는 것이다. 또 8월 1일 시점 이미 전두환은 노신영 국무총리에게 학원안정법 재검토 지시를 내렸으며, 8월 2일 신임 이세기 원내총무를 면담한 자리에서 '(학원안정법 파동에 대해) 걱정하지 마라… 정치에는 카드가 여러 장 있을 수 있다'는 발언을 한 것으로 확인된다(박보균 1994, 345; 정일준 2011, 263 재인용).

이런 정황은 당시 전두환 정권이 법 제정 강행과 철회카드를 동시에 고려하면서, 다른 어떤 목적을 취하고자 했다는 점을 추론할 수 있게 한다. 결과적으로 학원안정법은 제정되지 못했지만, 당시의 파동은 신민당이 학생-청년운동과 명확한 선을 긋는데 일조한 것으로 보인다. 1985년 하반기 정권과 민정당은 학원안정법 제정을 매개로 다양한 대 언론활동, 대 국민 활동을 통해 당시 학생운동과 사회운동이 얼마나 위험한 상황인지에 대한 여론전을 적극적으로 펼쳐 나갔다. 그리고 1986년 4월 전두환-이민우 회담에서 이민우 신민당 총재는 '좌익 학생들은 단호하게 다스려야 한다'는 발언과 함께 당시 학생운동과 명확한 거리두기를 천명함으로써, 학원안정법 파동 이후 정권과 민정당 대 신민당 사이에 학생운동을 둘러싼 일정한 합의가 형성되었음을 확인시켜 주었다.

1985년 겨울을 지나면서 신민당은 개헌협상의 주도권을 쥐기 위한 대중적 기획에 나서게 되며, 이는 1986년 2월 '직선제 개헌을 위한 1천만 명 서명운동(2·12 개헌서명운동)'으로 구체화되었다. 이 시점 사회운동 진영에서도 개헌정국에 적극적 대응에 나서게 된다. 민통련은 11월 20일 '민통련 민주헌법 쟁취위원회'를 결성하고 12월 2일 '민주헌법쟁취 제1차 실천대회'를 개최함으로써 향후 개헌정국에 주도적으로 참여할 것임을 밝혔다(민통련 연도 미상, 2). 그러나 신민당이 '직선제 개헌'이라는 명확한 방향을 설정한 것과는 달리, 민통련은 결합 단체들의 다양한 입장 차이를 반영해 '민주헌법쟁취'이라는 다소 모호한 표현을 썼던 것에 주목할 필요가 있다.

3월 17일 신민당과 민통련은 개헌운동 협력을 위해 비상설기구로 '민주화를 위한 국민연락기구(이하 민국련)'를 설치했다. 조직형식 측면에서 '민국련'은 '고문 공대위'의 성과를 잇는 것이었지만, 내용적인 측면에서는 차이가 있었다. '고문 공대위'는 그 자체가 활동내용과 기획 등을 공동으로 협의하는 주체였던 반면 '민국련'은 신민당 주도 개헌운동에 대한 민통련 계열 사회운동의 협력을 도모하는 기구였던 점이 그러하다.

당시 개헌추진운동은 1) 시민사회의 자발적인 시국선언운동, 2) 신민당-

민추협이 주도하고 사회운동이 함께 했던 개헌서명운동, 3)신민당의 각 지역별 개헌현판식의 세 갈래로 진행되었다. 2월 이후 시국선언은 종교계와 학계를 중심으로 추진되었다. 개신교 기독교계에서 먼저 추진된 종교계 시국선언은 가톨릭과 불교계를 포괄하면서 확산되었고, 3월부터는 학계의 시국선언이 이어졌다. 한편 대중적 참여의 공간을 연 것은 개헌서명운동과 신민당 개헌현판식 집회였다. 2월 12일부터 신민당-민추협 활동가들은 개헌서명운동에 착수했고 민통련 민주헌법 쟁취위원회도 개헌서명운동에 적극적으로 결합해 들어갔다.

신민당-민추협과 재야 사회운동 사이의 갈등이 발현된 것은 개헌현판식 집회에서였다. 개헌현판식 집회는 신민당이 각 지역지부에 개헌현판식을 개최하면서 이를 대중적 집회형식으로 개최해 지지결집을 꾀했던 기획을 말한다. 이 시기 재야 사회단체들은 한편으로 신민당과 협력하면서도, 다른 한편으로 신민당이 국회 내에서 민정당과 협상에 의한 개헌추진 전략으로 돌아설 것을 우려하고 있었다. 또한 사회단체들 특히 학생운동 내부에서는 헌법개정 방향을 둘러싼 두 갈래의 갈등적 흐름이 존재했다. 신민당이 추진하는 직선제 개헌 방향에 찬성하는 흐름과 제헌의회를 구성해서 민중의 독자적인 노선을 관철시켜야 한다는 흐름이 그것이다. 사회운동단체들은 신민당 주최 개헌현판식에 결합하여 각 단체 명의의 주장을 담은 유인물을 배포했고 참여한 대중들에게 신민당과 다른 자신들의 입장을 알리고자 노력했다. 그 과정에서, 직선제 개헌노선을 가진 신민당으로서는 통제할 수 없는 상황들이 속속 연출되었다.

개헌 현판식을 둘러싼 신민당과 사회운동의 위태로운 공존이 지속되던 4월 28일, 연세대학교에서는 제헌의회 노선을 주장하는 '전국반제반파쇼민족민주투쟁학생연맹(민민학련)' 결성대회가 있었다. 4월 29일 신민당-민통련 연대조직인 민국련은 '학생들의 반미, 용공, 과격 시위를 반대한다'는 취지의 성명을 발표했다. 민국련의 발표가 있자마자 사회운동단체들의 반발이 일어났고, 5월 1일 민통련은 민국련의 발표가 일방적이며 민통련의 입장을 반영하지 않았다는 입장을 개진하고 민국련을 탈퇴했으며, 당시 민통련 지도부는 사태에 책임을 지고 사퇴하는 상황에 이르렀다(민통련 연도 미상, 2).

5월 3일에는 인천지역 신민당 개헌 현판식 대회가 예정되어 있었다. 신민당의 직선제 개헌 주장에 반대하는 사회단체뿐 아니라 다양한 단체들이 신민당 주최 행사 이전에 인근에 모여 각자 자신의 주장을 개진하며 시위를 벌였고 경찰과 물리적 충돌까지 발생하는 사태에 이르러 신민당 주최 행사는 무산되었다. 이후 정권은 이 사태의 책임을 물어 민통련에 대한 대대적인 탄압에 나섰다. 문익환 의장, 장기표 정책실장이 구속되었고 주요 간부 전원이 지명수배를 당했으며 민통련 지역지부들에 대한 강제해산 명령을 내려졌다. 정권에 의한 민통련 탄압이 자행되는 동안 신민당은 5월 27일 원내에서 민정당과 개헌협상에 응할 것을 결정했다.

'5·3 인천사태'는 1986년 초 이래 신민당-민추협의 직선제 개헌노선과 민통련을 중심으로 한 사회운동진영의 민주헌법쟁취 개헌운동이 불안정한 동거를 유지하다 일시적 결별을 맞이했던 계기였다. 이 사건을 계기로 민통련은 조직 와해의 위협에 직면했다. 신민당은 민통련을 중심으로 한 사회운동 연대노선을 폐기하고 민정당과의 원내협상으로 전략을 선회했기 때문이다. 6월 24일에는 국회 헌법개정특별위원회가 구성이 결정되었고 7월 30일, 헌법개정특위는 민정당 23명, 신민당 17명, 국민당 4명, 무소속 1명 등 45명의 국회의원으로 구성을 완료하고 활동에 돌입했다. 그러나 8~9월 2달에 걸친 원내 개헌협상은 결국 신민당을 장외로 다시 나오게 만들었다.

이 시기 사회운동은 연대조직 민통련에 대한 탄압과 함께 각 부문, 지역 조직에 대한 광범위한 탄압을 저지하는 데 전력을 쏟아야 했다. 1986년 5~6월 교사들의 '교육민주화 선언'을 계기로 선언에 참여한 교사들에 대한 구속, 해임, 전보, 직위해체, 감봉 등의 조치가 잇따랐고(한국YMCA중등교사협의회 1986), 사회운동 단체들은 교사 탄압중지와 용공조작 반대 등의 연대활동을 전개했다. 한편 '불교관계 악법 철폐와 부천경찰서 성고문 사건 진상규명 요구' 등을 내건 9월 7일 해인사 전국 승려대회 이후 불교계 주요 인사들에 대한 구속과 불법연행이 자행되었고(민추협 1988, 428-434), 민불련 등은 이 사건에 연대하여 정권의 불교탄압 저지 활동에 나섰다. 1986년 9월

6일에는 민주언론운동협의회가 기관지 「말」을 통해 정권의 대(對) 언론 보도지침 행태를 폭로하였는데, 이 사건으로 민언협 사무국장 등 언론운동 활동가들이 수배·연행되는 사건이 발생했다. 천주교정의구현전국사제단과 전국목회자정의평화실천협의회, 민주언론운동협의회는 보도지침 사건으로 구속된 언론인 석방을 위한 범국민서명운동을 전개해 나갔다(민추협 1988, 459-470).

한편, 개헌문제를 둘러싸고 사회운동과 거리를 두었던 신민당-민추협은 내각제 개헌안을 들고 나온 민정당과 갈등하다 1986년 9월 29일 직선제 개헌합의를 요구하며 헌법개정특위 활동 중단을 선언했다. 10월 2일 신민당 이민우 총재와 민추협 김영삼·김대중 공동대표는 박형규 한국기독교협의회 인권위원장, 조남기 기독교사회선교협의회장, 계훈제 민통련 부의장, 송건호 민주언론운동협의회의장, 재야인사 함석헌 등을 초청해 신민당-민추협의 결정을 설명하고 개헌운동의 협조방안을 논의했다.

11월 24일에는 재야 사회운동단체 인사 40여 명과 민추협 공동의장, 신민당 관계자가 만났고, 이 자리에서 사회운동 관계자들은 11월 29일 신민당 주최 '영구집권음모 분쇄 및 직선제 개헌 관철을 위한 서울대회'를 지지한다는 내용의 '국민에게 드리는 글'을 채택했다.[11] 함께 한 재야 인사들은 개신교, 가톨릭, 불교 등 종교계 인사들과 문익환, 계훈제 등 1960~70년대 재야운동 선배세대 활동가들이 주를 이루었다.

민추협 발간 자료에 따르면, 이 자리에서 관계자들은 '민주화운동의 입장과 방법의 차이를 극복하고 영구집권음모분쇄와 직선제개헌에 대동단결한

---

11) 11월 24일 '국민에게 드리는 글'에 연서한 사람들은 다음과 같다. 김재준(목사), 함석헌, 윤반웅(목사), 문익환(민통련 의장), 지학순(주교), 홍남순(변호사), 김지길(목사), 조남기(목사), 박형규(목사), 조용술(목사), 박종기(신부), 김성활, 이우정(NCC 여성위원), 계훈제(민통련의장 권한대행), 김승훈(신부, 민통련 부의장), 문정현(신부, 민통련 부의장), 신현봉(신부), 청화(스님), 지선(스님), 명진(스님), 백기완(민통련 부의장), 송건호(민언협), 이호철(자유실천문인협의회), 이소선(전태일 열사 어머니), 서경원(가톨릭농민회장), 김영원(기독교농민회장), 박용길·이정숙(민주화실천가족운동협의회 공동의장), 임기란·이신자(전국 구속학생 학부모회 회장·부회장)(민추협 1988, 857).

다. 근로자, 농민, 학생들의 극단적 용어와 표현으로도 나타낼 수 없는 분노와 좌절을 이해하지만 독재정권에 빌미를 주지 않기 위해 용어와 행동을 자제해 줄 것을 호소했다'고 기록하고 있다(민추협 1988, 856). 이런 취지는 '국민에게 드리는 글'에서도 발견된다.

> "국내의 모든 민주화 세력은 이번 대회를 계기로 그동안에 빚어졌던 작은 차이를 극복하고 일치단결하여 영구집권을 기도하는… 우리는 이러한 구국적 투쟁은 어떠한 경우에도 비폭력, 평화적인 방법으로 이루어져야 하며 이번 서울대회가 질서 있고 평화적으로 이루어질 것을 확신…"(민추협 1988, 857)

'작은 차이'를 극복하고 '비폭력 평화적인 방법'을 채택할 것을 호소한 글의 행간에는, '5·3 인천사태'를 계기로 폭발했던 신민당-민추협과 사회운동 젊은 세대 활동가들 사이의 체제전환 기획의 입장차이, 당국과 물리적 충돌을 야기했던 투쟁방식의 차이에 대한 우려가 발견된다.

1987년 6월까지의 큰 흐름에서 볼 때, 이날의 자리는 상당한 의미를 갖는다. 사회운동과 연대한 장외투쟁을 기반으로 하더라도 궁극적으로는 민정당과 원내협상을 통해 직선제 개헌을 이루고 대통령 직접선거로 체제이행을 하려 했던 신민당-민추협의 기획이, 사회운동 내 선배세대와 젊은 세대의 입장 차이를 가르고 선배세대로부터 동의를 확보해냈던 전환점이 되었기 때문이다. 이로서 1986년 5월 표출되었던 신민당-민추협 세력과 사회운동 세력 간의 갈등은 봉합되었고, 직선제 개헌은 사실상 유일한 대안으로 남게 되었다.

1987년 1월 박종철 군 고문치사 사건은 1985년 '고문 공대위'경험의 연장선 속에서 신민당-민추협과 재야 사회운동의 공동대응을 만들어내는 계기가 되었고, 1986년 12월 '이민우 구상'에 대한 민추협 계열의 반발은 통일민주당 창당으로 이어졌으며, '4·13 호헌 조치'를 계기로 통일민주당-민추협-민통련 등 사회운동 세력은 다시 한번 '민주헌법쟁취 국민운동본부'로 결집하였다.

Ⅲ. 사회운동의 관점에서 민추협의 역할

1983년 5월 18일 김영삼의 단식이 시작될 무렵, 대부분 정치활동 금지에 묶여 있었던 야당 정치인들은 김영삼계와 김대중계, 나중에 민추협에 가담하지 않고 신민당에 합류했던 비민추계로 나뉘어 있었다. 사회운동은 1960~70년대 재야를 이끌었던 선배세대 활동가집단과 1970년대 노동, 빈민, 농민운동과 연대하며 성장했던 청년세대 활동가 집단, 그리고 광주민중항쟁의 충격 속에서 성장한 1980년대 학생운동가 집단으로 구성되어 있었다.

돌이켜 보면 이들은 마치 군부독재의 역사가 만들어낸 나이테와도 같았다. 1960년대 야당 생활을 함께 했던 김영삼, 김대중은 1970년대 유신체제 하에서 원내 야당지도자와 원외 재야 정치인으로 다른 길을 걸었다. 물론 그들이 스스로 선택한 길이 아니었다. 유신체제가 막을 내리고 도래한 짧은 권력 공백기, 어떤 이유에서였든 두 사람은 함께 하지 못했으며 5·17의 도래를 막아내지도 못했고 사회운동 세력들을 이끌어주지도 못했다. 그들은 신군부체제에서 다시 망명길에 오르고 가택연금을 당하는 처지에 놓였다.

신군부 독재체제와 광주민중항쟁은 정권과 야당, 정권과 사회운동 사이에 화해하기 어려운 갈등을 배태했을 뿐 아니라, 야당 정치인들과 이들에게 기대를 걸었던 청년세대 사회운동가들 사이에도 좁지 않은 거리를 만들어냈다. 1960년대부터 야당계 정치인들과 한편으로 협력하고 한편으로 갈등을 반복했던 선배세대 재야 인사들에 비해, 1970년대를 학생운동과 노동운동, 농민운동과 연대하며 보냈던 청년세대들에게 그 간극은 좀 더 컸을 것이다. 광주항쟁을 통해 정치와 사회를 접했던 학생운동 세대에게, 5·17과 광주항쟁을 막아내지 못했던 야당 정치인들과의 거리는 좁히기 어려울 정도로 넓어 보였을 수 있다.

김영삼의 단식은 먼저 정치활동 금지에 묶여 침잠했던 야당계 정치인들과 재야 선배세대들을 호명해냈다. 1970년대를 학생, 노동, 농민운동에서 보낸 청년세대 활동가들은 곧바로 행동에 들어갔다. 그들은 1970년대까지 사회운동이 연대하지 못하고 대중에 뿌리내리지 못했다고 반성했으며, 청년, 문화, 노동, 언론, 농민 각 부문영역 단위 연대조직 건설에 나섰고 각 지역별 민주화운동조직을 결성해냈다. 선배세대 재야 활동가들은 한편으로 민추협 결성을 독려하며 다른 한편으로 청년세대 활동가들의 결집을 이끌었다.

2·12 총선의 승리는 야당계 정치인과 사회운동이 각자 결집에 나서면서 일구어낸 소중한 성과였다. 민추협의 결성과 뒤이은 신민당의 창설은 선거공간을 매개로 군부독재체제에 맞설 수 있는 제도적 수단을 제공했다는 점에서 그 의의를 갖는다. 독재체제라고 하더라도 선거가 작동하는 한, 제도권 야당은 선거에서 민의를 담아낼 유일한 그릇일 수밖에 없기 때문이다. 2·12 총선에서 일궈낸 성과는 각 부문과 지역의 사회운동이 분출할 수 있는 정치공간을 열어 주었다. 원내에서 신민당이, 원외에서 민추협이 정권과 사회운동 사이에 바리케이트 기능을 담당해주면서, 사회운동은 1970년대 운동의 성과를 부문과 지역의 연대로 묶어낼 수 있었던 것이다.

헌법개정운동의 방향과 방식을 둘러싸고 민통련으로 결집된 사회운동 세력과 민추협-신민당을 틀로 활동했던 야당계 정치인들 사이에 발생했던 갈등은 야당-사회운동의 단순 대립구도가 아니라 야당계 내부와 사회운동 내부에 존재하는 다차원적 갈등의 산물이었다. 민추협은 신민당과 사회운동의 사이에서 때로는 연대운동을 만들어내고 때로는 분립과 거리를 만들어내면서 직선제 개헌을 중심으로 한 정치동맹을 성공적으로 구축해냈다.

사회운동의 관점에서 보면, 그 결과는 민통련으로 결집했던 선배세대 활동가들과 청년세대 활동가들이 신민당의 직선제 개헌에 대한 찬, 반과 당면 대정권투쟁의 방향을 둘러싸고 분열되는 것으로 나타났다. 그리고 그 후과는 직선제 개헌 쟁취 이후 양김의 분열 국면 속에서 후보단일화론, 비판적 지지론, 독자후보론의 분화로 이어졌다. 1987년 대선 국면에서 후보단일화론과 비판적 지지론을 둘러싼 갈등이 주를 이루는 가운데 독자후보론을 주장하고 시도했던 사회운동 세력은 극히 미약했는데, 이는 체제전환 기획을 둘러싼 민추협-신민당 대 민통련의 대립구도에서 일찍이 신민당이 주도권을 쥐게 된 것의 당연한 귀결로 보인다. 스스로 정당을 만들어내지 못한 사회운동은 제도권 대안 가운데 하나를 선택할 수밖에 없기 때문이다. 그리고 이런 결과를 민추협-신민당의 책임으로 물을 수는 없다. 그들은 결성 초기부터 직선제 개헌 프로그램을 명확히 했으며, 여기에 대한 판단은 당시부터도 사회운동진영의 몫이었기 때문이다.

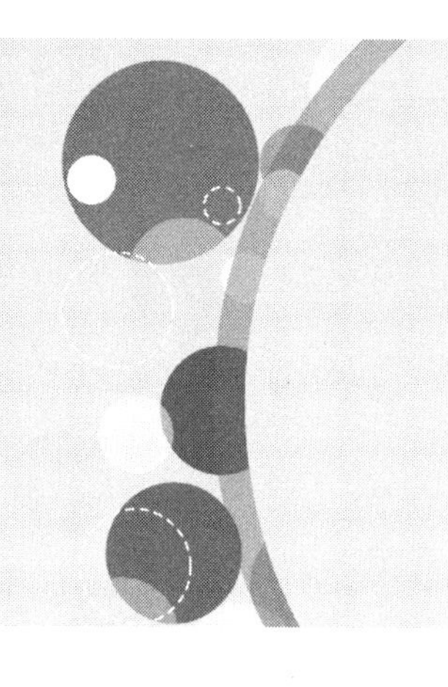

부 록:

주요 성명서

1. 8·15 선언
2. 민추협 창립 선언
3. 신한민주당 창당에 대한 원칙 선언
4. 민추협 창립 1주년 성명서
5. 천만인 개헌 서명운동 취지문
6. 민추협 창립 30주년 기념 행사 성명서

1

8·15 선언

경쟁관계에 있던 두 金씨가 서울과 워싱턴에서 민주화 투쟁에 대한 뜻을 같이하여 마침내 공동투쟁 전선인 '민주화추진협의회'를 발족케 된 계기를 가져다 준 선언이다.

민주화 투쟁은 민족의 독립과 해방을 위한 투쟁이다

_38번째의 8·15를 맞으면서

친애하는 국민 여러분

우리는 이민족의 지배와 탄압으로부터 벗어나 해방의 기쁨을 만끽했던 8·15 기념일을 서른여덟 번째 맞습니다. 과연 해방의 감격과 그 진정한 의미가 오늘에 되살려지고 있는지에 대하여 국민 여러분과 함께 살펴보고자 합니다. 그 해방의 진정한 의미가 오늘에 어떻게 재현되어야 하는지에 대하여 뜨거운 호소의 말씀을 드리고자 합니다.

해방 이후 우리가 맞이하였던 8·15 기념일은 한 번도 우리 모두의 축제로 되지는 못하였읍니다. 8·15의 축제와 그 의미가 날이 갈수록 의도적인 퇴색과 축소의 과정을 반복하고 있는 현실이 우리로 하여금 해방의 진정한 의미를 거듭 되새기게 하고 있읍니다. 일제하 그 캄캄한 암흑 속에서 우리 민족이 한결같이 소원했던 해방과 독립은 이민족의 굴레로부터 벗어남은 물론, 민족이 모두 함께 탄압과 수탈이 없이 인간답게 살 수 있는 민족, 민주 국가 사회의 건설에 진정한 의미와 목적이 있었던 것입니다. 그러나 우리는 해방 후 국토와 민족의 분단과 분열이라는 아픔과, 동족상잔이라는 비극을 맛보아야 했읍니다. 이것이 8·15가 우리 민족성원 모두의 축제가 되지 못하게 한 빌미가 되고 있읍니다.

갈라진 국토의 반쪽 저편에서는 장기 공산독재가 민중을 짓누르고 있으며, 끝내는 세습제까지 운위되고 있어 해방된 민족의 자존심과 영예를 부끄럽게 하고 있읍니다. 다른 반쪽 이쪽에서는 민족정기가 간데없이 친일 민족반역자들까지 민중 위에 군림하여 자유당 백색독재를 이룩하다가 마침내 4·19 학생 혁명으로 붕괴되어 비로소 민족정기와 존엄, 그리고 인간다운 삶을 위한 민주주의에의 전망이 섰지만 5·16 군사 쿠데타로 민주주의에의 희망은 차단되고 같은 민족에 의한 억압이 계속되어 왔읍니다. 일제 36년의 절반에 해당되는 18년의 장기독재에 이 나라 국민은 신음하여 왔읍니다. 1979년의 10·26 사태로 오랜 억압의 세월이 가고 민주화의 밝은 날이 다가오는가 싶더니 80년 5월 17일의 군사 쿠데타로 우리 국민은 또다시 동족의 독재정권에 짓밟혀야 했읍니다. 저 처참했던 광주의거는 민족분단 후 이 민족이 겪은 최대의 수난이었고, 그것이 동족에 의한 것이었다는 데서 민족사에 영원히 지울 수 없는 민족의 한이 되게 하였읍니다.

이같은 민주주의의 유린과 국민탄압의 역사가 해방 이후의 역사를 축제의 역사로 되지 못하게 하고 있읍니다. 이 민족의 탄압에 못지 않은 독재권력에 의한 민중탄압이 계속되는 상황 속에서 우리 국민은 진정한 해방의 기쁨과 그 의미를 확인할 수 없었던 것입니다. 그 뿐만 아니라 우리를 지배하고 탄압했던 일제는 지금도 이 땅을 활보하고 있으며, 그들의 지지와 지원으로 독재권력의 자기유지를 획책하는 세력이 우리를 지배하고 있읍니다. 해방의 의미가 의도적으로 축소되고 퇴색되는 원인과 독재권력의 성격과는 이와 같은 함수관계가 있는 것입니다.

친애하는 국민 여러분

치욕의 역사는 일제 36년으로 끝난 것이 아니라 해방 후 38년 동안 계속되고 있습니다. 인간의 기본적 인권과 자유, 인간다운 삶이 보장되는 사회를 우리의 손으로 건설하지 못하는 한 우리는 진정한 해방을 결코 맛볼 수 없는 것입니다. 그런 의미에서 민족의 해방과 독립을 위한 투쟁은 지금도 계속되어야 하고 또한 계속되고 있는 것입니다. 민주화 투쟁은 바로 민족의 해방을 위한 투쟁 그 자체이며 그것을 완결하는 투쟁입니다.

우리는 독재 권력의 민중에 대한 탄압이 그 질이나 양에 있어 일제시대보다 더 하다는 얘기를 듣는 경우가 많습니다. 일제가 우리 민족을 탄압하기 위해 동원하였던 법과 제도와 그 수법이 오늘의 독재권력에 의하여 그대로 재현되고 있으니 그 말이 결코 과장이나 거짓이 아닌 것입니다. 자유와 정의와 진리를 외치는 사람들에 대한 탄압이 그러하며 농민소외정책과 근로자와 노동운동에 대한 억압이 또한 그러합니다. 일제의 민중탄압의 체제와 독재권력의 그것을 비교 연구한다면 아마도 그 내용과 수법이 동일한 데 놀라지 않을 수 없을 것입니다.

여기에 우리의 민주화 투쟁이 민족의 해방과 독립을 위한 투쟁의 연장선위에 서 있어야 할 까닭이 있읍니다. 우리의 민주화 투쟁은 독립과 해방을 위한 투쟁이 민족을 위한, 민족에 의한 전체 민족의 투쟁이어야 했듯이 전체 국민의, 국민에 의한, 국민을 위한 투쟁이 되어야 하는 것입니다. 오직 민족의 해방과 독립이 우리 민족의 절대적인 목표였던 것과 마찬가지로 민주화 그 자체가 투쟁의 목표요 대안인 것입니다. 독립운동가들의 해방과 독립을 위한 투쟁이 자신을 버리고 더 큰 나, 즉 민족과 나라를 위해 자신을 바치는 투쟁이었듯이 우리의 민주화 투쟁도 나를 버리고 조국의 민주주의를 위해 자신을 던지는 투쟁이어야 합니다. 민주주의를 위해서는 나 자신을 버리고, 나의 모든것, 나의 욕망, 나의 생명까지도 던질 수 있어야 합니다.

민족의 독립을 위해서는 전체 민족이 하나가 되어 투쟁하여야 했듯이 민주주의를 위한 투쟁에서 우리는 혼연일체 하나가 되어야 합니다. 해외투쟁과 국내투쟁이 하나가 되어야 하며, 또한 국내와 해외에서 하나가 되어야 합니다. 독재권력에 의하여 희생당하고 있는 모든 사람들의 고통을 나의 것으로 해야 하며, 그 고통을 기꺼이 떠맡아 지거나 나누어 져야 합니다. 우리는 자기 희생과 헌신적인 이해와 긍휼히 여기는 정신을 통하여 올바른 도덕성으로 하나가 되어야 합니다.

민족의 독립과 해방이 어느 누구의 도움보다도 바른 민족 성원 자신의 주체적인 힘으로 쟁취되어야 하듯이 우리의 민주화 투쟁도 오직 우리의 창조적인 민주역량으로 이룩하는 것이어야 합니다. 세계의 양심이 우리를 지원할 것이나 그것은 보완적인 것일 뿐, 이 나라의 민주화를 이룩하여 인간다운 삶의 터전을 만들 수 있는 것은 바로 우리 자신뿐임을 명심해야 할 것입니다. 민주투쟁의 승리의 날에 우리는 민주투쟁에서 숨지거나 자신의 모든 것을 던진 사람들을 민족의 해방과 독립을 위해 투쟁했던 애국 선열들의 반열에 올려 놓아야 할 것입니다. 앞으로 이룩될 민주주의는 민주주의를 위해 싸웠고, 싸우다 죽어간 모든 사람들의 피나는 고통 위에서 이룩되는 것이 될 것입니다. 이 모든 것이 우리의 확고한 신념이 되고 몸에 밴 덕성이 되어야 합니다.

친애하는 국민 여러분

우리는 이와 같은 원칙 위에서 독재권력에 결연히 맞서야 합니다. 현 독재정권은 입으로는 민주를 말하나 뒷전으로는 자신들의 권력의 강화와 영구화를 획책하고 있습니다. 그들은 겉으로는 화합을 말하나 속으로는 분열을 음모하고 있습니다. 그들은 앞에서는 정의를 말하나 뒤로는 엄청난 불의와 부정을 자행하고 있습니다. 장영자 사건이나 삼보증권 사건, 그리고 권력 주변에서 일어나고 있는 불의와 부정이 그것을 말해 주고 있습니다. 그들은 그 누구보다도 폭력에 길들여져 있으며 유신정권 아래서 몸에 밴 잔인성을 간직하고 있습니다. 최근의 대형 사건, 사고들의 폭력성이나 잔인성은 목적을 위해서는 수단과 방법을 가리지 않는 현 정권의 속성과 깊은 연관이 있읍니다. 그들은 오직 권력의 유지를 위해서만 존재하고 거짓과 폭력으로 지탱하며 독선과 불의로 자신들의 특수한 이익만 도모합니다. 그들은 권력의 유지를 위해서라면 어떠한 일도 저지를 수 있는 비이성적 집단이며, 반민족, 반민주 집단인 것입니다. 현 정권은 유신체제하에서 민중을 탄압했던 중추세력으로 구성되어 있읍니다. 그들에게는 권력의 장악과 유지에만 그 목적이 있을 뿐 나라의 안보도, 국민의 안전도, 나라의 위신과 민족의 존엄도 그들의 안중에는 없읍니다.

우리의 민주화 투쟁이 결코 정권투쟁이 아니라 민주구국의 투쟁이 될 수 밖에 없는 것도 이 같은 현 정권의 성격에서 연유하는 것입니다. 지금 나라와 겨레의 운명과 존엄은 독재정권 아래서 전례없는 위기를 맞고 있읍니다. 이러한 위기의 절정에서 과연 우리가 할 수 있는 일이 무엇인지에 대하여 각자 냉철한 반성과 점검이 절실히 요청되는 것입니다.

정치인 여러분

우리는 얼마나 오랫동안 국민의 기본권과 자유가 숨쉬는 민주주의를 갈망하여 왔읍니까. 진실로 나라와 겨레의 운명을 걱정하고 국민의 아픔을 같이 하고자 한다면 현 정권의 자기 합리화를 위해 분배된 특권에 편승하여 안일을 탐하고, 자신의 양심을 팔거나 속여서는 안 될 것입니다. 어떠한 입장, 어떠한 상황 속에서도 민주주의자로서의 늠름한 정치인의 모습을 보여주어야 할 것입니다. 현 정권이 강요하고 있는 그 규격과 틀로부터 탈출하여 민주화를 향한 시대적 사명에 함께 합류하여야 할 것입니다.

민주주의가 움직일 수 없는 우리들의 신념이요, 사명이며, 시대적 요청임을 군사독재 권력의 눈과 귀로 하여금 똑똑히 보고 들을 수 있도록 외쳐야 합니다. 나의 침묵이 독재 권력에의 굴종이 되고, 그것이 자손 만대에 걸쳐 자신의 치욕이 된다는 사실을 똑똑히 기억합시다. 독재적이며 비민주적인 규범, 예컨대 정치풍토 쇄신에 관한 특별조치법 같은 것에 얽매여서는 안 됩니다. 그 법은 정의와 양심에 반하는 소급 입법이며 그것이 반민주주의적인 것은 유신독재 아래 고난을 겪었던 수많은 동지들, 즉 애국적 민주인사들이 피규제의 대종을 이루고 있는 것으로도 충분히 증명되는 것입니다.

지금 여러분은 정의와 양심의 편에 서느냐, 아니면 불의와 폭력의 편에 서느냐 하는 준엄한 선택의 기로에 서 있읍니다. 민주주의를 갈망하는 국민과 함께 자랑스러운 역사의 편에 서 주시기 바랍니다.

언론인 여러분

여러분은 언제부터인가 관제 언론의 하수인으로 전락하였읍니다. 여러분은 한 마디 정의의 목소리를 싣지 못하며 사회의 구석구석에서 들려오는 민중의 신음소리를 취재하지 못합니다. 한마디로 진실을 기록하지 못하고 있읍니다. 그리하여 민주주의와 정의와 양심을 외치는 사람들 앞에서 여러분은 주눅들어 있읍니다. 그러나 여러분과 우리를 갈라놓은 것은 독재권력이지 여러분 자신이 아닙니다. 우리는 그것을 압니다. 그렇다고 여러분의 책임이 면제되는 것은 아닙니다. 자유 언론인 그것을 실천하고 지키려는 사람들의 끈질긴 집념과 투쟁과 자유언론에 대한 신앙으로서만 가능합니다. 자유언론을 스스로 실천하고 쟁취했을 때만 여러분은 양심의 평화를 얻을 수 있을 것입니다. 또한 비록 쓰지는 못하더라도 고통받는 형제들이 있는 곳에 항상 여러분의 모습이 여러분의 취재 수첩으로 뒷날 역사의 증언을 할 수 있도록 준비해야 할 것입니다.

법관 여러분

최근 민주주의를 외치는 정의로운 학생들에 대하여 중형을 선고하고 선량한 학생과 시민을 국가 보안법 위반으로 단죄하는 여러분의 마음이 결코 평안치 못하다는 것을 잘 압니다. 여러분의 아픔에 앞서 시대의 아픔과 피고인들의 통분이 있다는 것을 알아야 합니다. 사법권의 독립은 모든 유혹과 위협을 극복하고 정의에 따라 판결할 때 비로소 수호되는 것입니다. 정변이 있거나 정권이 바뀌어서도 의연히 흔들림 없이 존재하는 사법부이기를 바랍니다. 그러나 그렇게 될 수 있게 하는 것은 여러분이 정의롭게 사법권을 보위하고 법의 존엄과 정의를 스스로 지킬 때 비로소 가능한 것입니다.

우리는 우리의 우방인 미국과의 관계에 대하여도 우리의 뜻을 분명히 해야 할 필요를 느낍니다. 한국과 미국은 4반세기에 걸친 혈맹이며, 자유와 민주주의라는 같은 이념과 이상을 추구하고 있습니다. 민주체제가 공산체제에 비해 우월한 것은 사회의 다양한 활력과 개인의 창의가 보장되고 국민의 기본적 인권과 자유가 존중되는 데 있습니다. 그러나 독재적 폭압에 의해 획일성이 강요되어 다양성과 창의가 무시되고 인권과 자유가 유린된다면 우리는 우리 체제의 우월성을 현실적으로 확인할 수 없게 되는 것입니다. 그런데 우방관계의 한 쪽에서 그 국민이 독재의 억압에 짓눌리고 있고, 우방관계의 한 쪽 정부가 독재권력을 지원하여 한국 민중의 탄압을 방조하는 결과로 되고 있을지도 모르는 바로 여기에 한미관계의 미묘한 문제가 있다는 사실을 미국 정부측은 분명히 깨달아야 할 것입니다. 우리는 레이건 미국 대통령의 방한이 독재정권을 지원하는 결과로 되어 국민에 대한 탄압과 독재를 미국이 추인하는 것으로 되지 않기를 바랍니다.

한국에는 소수 부패 특권의 독재 권력과 그에 대응하여 민주주의를 추구하는 절대 다수 민중이 현실적으로 존재하고 있습니다. 미국의 대한정책이 독재권력의 국민탄압을 양해하는 것으로 되거나, 독재권력의 유지에 협력자인 것으로 될 때 지난번 부산 미국문화원 사건과 같은 불행한 사태가 나타날지도 모른다는 우려를 하지 않을 수 없읍니다. 또한 한국 민중의 의사가 무시된 전쟁 분위기의 조성이나 핵전쟁의 가능성에 대해 한국 국민은 심각한 염려를 표명하지 않을 수 없읍니다.

친애하는 국민 여러분

민주주의만이 이 나라를 위기에서 구해 줄 수 있읍니다. 민주주의의 실현만이 갈라진 민족이 함께 합쳐지는 통일로 가는 길입니다. 이산가족의 만남이 슬픔으로 끝나는 것이 아니라 환호로 끝나기 위해서는 한국의 민주화를 통해 통일을 앞당기는 길이 있을 뿐입니다. 관제 공산주의자가 만들어져 남편과 아내가, 자식과 아버지가 헤어져야 하는 비극이 지금 이 순간도 속출하고 있읍니다. 법정과 감옥에 가보면 그 슬픈 참상이 거기에 벌어지고 있는 것입니다.

민주정부를 수립함으로써만이 농민과 근로자가 소외되고 억압받지 않는 나라의 경제를 이룩할 수 있읍니다. 가진 사람과 없는 사람의 위화감과 분열을 없게 할 수 있읍니다. 민주체제 아래서만이 학생들과 노동자와 농민이 인격적 주체로서 자신의 권익을 주장하고 발양할 수 있읍니다.

민주주의를 실현시킴으로써만이 나라의 위신과 민족의 존엄을 국제사회에서 회복시킬 수 있읍니다. 불의하고 부도덕한 정권은 남에게 얕보일 뿐만 아니라 국제사회에서 부정과 불의를 저지르게 되는 것입니다. 지금도 계속되고 있는 쌀 도입과 관련된 추문이 그것을 밑받침하고 있읍니다.

유신정권 이래 국제 사회에서 저질러지고 있는 추태로 인하여 한국 국민이 국제 사회에서 얼굴을 들 수 없는 것도 바로 독재정권의 현실적 존재로 인한 것입니다.

민주화로써만이 이 사회에, 지역에 내재하는 모든 불균형과 그릇된 감정을 씻어 낼 수 있읍니다. 오직 민주화로써만 화해의 정치를 이룩할 수 있고 사랑의 사회를 건설할 수 있읍니다. 민주화로써만 교육의 비인간화가 시정되고 야만적 고문이 영원히 청산될 것입니다. 민주화를 통해서만이 자유, 정의, 진리, 양심을 지키는 모든 사람들의 고통이 치유될 수 있으며, 삼켜졌던 말을 되찾아 인간답게 말하고 살 수 있읍니다.

우리의 민주화 투쟁의 제 일의 과업은 어떠한 법률로 처벌되었건 모든 정치범과 양심범의 석방과 복권, 제적된 학생과 교수의 복학과 복직, 유신시대 이래 언론계에서 타의로 추방된 모든 언론인의 복직과 통폐합된 언론의 원상 회복과 언론 자율성의 회복, 그리고 정치활동 규제에 묶여 있는 모든 정치인과 민주시민이 자유스럽게 정치활동을 할 수 있도록 하는 일입니다. 또한 소위 국가보위 입법 회의에서 제정 또는 개정된 반민주적 악법 및 유신체제 이래의 독재적 법률의 철폐와 개정을 이룩하는 일입니다. 우리는 이러한 민주화와 동시에 헌법을 국민적 합의에 따라 개정, 자유로운 선거를 통하여 국민에 의한 국민의 정부를 선택하고 구성할 수 있어야 합니다. 비록 독재의 사슬에 묶여 있어 오늘의 현실이 암담한 것처럼 보이지만, 전체

다수 국민이 뜻을 다하고 마음을 다하여 민주화를 향하여 단결하여 투쟁한다면 우리는 이러한 민주화의 과업을 이룩할 수 있읍니다. 하나님의 정의와 세계와 인류의 양식이 우리와 함께 있으며, 역사와 진리가 또한 우리와 함께 있읍니다.

지금 이 시점에서 제일 두려워해야 할 것은 독재와 억압 그 자체가 아니라 민주화에 대한 우리의 희망을 포기하는 일입니다. 내일에의 꿈이 없는 민족은 가장 불행한 민족입니다. 우리는 확고한 신념으로 민주 조국에의 희망과 튼튼히 결합되어 있어야 합니다. 민주주의를 위해 하나 되고 그 희망으로 뭉친다면 우리는 마침내 이 땅에 모두의 환호 속에 민간정부를 우리 손으로 세우게 될 것입니다. 억압은 전멸되고, 우리 모두는 새로운 민주적 인간상으로 구원될 것이며, 이 나라와 국민은 모든 세계인들의 선망과 찬탄의 표적이 될 것입니다. 그것이 민족의 해방과 독립을 위한 투쟁을 오늘에 다시 계승시키며, 그것을 완성하여야 하는 시대적 사명에 부응하는 일이 될 것입니다. 우리 국민은 이미 이승만 정권이나 박정희 정권과 같이 민주주의에 대한 국민의 염원을 배반한 독재정권을 결코 용납하지 아니한 민주역량을 가진 국민입니다. 이같이 자랑스러운 국민 앞에 우리는 정치인으로서 부끄러운 마음 금할 길이 없읍니다. 1980년 봄 온 국민이 한결같이 열망하던 민주화의 길에서 우리는 당시 야당 정치인들로서 하나로 되는데 실패함으로써 수백수천의 민주국민이 무참히 살상당하는 사태에 이르게 되고, 계속 국민의 수난이 연속됨은 물론 민주화의 길을 더욱 멀게 한 사태를 막지 못한데 대한 책임을 면할 길 없읍니다. 이제 국민 앞에 자책과 참회의 뜻에서, 그리고 온 국민의 민주화에 대한 열망 앞에서 우리 두 사람은 백의종군하는 자세로 하나가 되어 손잡고 우리 민족사의 지상과제를 향하여 함께 나아가려 합니다.

국민 여러분, 우리들의 부족하였음을 너그러이 용서해 주시고 여러분의 민주전열에 전우로 받아주시기 바랍니다. 우리 두 사람은 오로지 국민의 한 사람으로서, 국민과 함께 그 뜻을 받들어 민족과 민주제단에 우리의 모든 것을 바칠 것을 엄숙히 맹세하는 바입니다. 그 성스러운 싸움과 승리의 현장에서 뜨겁게 만납시다. 우리는 승리할 것입니다.

1983.08.15

워싱턴에서 김대중

서울에서 김영삼

2

민추협 창립 선언

민주화 투쟁 선언

우리는 이 땅에 민주주의를 실현하는 것이 우리 국민 모두에게 주어진 절대적 사명임과 민주주의는 우리 국민의 투쟁에 의해서만 이룩될 수 있는 것임을 선언한다.

우리는 유신독재에 대한 전민중적 항의와 열망의 표현으로 나타난 10·26 사태를 민주주의에로 수렴 승화시키지 못한 것이 12·12 사태, 5·17 비상계엄 조치와 광주의거 그리고 그 후에 전개된 현 정권 폭력과 기만에 의한 것으로써 그 정당성과 정통성을 상실한 민족사의 치욕임을 더불어 확인하는 바이다.

현 정권의 반민주적 반민중적 속셈은 경찰관에 의한 의령 양민학살 사건을 비롯하여 강제 징집된 학생들의 의문스런 죽음과 장 여인 사건, 명성 사건, 영동개발 사건, 삼보증권 사건 등 전대미문의 경제 부정 사건을 경과하여 우리 사회를 나락과 절망 속으로 몰아넣고 있다.

나아가 현 정권은 일부 언론을 동원하여 정의로운 학생과 노동자들 그리고 고통받는 이들을 위해 활동하고 있는 단체들을 모략 비방케 함으로써 국민 분열을 꾀하고 있다. 그러함에도 불구하고 현 정권은 자신들의 특권보장을 위해서 국민에 대한 억압을 계속하고 있는 것이다.

이제 우리는 국민의 의사를 집결해서 민주화를 위한 투쟁을 계속하고자 하는 바이다.

금년들어 정부가 취한 구속학생 석방과 제적학생 복교조치에 대해서는 환영하는 바이지만, 우리는 정부의 시혜를 바라는 것이 아니라 제도적으로 학원의 자유화와 언론의 자유화 등을 강력히 요구하는 것이다.

현 정권은 소수의 부패한 특권층만을 위해서 절대다수 국민들을 핍박하고 수탈해 오고 있는 것이다. 우리는 국민의 긍지와 자존심을 회복시키고 국가의 존엄을 해치는 군부독재를 청산해서 국민이 자신의 정부를 선택할 수 있고 시민의 참여가 보장되는 민주정부의 수립을 위하여 민주화는 더 이상 지체할 수 없다는 판단 아래 이를 위한 민주화 추진 위원회를 발족하고 다음과 같이 투쟁할 것을 결의한다.

1. 우리는 군인의 정치개입이 민주헌정을 후퇴시키고 민족사의 불행과 안보상의 불안을 초래한다는 역사적 경험을 토대로 군인이 본연의 사명인 신성한 국방의무로 복귀할 것을 주장하고 시민 민주주의를 실현시키기 위해서 투쟁한다.
2. 우리는 국민이 자신의 정부와 정부형태를 선택하고 결정할 수 있을 때만 민주주의가 실현된다고 믿는다. 우리는 민주주의로 가는 길을 봉쇄하고 있는 현행의 모든 제도적 장치와 제약의 개폐를 위해서 투쟁한다.
3. 현 정권의 존속을 위한 선거제도 등 규격화된 정치제도와 반민주적 법령이 민주적 방향으로 개선되지 않는다면 선거는 오직 요식행위에 지나지 않을 뿐이다. 우리는 국민의 참정권 보장을 위해서 투쟁한다.
4. 우리는 학원과 청년층에서 전개하고 있는 민주화 운동과 그 과정에

서 희생된 분들에 대해서 경의의 뜻을 전하면서 그들의 애국적 충정에 동참하기 위해서 그 고난의 짐을 떠맡아 지고 투쟁해 나갈 것이다.

5. 우리는 노동자, 농민, 도시 소시민들의 기본적 인권과 생존권 보장을 위한 운동을 적극 지지하며 정치적·경제적으로 소외된 계층의 고통과 추방당한 교수, 언론인, 근로자들의 아픔을 우리의 것으로 하여 연대하여 투쟁한다.
6. 우리는 정치 피규제자 99명의 전원 해금과 복권 그리고 김대중 씨의 조속한 귀국 및 자유로운 정치활동 보장을 위해서 투쟁한다.
7. 우리는 역사에 비추어 한 점 부끄럼없이 정당한 것임을 믿는다. 우리는 인간의 양심에 기초하여 비폭력저항의 평화적 방법으로 투쟁할 것이다.
8. 우리는 민주화를 위해서라면 그 누구와도 대화할 수 있으며, 또한 그 어느 집단 또는 개인과도 연대할 것이다.
9. 우리는 마침내 쟁취할 민주주의의 영광은 역사와 국민에게 그리고 모든 고난과 희생은 우리의 것으로 하는 헌신을 우리 활동의 기초로 삼고 투쟁한다.

1984.5.18

민주화추진협의회

3

신한민주당 창당에 대한 원칙 선언

선명 통합신당(鮮明·統合新黨) 창당의 원칙

국민의 여망에 부응하고, 민주화(民主化) 쟁취(爭取)의 정치적(政治的) 구심력을 형성해야 할 정통 정당(正統政黨)의 창당에 있어서는 그 원칙(原則)이 있어야 한다. 국민의 여망이 군부독재(軍部獨裁)의 종식과 시민민주주의(市民民主主義)의 실현을 통한 민주화(民主化)에 있으므로 그러한 국민의 여망(輿望)과 시대적 소명(時代的召命)에 충실할 것을 대원칙(大原則)으로 해야 한다.

따라서 이러한 소명(召命)과 책임(責任)을 분명히 하기 위하여는 다음과 같은 원칙이 준수·확인되어야 한다.

1. 군사독재(軍事獨裁)의 종식과 시민정부(市民政府) 수립을 향한 민주화 투쟁(民主化鬪爭)에서 투옥(投獄) 혹은 정치규제(政治規制)된 인사(人士)를 비롯한 민주세력(民主勢力)이 중심되는 정당이어야 한다.

2. 모든 민주인사(民主人士)들이 통합·단결하고 선명한 민주투쟁을 전개하는 야당(野黨)으로 그 성격을 분명히 하며 타력(他力)이 아닌 자생적(自生的)으로 결성되어 당원의 순수한 의지(意志)에 의해 운영되는 민주정당(民主政黨)이어야 한다.
3. 민주화추진협의회(民主化推進協議會) 등 반독재민주세력(反獨裁民主勢力)의 투쟁이 평가(評價)되고 그 정신이 계승되며, 노동자(勞動者), 농민(農民), 청년학생(靑年學生), 종교인(宗敎人), 지식인(知識人) 및 민주, 통일운동권(民主, 統一運動圈)과의 민주화 투쟁(民主化鬪爭)을 위한 연대(連帶)를 지속·강화시키며 대변하는 정당이어야 한다.

1984년 12월 12일
민주화추진협의회
상임운영위원회(常任運營委員會)

4

민추협 창립 1주년 성명서

성명서
민주화추진협의회 창립 1주년을 맞이하여

우리는 해방 이후 이 땅에 민주주의를 실현시키기 위하여 값비싼 희생을 치러 왔습니다. 그러나 한 번도 민주적 절차와 제도에 의하여 평화적인 정권교체를 해보지 못하고 불행한 과거만을 기록하고 말았습니다. 오히려 정권이 교체될 때마다 일부 소수군인의 정권욕에 의하여 민주헌정을 후퇴시키고 마는 슬픈 역사만 되풀이해 왔습니다.

이같은 불행한 역사를 바로잡고 참으로 국민이 열망하는 민주주의를 실현시키기 위하여 정권적 차원이 아닌 구국적 차원에서 국민운동을 전개하기 위하여 갖은 고난을 무릅쓰고 「민주화추진협의회」를 창립했던 것입니다.

회고하면 1년이라는 비록 짧은 기간이었지만 우리는 말할 수 없는 수모와 탄압을 현 정권으로부터 받아왔읍니다. 민주터전을 마련키 위하여 갖은 고초를 당해야 했고 많은 동지들은 감시와 불법적인 연행도 감수해야만 했읍니다. 이와 같은 상황하에서 처음에는 많은 국민들이 우리의 장래에 회의적인 시선과 걱정스러움도 보내주셨읍니다.

그러나 우리는 결코 군사독재에 굴복하지 않고 오히려 민주주의를 갈구하는 국민적 지원과 동지들의 헌신적이고 불퇴전의 용기로 민주의지를 불태우면서 묵묵히 민주화 투쟁을 전개해오고 있는 것입니다. 그리하여 국민에게 이 나라의 진정한 주인으로서의 긍지와 자존심을 불어 넣어주고 민주화를 더 이상 지체시킬 수 없다는 인식과 민주화에 대한 신념과 용기를 가지게 했읍니다. 이와 같은 맥락 속에서 지난 2·12 총선에서는 선거투쟁을 전개하여 갖은 탄압과 타락 속에서도 국민적 위대한 승리를 쟁취할 수 있었던 것입니다.

그러나 현 정권은 2·12 총선에서 나타난 민의에 순응하는 듯한 자세를 보이다가 지금은 국민에게 공격적인 자세를 취하고 있는 것은 불행한 일이 아닐 수 없읍니다. 우리는 정부가 지난총선에 나타난 국민의 참뜻을 어떻게 받드느냐를 주시할 뿐 아니라 앞으로의 정국판도와 양상도 그에 따라 달라질 수 있음을 강조하는 것입니다. 정부는 더 이상 안보를 구실로 민주주의를 지연시켜서는 안 됩니다. 정부가 진실로 밤낮 구호로 외치는 정의사회구현과 평화적 정권교체를 실현할 의지가 있다면

첫째, 민주회복을 위한 법적 제도적 조치 즉 ① 언론의 자유 ② 자유선거 ③ 전면적인 지방자치제 실시 ④ 대통령직선제를 포함한 민주헌법에로의 개정 등이 이루어져야 하며

둘째, 반민주적 반국민적 체제에 항거한 양심수들을 석방하고 정치사범에 대한 전면적인 사면, 복권이 단행되어야 하며

셋째, 학원 문제 해결을 위한 민주적인 제반조치를 과감하고 신속히 강구해야 하며

넷째, 노동자와 농민의 자유로운 활동과 권익보장을 비롯하여 국민생활에 대한 안정대책을 수립해야 합니다.

우리는 이러한 민주화추진의 목적 달성을 위해 신한민주당을 적극 지원하고 재야와 협력해서 비폭력적이고 질서 있는, 그러나 끈질긴 투쟁을 계속해 나갈 것입니다. 이와 같은 우리의 숭고한 민주화 투쟁에 국민의 뜨거운

참여와 성원을 빌어마지 않습니다.

1985.5.18

민주화추진협의회(民主化推進協議會)

공동의장 김대중(共同議長 金大中)

김영삼(金泳三)

5

천만인 개헌 서명운동 취지문

천만인 개헌 서명운동 취지문

헌법은 국가의 기본입니다.

민주국가의 헌법은 국민의 뜻에 따라 국민의 이익에 부합되는 방향으로 국민의 합의하에 제정 또는 개정되어야만 그 존재의의가 있으며 지킬 가치고 있는 것입니다.

그러나 현행 제5공화국 헌법은 5·17 정변 후 비상계엄으로 모든 정치활동을 정지시킨 상황하에 국민의 찬반토론도 봉쇄하고 형식적인 국민투표에 의해서 일방적으로 만들어졌읍니다. 현 헌법은 그 절차에 있어서 비민주적이고 정통성을 결여하고 있을 뿐 아니라 내용이 더욱 문제입니다.

현 헌법은 첫째, 유신헌법과 마찬가지로 사실상 평화적 정권교체가 불가능한 선거인단에 의한 간접선거로 대통령을 뽑게 되어 있으며

둘째, 대통령은 유신헌법과 마찬가지로 삼권 위에 군림하는 독재체제의 헌법구조를 특징으로 하고 있읍니다.

셋째, 대통령의 임기가 7년이기 때문에 국민의 신임을 상실했을 경우에도

장기집권이 가능하며

넷째, 대통령 자신은 불신임 받는 제도가 없는데도 오히려 일방적으로 국회를 해산하는 권한을 가지고 있습니다.

다섯째, 유신헌법의 긴급조치를 방불케 하는 비상조치라는 독소조항이 있으며

여섯째, 국정의 책임자들이 모인 국무회의는 심의기관에 불과합니다.

일곱째, 국회의 소집과 국무총리 및 국무위원에 대한 해임의결은 재적의원 1/3 이상의 발의가 있어야 하며 국회 회기는 년 150일로 제한하는 등 국회의 기능을 약화시키고 있으며

여덟째, 국회의 행정부에 대한 국정감사관이 없습니다.

아홉째, 국회의 대통령에 대한 탄핵권을 제한하고 있을 뿐 아니라 대통령의 대법원장 및 판사에 대한 임명은 행정부의 사법부에 대한 지배권을 인정하고 있는 것입니다.

열째, 지방자치제의 순차적 실시로 민주주의의 토착화를 늦추고 있는 등 이와 같은 헌법하에서는 국민 모두가 참된 자유와 인권을 향유할 수 없으며 정치, 경제, 사회, 문화 등 각 분야에서 국민적 합의와 발전을 도모할 수 없는 것입니다.

그럼에도 불구하고 현 정권은 지난 2·12 총선에서 표출된 대통령 직선제를 비롯한 민주제도 확립을 위한 헌법개정의 국민적 열망을 외면할 뿐만 아니라 왜곡된 평화적 정권교체와 단임정신이라는 미명을 내세워 민정당 내에서만 이루어지는 권력의 승계에 의한 일당독재를 유지하는데 급급하고 있는 실정입니다.

더구나 대통령 직선제에 대한 논리와 근거, 지지를 인정한다면서도 헌법개정을 기피하고 89년 이후에나 개헌을 논의하자는 것은 앞으로 95년까지 10년간은 국민이 원하는 정부를 직접 선택할 수 있는 권리를 박탈하자는 주장이며 사실상 장기집권의 망상인 것입니다.

민주국가에서 헌법은 국민이 원하면 언제든지 개정할 수 있어야 합니다.

지금 우리가 당면하고 있는 막대한 외채문제 등 심각한 경제문제 및 사회

적 혼란을 극복하고 국가적 대사인 "86, 88 올림픽" 등을 성공적으로 치르기 위해서도 현 헌법은 국민적 합의에 의해 민주적으로 조속히 개정해서 안으로는 정국안정을 기하고 밖으로는 우리가 민주국가임을 과시해야만 합니다.

우리가 선택하고자 하는 헌법은 민주적 제도 확립으로 인간의 존엄성 실현과 자주경제의 확립으로 국민의 생존권을 보호하고 최소한의 인간다운 삶을 보장해주는 정신하에서

첫째, 대통령은 우리 손으로 뽑고

둘째, 입법, 사법, 행정권의 균형있고 독립적인 기능을 보장하며

셋째, 언론자유의 확립을 최대한 중시하며

넷째, 국민 기본권을 신장하고

다섯째, 지방자치제의 조속한 전면적 실시를 기하며

여섯째, 자주적인 국민경제와 부의 공정한 분배를 기하며

일곱째, 노동삼권 보장으로 근로자 권익을 옹호하고 농민의 권익회복과 농촌경제의 재건을 기하며

여덟째, 정부의 통일정책 수행은 국민적 합의에 따라 공개적이며 거국적 참여에 의해서 전개되어야 하고

아홉째, 군은 어떠한 경우에도 정치적 중립을 지킬 수 있도록 하고

열째, 일체의 정치보복을 금지하는 등

이 시대의 국민적 요구를 대변하고 반영하여 진정 국민으로 부터 사랑과 존중을 받을 수 있는 민주헌법이 되어야 할 것입니다.

이와 같은 시대적 사명을 완수하기 위한 "천만인 개헌 서명운동"은 바로 이 시대의 민주양심의 선언이며 민주화의 핵심이고 민족통일에 접근하는 민주정부수립을 위한 구국투쟁임을 확신하면서 이 운동은 헌법개정이 실현될 때까지 끈질기게 비폭력, 평화적으로 전개될 것입니다.

우리 모두 일찍이 세계역사에서도 보기 드문 "천만인 개헌 서명운동"을 기필코 민주승리의 응결체로 승화시켜 이 시대를 사는 국민 각자가 민주소명의 대열에 주체적이고 능동적으로 동참하였다는 높은 긍지와 자랑스러운 기록을 남기도록 합시다.

그리하여 우리 국민의 민주적 신념과 의지를 국내외에 과시하고 국민의 정당한 권리를 쟁취하는 새로운 민주역사의 장을 펼쳐야 되겠읍니다.

이제 우리는 "천만인 개헌 서명운동"이 헌법에 보장된 국민 청원권 행사일 뿐만 아니라 국민의 자유로운 정부 선택권을 찾기 위한 국민의 주권행사임을 천명하며 국민 여러분의 뜨거운 참여와 적극적 격려가 있을 것임을 확신하는 바입니다.

1986.2.12

민주화추진협의회

민주개헌추진천만인서명운동본부

6

민추협 창립 30주년 기념 행사 성명서

민주화추진협의회 창립 30주년을 맞이하면서

오늘 우리는 세월호 참사라는 국민적 슬픔 한가운데서 민추협 30주년을 맞는다. 이 나라 국민으로서 우리 역시 세월호 참사에 대한 책임으로부터 자유스럽지 못하다는 것을 통감하면서, 세월호 참사 유족과 관계자 여러분께 삼가 애도와 위로의 말씀을 먼저 드린다.

또한 우리는 민추협의 위대한 지도자로 이 나라 민주화를 이끄셨던 두 분 가운데 김대중 전 대통령께서는 2009년 8월에 서거하시고, 김영삼 전 대통령께서는 작년 4월 이래 1년여에 걸쳐 힘든 투병 생활을 하시고 계시어 우리와 자리를 함께 하지 못하는 것을 매우 안타깝게 생각하면서 민추협 30주년을 맞이하고 있다.

김대중 전 대통령님의 명복과 김영삼 전 대통령님의 조속한 쾌유를 간절히 빌어마지 않는다.

■ 민추협은 결코 잊어서도, 잊혀져서도 안 된다

1980년대 제2기 군부독재가 절정을 이루고 있던 그 시기, 1983년 5월 김영삼 전 대통령의 목숨을 건 단식투쟁으로부터 시작하여 그 해 8월 워싱턴과 서울에서 동시에 발표된 「김대중·김영삼 8·15 공동성명」, 1984년 5월 18일의 민추협결성, 1985년의 신한민주당 창당과 2·12 선거혁명 그리고 1987년 6월 항쟁으로 마침내 이 땅의 민주화를 국민의 힘으로 쟁취해 낸 일련의 과정은 대한민국의 현대사에서 가장 역동적이고 장엄한 드라마였다. 그것은 찬연한 대한민국 민주주의 역사의 한 페이지였다.

여기에는 물론 재야 민주화 투쟁의 역할도 컸지만, 우리 민추협이 있었기에 민주화 투쟁의 정치적 중심을 잡아 나갈 수 있었고, 끝내는 대통령 직선제 민주헌법 쟁취로 귀결시킬 수 있었다.

자발적인 민주적 열정으로 전국 방방곡곡에서 모이고 뭉친 우리 민추협 동지들은 계속되는 연금과 연행, 투옥과 박해를 무릅썼던 그 고난과 그 끝에 맛본 민주화의 성취를 결코 잊을 수가 없다. 우리는 결코 자만하지는 않지만, 이 땅의 민주주의가 어떻게 쟁취될 수 있었는지 그 역정만은 결코 잊혀져서는 안 된다고 믿는다. 그것이 우리가 '민추협 30년'을 새삼스럽게 되새기고 기념하는 이유다.

■ 민주주의와 단결과 국민통합은 영원한 우리의 과제다

그때 우리 민추협 동지들이 이심전심으로 공유했던 정신은 민주주의를 향한 단결과 국민통합에 모아져 있었고, 우리들의 행동은, 그 누가 요구하지 않았지만, '나 자신의 헌신과 희생' 바로 그것이었다. 우리들의 삶은 고난속의 행진이었지만, 우리는 기꺼이 그 고난을 감수했다. 그로부터 30년의 세월이 경과하고 있지만, 그 때의 정신은 지금도 여전히 우리 속에 살아있다.

김대중 전 대통령께서 서거하시기 얼마 전 김영삼 전 대통령의 병문안을 통하여 두 분께서 크게 화해하신 것은 남아있는 우리에게 큰 가르침이 되고 있다. 그것은 단결하여 민주주의를 지키고 발전시키라는 것이요, 동서갈등과 지역감정의 벽을 허물고 국민통합을 이루어 내라는 것이며, 더 나아가 민족의 화해와 통일을 위해 헌신하라는 것이다. 오늘 우리는 그 가르침을 받들고 따르기 위하여 민추협 30주년을 되새기고 있는 것이다.

'민주화의 투사는 사라져 갈 수는 있을지언정, 결코 죽지 않는다'는 것이 우리들의 신념이다. 우리는 조국의 현실을 놓고 "우리는 어디에 서 있으며, 어디로 가고 있는가"를 죽는 날까지 언제 어디서나 고뇌할 것이며, 이 나라 민주주의를 응시하면서 민주주의를 지키고 발전시키는 일에 우리의 남은 생애와 열정을 바칠 것이다.

이것이 '민추협 30주년'을 맞는 우리들의 소회이며 다짐이다.

2014년 5월 15일
민주화추진협의회 창립 30주년 기념행사 준비위원회
준비위원장 권노갑·김덕룡
집행위원장 김무성·박광태

참고문헌

강원룡. 2004. “강원용 목사의 체험 한국 현대사 ④—12·12 직후 만난 DJ: 군인들 은 내게 충성할 것.”『신동아』534권.

강정인. 2009. “보수주의: 비동시성의 동시성 그리고 모호한 정상화.” 강정인 외 지음.『한국정치의 이념과 사상』. 서울: 후마니타스.

경향신문 미디어부. 2004. “실록민주화운동: 민청련 출범.”『경향신문』(4월 12일).

김대영. 2006. “6월 항쟁 이후 운동정치의 제도화 과정.”『기억과 전망』16호, 184-216.

김대중. 1986. “비폭력 온건노선 견지해야: 이것만이 국민과 세계여론 지지속에 성공하는길.” http://archives.kdemo.or.kr/View?pRegNo=00886344

______. 2010.『김대중 자서전 I』. 삼인.

______. 2010.『김대중 자서전』1, 2. 서울: 삼인.

김동춘. 1999. “한국 사회운동 100년.”『경제와 사회』겨울호.

김동택. 1992. “한국사회와 민주변혁론: 1950년대에서 1980년대까지.” 한국정치연구회 사상분과 편.『현대민주주의론 II』. 서울: 창작과 비평사.

김병묵·홍세미. 2014. “〈민추협 커튼콜①〉 민추협 정신, 87년 체제 그 너머로.” http://www.sisaon.co.kr/news/articleView.html?idxno=23793(검색일: 2015.1.7).

김삼웅. 2013. “민주화 투쟁과 민주화추진협의회.” 류상영·김삼웅·심지연 편저.『김대중과 한국 야당사』. 연세대학교 대학출판문화원, 105-140.

김상웅 편. 1984.『민족·민주·민중선언』. 서울: 일월서각.

김영명. 2103.『대한민국 정치사: 민주주의의 도입, 좌절, 부활』. 일조각.

김영삼. 1987a. 『민주화 구국의 길』. 서울: 일월서각.
_____. 1987b. 『나의 결단』. 서울: 청계연구소.
_____. 1992. 『나의 정치 비망록: 민주화와 의정 40년』. 서울: 심우.
_____. 2000a. 『김영삼 회고록: 민주주의를 향한 나의 투쟁 2』. 백산서당.
_____. 2000b. 『김영삼 회고록: 민주주의를 향한 나의 투쟁 3』. 백산서당.
김영수. 2000. 『한국헌법사』. 학문사.
김영태. 2007. "개헌논의와 정치발전." 한국평화연구학회 발표논문.
김운태 외. 1989. 『한국정치론』. 박영사.
김진옥. 1993. "민주화추진협의회에 관한 연구: 지역당 구조 형성과정을 중심으로." 경남대 대학원 석사논문.
김 철. 1982. "제5공화국의 정당들." 『신동아』 1982년 10월호.
노태우. 2011. 『노태우 회고록. 상권: 국가, 민주화, 나의 운명』. 조선뉴스프레스.
문지영. 2009. "자유주의: 체제 수호와 민주화의 이중 과제 사이에서." 강정인 외 지음. 『한국정치의 이념과 사상』. 사울: 후마니타스.
민주화운동기념사업회 연구소. 2010. 『한국민주화운동사 3: 서울의 봄부터 문민정부 수립까지』. 돌베개.
민주화운동기념사업회 연구소 편. 2006. 『한국민주화운동사 연표』.
민주화추진협의회. 1988. 『민추사(民推史)』.
박명림. 2008a. "박정희 시대의 민중운동과 민주주의: 재야의 기원, 제도관계, 이념을 중심으로." 『한국과 국제정치』 24집 2호. 231-263.
_____. 2008b. "박정희 시대 재야의 저항에 관한 연구, 1961-1979: 저항의제의 등장과 확산을 중심으로." 『한국외교사논총』 30집 1호. 29-62.
박보균. 1994. 『청와대 비서실 3』. 중앙일보사.
배성인. 1995. "권위주의 체제의 민주화 이행에 관한 연구: 한국과 브라질의 민주화를 중심으로." 『학술논총』 제19집, 147-192.
서중석. 2007. 『한국 현대사 60년』. 역사비평사.
신도환. 1991. 『천하를 준다해도』. 사초.
심지연. 2004. "전두환 정부 하의 정당구도 분석." 『한국정치외교사논총』 제25집 2호, 213-243.
안승국. 2009. "한국에 있어서 권위주의 체제의 해체와 민주적 이행: 집권세력과 체제반대세력 간의 상호작용에 관한 분석을 중심으로." 『한국정치외교사논총』

제31집 1호, 211-236.

6월민주항쟁계승사업회. 2007. 『6월 항쟁을 기록하다』 제1권. 민주화운동기념사업회.

유기홍. 2010. “1980년대 민족민주운동과 민주화운동청년연합.” 『기억과 전망』 23호. 262-306.

유정현. 1985. “야권의 「배후군단」 민추협.” 『월간조선』 1985년 4월호.

윤성이. 1999. “사회운동론의 관점에서 본 한국 권위주의체제 변동: 정치기회구조 개념을 중심으로.” 『한국정치학회보』 32집 4호. 111-128.

이경재. 1985a. “신한민주당의 전부.” 『신동아』 1985년 3월호.

_____. 1985b. “김대중과 김영삼.” 『신동아』 1985년 5월호.

_____. 1987. “통일민주당.” 『신동아』 1987년 5월호.

이계희. 1992. “민주화운동과 야당정치: 1980년대 한국의 사례.” 『충남대학교 사회과학 논문집』 제3권, 285-341.

이도성·한기홍. 1993a. “중정 「관제 야당」 창당 착수: 말 잘 듣는다 유치송—총재 신상우—실무로.” 『동아일보』(11월 14일). 10.

_____. 1993b. “중정 「3소대 준여당」 창당 착수: 유신세력 모아 조직 … 당수에 김종철씨.” 『동아일보』(11월 28일). 10.

이룰태림. 2014. “길을 찾아서: ‘민통련’ 탄생 … 민주·통일·민중시대로 첫발.” 『한겨레신문』(5월 8일).

이영석. 1990. 『야당, 한 시대의 종말』. 서울: 성정출판사.

이정복. 2011. “제 5공화국의 정치제도.” 민준기·신명순·이정복·윤성이. 『한국의 정치: 제도, 과정, 발전. 전정판』. 나남, 87-94.

임혁백. 1990. “한국에서의 민주화과정 분석: 전략적 선택이론을 중심으로.” 『한국정치학회보』 24집 1호, 147-192.

_____. 1994a. “5공의 민주화 투쟁과 직선제 개헌.” 동아일보사. 『5공 평가 대토론회; 현대사를 어떻게 볼 것인가 5』, 454-483.

_____. 1994b. 『시장, 국가, 민주주의』. 서울: 나남.

_____. 2008. “한국 사회의 정치학적 고찰.” 한국기독교교회협의회 발표논문(2008. 7.17).

정대화. 2005. “민주화 과정에서 민통련과 국민운동본부의 역할에 대한 평가: 역사구조적 관점에서 주체 형성의 문제를 중심으로.” 『민주사회와 정책연구』 통권 8호, 213-240.

정세운. 2014. "〈민추협 커튼콜③〉 YS, 김종필 민추협 가입 권유." http://www.sisaon.co.kr/news/articleView.html?idxno=23842(검색일: 2015.1.7).

정일준. 2011. "학원안정법 파동 연구: 한국 민주화 이행에서 통치와 정치 그리고 사회운동." 『사회와 역사』 91권. 255-292.

정해구. 2011. 『전두환과 80년대 민주화운동: '서울의 봄'에서 군사정권의 종말까지』. 서울: 역사비평사.

조갑제. 2007. 『노태우 육성 회고록: 전환기의 대전략』. 조갑제닷컴.

조상진. 2013. 『대통령 단임제 개헌과정에 관한 입헌론적 고찰』. 경기대학교 정치전문대학원 박사학위논문.

조지형. 2010. "1987년 헌법의 역사화와 시대적 소명." 강원택 편. 『헌법 개정의 정치: 무엇을 어떻게 바꿀 것인가』. 인간사랑, 12-48.

조희연. 1994. "한국에서의 민주주의 이행에 관한 정치사회학적 연구: 국가, 정치사회, 시민사회의 분화에 터하여." 『동향과 전망』 21권, 245-298.

______. 2004. 『한국의 정치사회적 저항담론과 민주주의 동학』. 서울: 함께읽는책.

조희연 편. 1990. 『한국사회운동사』. 서울: 죽산

최장집. 1989. 『현대한국정치의 구조와 변화』. 서울: 까치.

______. 1990. 『한국현대정치의 구조와 변화』. 서울: 까치.

______. 1996. 『한국민주주의의 조건과 전망』. 서울: 나남.

______. 2002. 『민주화 이후의 민주주의: 한국 민주주의의 보수적 기원과 위기』. 후마니타스.

한동윤. 1988. "민정당 창당작업." 『월간조선』 1988년 10월호.

한배호. 1994. "5공의 민주화 이행과정의 특징과 문제점." 동아일보사. 『5공 평가 대토론회; 현대사를 어떻게 볼 것인가 5』, 484-523.

함석헌. 1961. '5.16을 어떻게 볼까?' 『사상계』 9권 7호. 36-47.

Sartori, Giovanni. 1976. *Parties and Party Politics*. Cambridge: Cambridge University Press.

〈성명서 및 자료집〉

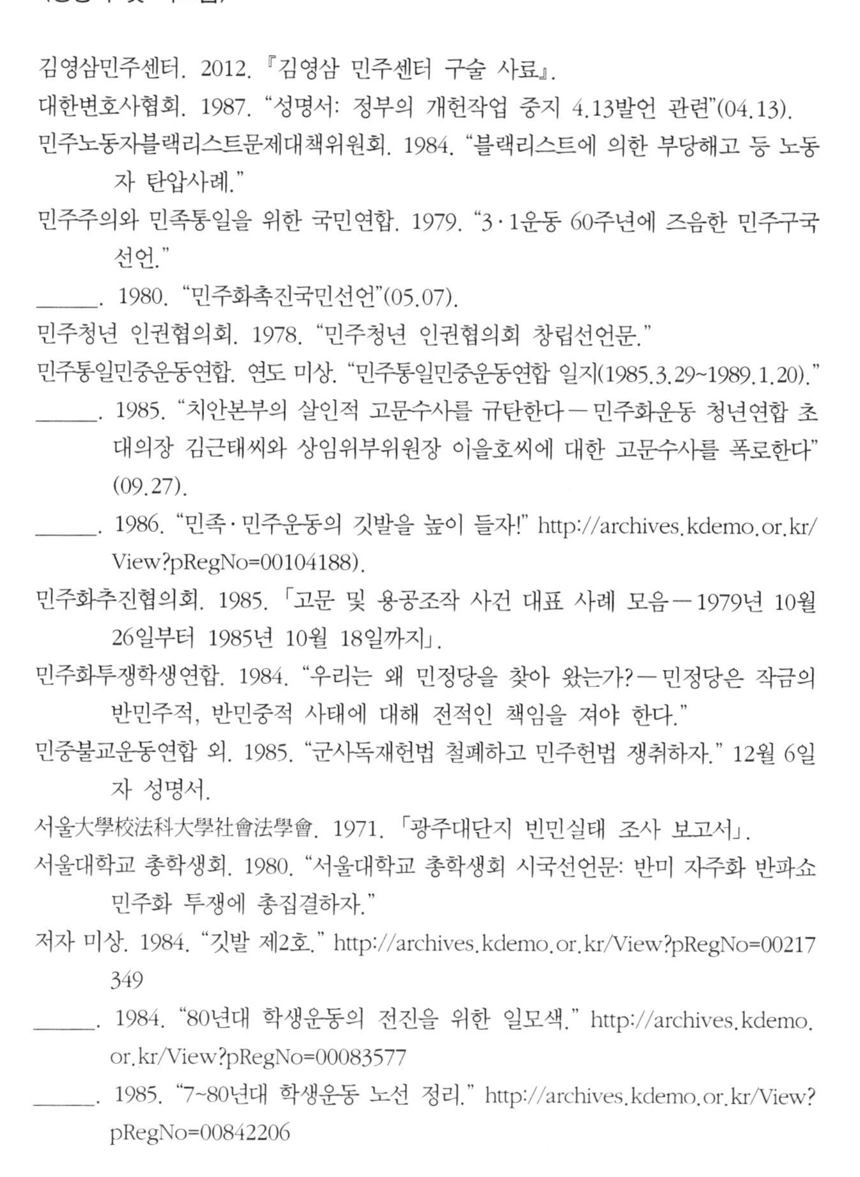

김영삼민주센터. 2012. 『김영삼 민주센터 구술 사료』.

대한변호사협회. 1987. "성명서: 정부의 개헌작업 중지 4.13발언 관련"(04.13).

민주노동자블랙리스트문제대책위원회. 1984. "블랙리스트에 의한 부당해고 등 노동자 탄압사례."

민주주의와 민족통일을 위한 국민연합. 1979. "3·1운동 60주년에 즈음한 민주구국선언."

_____. 1980. "민주화촉진국민선언"(05.07).

민주청년 인권협의회. 1978. "민주청년 인권협의회 창립선언문."

민주통일민중운동연합. 연도 미상. "민주통일민중운동연합 일지(1985.3.29~1989.1.20)."

_____. 1985. "치안본부의 살인적 고문수사를 규탄한다—민주화운동 청년연합 초대의장 김근태씨와 상임위부위원장 이을호씨에 대한 고문수사를 폭로한다"(09.27).

_____. 1986. "민족·민주운동의 깃발을 높이 들자!" http://archives.kdemo.or.kr/View?pRegNo=00104188).

민주화추진협의회. 1985. 「고문 및 용공조작 사건 대표 사례 모음—1979년 10월 26일부터 1985년 10월 18일까지」.

민주화투쟁학생연합. 1984. "우리는 왜 민정당을 찾아 왔는가?—민정당은 작금의 반민주적, 반민중적 사태에 대해 전적인 책임을 져야 한다."

민중불교운동연합 외. 1985. "군사독재헌법 철폐하고 민주헌법 쟁취하자." 12월 6일자 성명서.

서울大學校法科大學社會法學會. 1971. 「광주대단지 빈민실태 조사 보고서」.

서울대학교 총학생회. 1980. "서울대학교 총학생회 시국선언문: 반미 자주화 반파쇼 민주화 투쟁에 총집결하자."

저자 미상. 1984. "깃발 제2호." http://archives.kdemo.or.kr/View?pRegNo=00217349

_____. 1984. "80년대 학생운동의 전진을 위한 일모색." http://archives.kdemo.or.kr/View?pRegNo=00083577

_____. 1985. "7~80년대 학생운동 노선 정리." http://archives.kdemo.or.kr/View?pRegNo=00842206

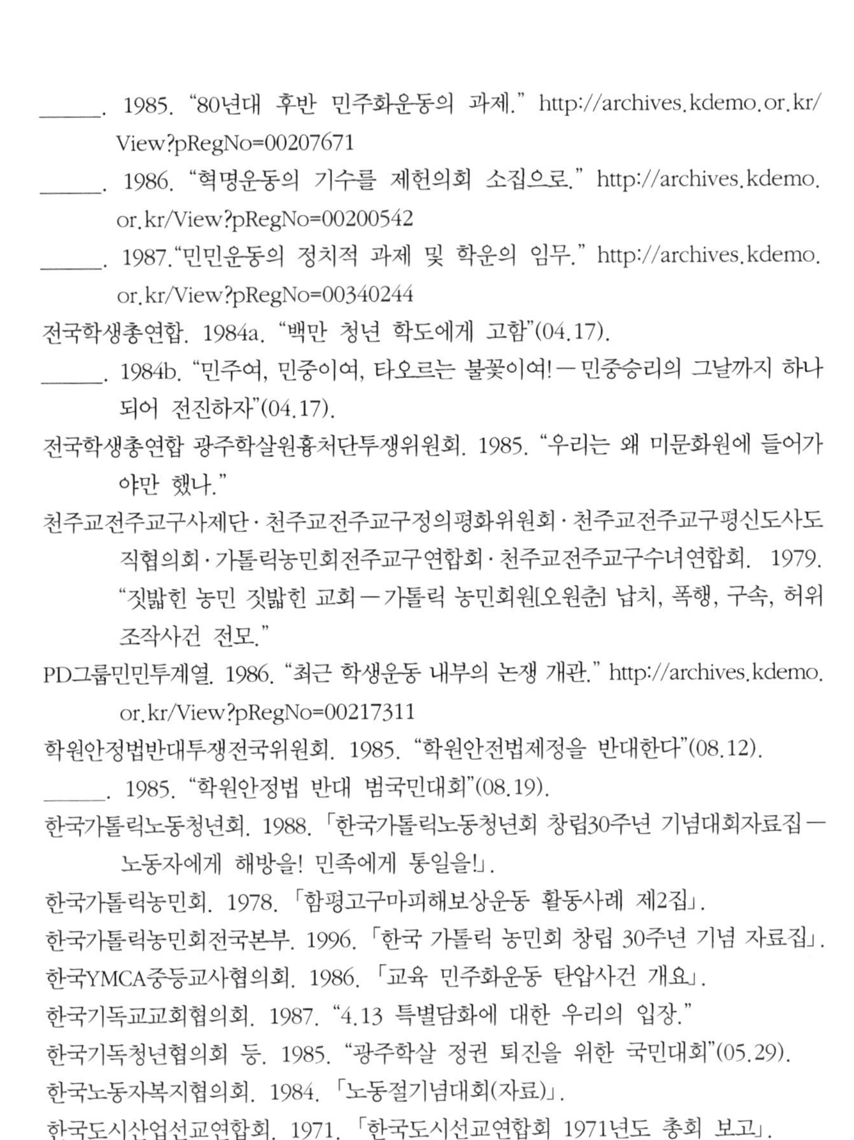

______. 1985. "80년대 후반 민주화운동의 과제." http://archives.kdemo.or.kr/View?pRegNo=00207671
______. 1986. "혁명운동의 기수를 제헌의회 소집으로." http://archives.kdemo.or.kr/View?pRegNo=00200542
______. 1987."민민운동의 정치적 과제 및 학운의 임무." http://archives.kdemo.or.kr/View?pRegNo=00340244
전국학생총연합. 1984a. "백만 청년 학도에게 고함"(04.17).
______. 1984b. "민주여, 민중이여, 타오르는 불꽃이여!—민중승리의 그날까지 하나되어 전진하자"(04.17).
전국학생총연합 광주학살원흉처단투쟁위원회. 1985. "우리는 왜 미문화원에 들어가야만 했나."
천주교전주교구사제단·천주교전주교구정의평화위원회·천주교전주교구평신도사도직협의회·가톨릭농민회전주교구연합회·천주교전주교구수녀연합회. 1979. "짓밟힌 농민 짓밟힌 교회—가톨릭 농민회원[오원춘] 납치, 폭행, 구속, 허위조작사건 전모."
PD그룹민민투계열. 1986. "최근 학생운동 내부의 논쟁 개관." http://archives.kdemo.or.kr/View?pRegNo=00217311
학원안정법반대투쟁전국위원회. 1985. "학원안전법제정을 반대한다"(08.12).
______. 1985. "학원안정법 반대 범국민대회"(08.19).
한국가톨릭노동청년회. 1988. 「한국가톨릭노동청년회 창립30주년 기념대회자료집—노동자에게 해방을! 민족에게 통일을!」.
한국가톨릭농민회. 1978. 「함평고구마피해보상운동 활동사례 제2집」.
한국가톨릭농민회전국본부. 1996. 「한국 가톨릭 농민회 창립 30주년 기념 자료집」.
한국YMCA중등교사협의회. 1986. 「교육 민주화운동 탄압사건 개요」.
한국기독교교회협의회. 1987. "4.13 특별담화에 대한 우리의 입장."
한국기독청년협의회 등. 1985. "광주학살 정권 퇴진을 위한 국민대회"(05.29).
한국노동자복지협의회. 1984. 「노동절기념대회(자료)」.
한국도시산업선교연합회. 1971. 「한국도시선교연합회 1971년도 총회 보고」.

색 인

사항 색인

/ ㄱ /

고문 및 용공조작 저지 공동대책위원회 151, 160, 161
광주이주단지 소요사건 137
구로동맹 파업 110
국고보조금 56
국민당 19, 27, 32, 39, 59, 60, 66, 69, 70, 78, 79, 112, 113, 166
국민에게 드리는 글 21, 23, 167, 168
국회 헌법개정특별위원회 32, 82, 166
권인숙 양 성고문 사건 151
긴급조치 1호 138
김영삼의 단식투쟁 20-22, 61-63, 74, 77, 97

/ ㄴ /

나의 투쟁은 끝나지 않았다 96
내각(책임)제 23, 32-34, 38, 82, 113, 114, 116, 152, 167

/ ㄷ /

단식투쟁 20-22, 63, 64, 76, 152, 153, 198
대통령 직선제 15-17, 24, 28, 29, 31-38, 40, 42, 44-48, 71-73, 81, 86, 107, 109, 110, 113, 114, 116, 117, 119
도시산업선교회 140, 144
동교동계 21, 85, 86, 91, 97-99, 119

/ ㅁ /

미문화원점거농성 106, 110
민권당 59, 60
민사당 60
민족통일민주쟁취민중해방투쟁위원회 (삼민투위) 148
민족해방파 114, 115
민주·통일국민회의 75
민주국민협의회 63, 97, 98
민주사회당 59
민주산악회 20, 21, 64
민주언론운동협의회 113, 146, 147, 167
민주자유당 86
민주정의당(민정당) 18, 19, 26, 27, 32, 33, 37-43, 55, 57, 59, 60, 68, 69, 73, 74, 76, 85, 86, 103, 112-114, 117, 148, 150, 156, 157, 159, 160, 162-168
민주주의와 민족통일을 위한 국민연합 97, 139, 142, 154
민주총선쟁취학생연합 103
민주통일국민회의 147, 154, 156
민주통일민중운동연합(민통련) 32, 75, 80, 82, 91, 101, 107, 112, 113, 115, 116, 147, 149, 151, 160, 162, 164-168, 170
민주한국당(민한당) 18, 19, 27, 58-60, 66, 68-71, 78, 79, 101, 102
민주헌법 연구특별위원회 107
민주헌법쟁취 국민운동본부(국민운동본부) 40, 73, 83, 91, 151, 152, 161, 168
민주헌법쟁취 국민평화대행진 37, 117
민주헌법쟁취 범국민운동본부(국민운동본부) 116
민주화를 위한 국민연락기구(민국련) 32, 81, 108, 164
민주화운동청년연합(민청련) 138, 145
민주화 투쟁 선언 22, 99
민중문화운동협의회 146
민중민주운동협의회(민민협) 75, 147, 154
민중불교운동연합 109, 147
민중후보론 74
민청학련(사건) 138, 139

/ ㅂ /

박종철 고문치사 사건 36, 73, 83, 115, 116, 152, 161, 168
반공주의 92, 93
보안사 55, 57, 79
보안사령부 18, 54, 57
부마항쟁 135, 142
비판적 지지론 74, 170

/ ㅅ /

삼청교육대 18, 54
상도동계 21, 85, 86, 91, 97-99, 119
서울의 봄 17
신민주당 69
신정당 59
신한국당 86
신한민주당(신민당) 16, 23, 24, 26-28, 31-35, 37-39, 41, 43, 46, 53, 58, 67-72, 76-83, 85, 86, 91, 96, 100, 103, 104, 107, 109-116, 119, 136, 141, 142, 147, 148, 150-153, 157-171, 191, 198
3선 개헌 반대 범국민투쟁위원회 136
4·13 (호헌)조치 24, 35, 36-38, 116, 152, 168
10·26 53, 135, 139, 142, 144, 176
12·12 53, 142, 185

/ ㅇ /

안기부 79, 163
오원춘 사건 140, 141
우리가 선택하고자 하는 헌법 29-31, 45, 46, 108
유신 개헌 93
유신헌법 29, 54, 93, 108
이민우 구상 34, 35, 72, 82, 114, 119, 152, 168
이민우 파동 35, 71-73, 82
2·12 총선 24-29, 34, 46, 48, 79, 107, 147, 148, 162
5·3 (인천)사태 80, 82, 83, 112, 151, 166, 168
5·16 군사 쿠데타 51, 176
5·17 계엄확대 142
5·17 (쿠데타) 18, 21, 51, 68, 142, 144, 153, 154, 169
5·18 광주(민중)항쟁 51, 54, 61, 63, 64, 80, 142, 159, 169
5·18 내란음모 53
6·29 선언 38-40, 43, 46-48, 73, 84-86, 117, 118, 153
6월 항쟁 40, 46, 52, 70, 73, 74, 83, 84, 113, 118, 120, 135, 142, 156, 162

/ ㅈ /

재야(세력) 16, 18, 19, 27, 31, 32, 34, 36, 43, 48, 52-54, 61, 63, 65, 67, 71, 73-85, 96-98, 100-108, 112, 113, 115-119, 135, 143, 146-148, 151-156, 158, 160-162, 165, 167-169
저항적 자유주의 92-95, 105, 117, 118, 120
전국대학생대표자협의회 115
전국민주청년학생총연맹 138

전국반제반파쇼민족민주투쟁학생연맹 (민민학련) 165
전국반제반파쇼민족민주학생연맹 112
전국학생총연합(전학련) 105, 148, 157
절차적 민주주의 15, 16, 23, 24, 31, 37, 38, 46, 47, 73, 87, 94, 104, 109, 114, 120
정당법 56
정치자금법 56
정치풍토 쇄신에 관한 특별조치법 55, 62
제12대 총선 65, 66, 68, 69, 71, 78
제헌의회파 114, 115
중선거구제 55, 56, 60, 69
중앙정보부 18, 54, 57-59, 68, 138
지역주의 52, 86
직선제 개헌 16, 17, 24, 27-29, 32, 34, 35, 37-39, 43, 46, 65, 71, 73, 80, 81, 84, 94, 96, 113, 114, 116, 117, 162-168, 170, 171
직선제 개헌을 위한 1천만 명 서명운동 29, 31, 45, 81, 108, 164

/ ㅊ /

천주교정의구현전국사제단과 전국 목회자정의평화실천협의회 167
체육관 선거 19, 23
최민화의 집 145

/ ㅌ /

통일민주당 16, 23, 35-40, 42-44, 46, 72, 85, 86, 116, 119, 142, 152, 168

/ ㅍ /

패권정당제 52-57, 60, 61, 65, 68, 70, 76, 78, 85
평화민주당 74, 85, 86, 119
87년 체제 15, 17, 42, 43, 48
8인 정치 회담 39-41, 43, 44, 46

/ ㅎ /

학원 자율화 조치 62
학원안정법 파동 150, 159, 160, 163, 164
한국국민당 18, 19, 27, 59
한국노동자복지협의회 146
한국도시산업선교연합회 137
한나라당 86
한일협정반대투쟁 136
함평고구마사건 140, 141
헌법개정특별위원회 32, 71, 82, 112
호헌철폐 민주헌법쟁취 국민운동본부 (국민운동본부) 37
후보단일화론 74, 170

인명 색인

/ ㄱ /

계훈제 113, 136, 147, 151, 167
고 은 139, 153
권노갑 25
권익현 39, 44, 60
김경남 145
김근태 138, 146, 147, 149, 151, 160, 161
김녹영 21, 22, 26
김대중 18, 20, 22, 23, 25, 26, 28, 31, 32, 35, 37-39, 41, 42, 47, 48, 51, 53, 55, 62-66, 68, 70, 72-74, 76-78, 84, 85, 87, 91, 97-100, 102, 104, 106, 111-114, 116, 117, 119, 139, 142, 148, 152-155, 157, 161, 162, 167, 169
김덕룡 20, 21, 26
김동영 20, 39
김동완 147
김명윤 22, 107, 159
김병곤 149
김상현 21, 22, 26, 64, 80, 97, 99, 101, 155, 158
김 수 64
김수한 26
김승훈 36, 113, 147
김영광 59
김영삼 18, 20-26, 28, 31, 35, 38-40, 42, 47, 48, 51, 54, 55, 62-66, 68, 70-72, 74, 76-78, 82, 84-87, 91, 96-102, 104, 106, 112-114, 116, 119, 136, 141, 142, 148, 152-155, 157, 161, 162, 169
김옥선 35
김재광 35, 66, 68, 71
김정우 21
김종철 18, 59
김종필 18, 54, 55, 66, 148
김지길 113
김창근 64, 107
김 철 60, 61, 64
김현규 68, 79

/ ㄴ /

나상기 147
노승환 26
노신영 163
노태우 32, 33, 37, 42, 44, 47, 73, 74, 84, 117, 148, 150, 159, 162, 163

/ ㄹ /

리영희 136

/ ㅁ /

문국주 145
문부식 20, 107
문익환 31, 67, 74, 77, 78, 80, 97, 101, 136, 139, 147, 153, 155, 156, 166, 167

/ ㅂ /

박영록 21
박용만 21, 39
박정희 16, 17, 18, 52, 54, 55, 61, 74, 86, 92-94, 136
박찬종 64
박태순 147
박한상 35
박해충 35
박형규 32, 113, 139, 151, 167
방용석 147
배종렬 147
백기완 74, 136, 147
벽우스님 113

/ ㅅ /

서경원 113
성내운 147
송건호 113, 167
송진섭 145
신도환 35, 66, 68, 71, 73
신상우 58

/ ㅇ /

이종찬 163
안병무 136
여익구 147
예춘호 22, 74, 77, 78, 97, 99, 154-156
오성룡 20
유인호 147
유치송 18, 58
윤길중 39
윤반웅 147
윤보선 139
이기택 21, 26, 66, 71
이돈명 32
이만섭 32
이문영 74, 77, 78, 97
이민우 20-22, 26, 31-34, 68, 71-73, 81, 97, 99, 107, 113, 114, 160, 162, 164, 167
이범영 149
이세기 163
이용희 39, 41, 44
이을호 151
이중재 21, 39
이창복 147
이철승 35, 66, 67, 71, 72, 100

이택돈 35
이택희 35, 72
이한동 39
이한열 37, 116
이해찬 145, 154
이호철 113
임혁백 16, 25, 28, 37, 42, 47, 48, 62, 73, 82, 96, 107

/ ㅈ /

장경순 101, 107
장기표 137, 147, 166
장영달 145
장준하 136
전태일 137, 140
정대철 33
정문화 139, 145
정화영 145
조남기 113, 167
조성우 145
조승형 107
조연하 22, 26, 35
조윤형 21
지학순 139, 153
조성우 154
전두환 16-20, 24-26, 28, 32, 34-36, 38, 43, 53-63, 65-68, 70-73, 75-78, 80-86, 94-96, 98, 99, 102, 103, 105-108, 112, 114, 116, 117, 142, 148, 160, 163, 164

/ ㅊ /

채문식 44-46
채영석 107
최규하 18, 54, 57
최영철 39
최영호 20
최형우 20-22

/ ㅎ /

한광옥 62
한영애 101
함석헌 97, 113, 136, 139, 151, 167
헨리 스토크 20
홍남순 97
홍사덕 79
홍영기 21
황낙주 21
황인성 145, 147

지은이 소개

❖ **강원택**(Kang, Won-Taek)

현 | 서울대학교 정치외교학부 교수

- 영국 런던정경대(LSE) 정치학 박사
- 주요 논저

"한국에서 정치균열의 역사적 기원: 립셋-록칸 모델의 적용," 『한국과 국제정치』(2011)

『정당은 어떻게 몰락하나: 영국 자유당의 역사』(도서출판 오름, 2013)

『한국 선거정치의 변화와 지속』(나남, 2010) 등 다수

❖ **조성대**(Cho, Sungdai)

현 | 한신대학교 국제관계학부 교수

- 미국 미주리대학교 정치학 박사
- 주요 논저

"온라인 소셜 네트워크의 교차성과 정치참여: 19대 총선 사례," 『한국정당학회보』(2013)

"부동층에 관한 연구: 19대 총선에서 정당선호, 선거쟁점과 투표 결정시기," 『한국정치학회보』(2013)

"민주화 이후 한국 대통령선거에서 제3후보 현상과 선거연합에 관한 연구," 『선거연구』(2013) 등 다수

❖ **서복경**(Seo, Bokyeung)

현 | 서강대 현대정치연구소 연구교수

- 고려대학교 정치학 박사
- 주요 논저

"제한적 경쟁의 제도화: 1958년 선거법 체제," 『선거연구』(2013)
"한국 정치결사 제한체제의 역사적 기원," 『동향과 전망』(2014)
『다운사이징 데모크라시』(번역서)(후마니타스, 2013) 등 다수

❖ **이용마**(Lee, Yong Ma)

현 | 서울대학교 한국정치연구소 선임연구원

- 서울대학교 정치학 박사
- 주요 논저

"2000년대 이후 한국 사회 계층균열구조의 등장," 『한국정치학회보』(2014)
"2000년대 지방선거에서 나타난 계층균열 구조," 『한국정당학회보』(2014)
『한국지방자치의 현실과 개혁과제』(공저)(사회평론아카데미, 2014) 등 다수